THE SOUND
AND THE
FIGHT

WARFARE OF PUBLIC OPINION
ON BATTLEFIELD AND MEDIA SOCIETY

喧哗与搏杀

战场和媒介社会的“舆论信息战”

亦君 著

中国发展出版社
CHINA DEVELOPMENT PRESS

图书在版编目（CIP）数据

喧哗与搏杀——战场和媒介社会的“舆论信息战”/亦君著.
北京：中国发展出版社，2017.1

ISBN 978-7-5177-0620-5

Ⅰ.①喧… Ⅱ.①亦… Ⅲ.①舆论—社会影响—研究 Ⅳ.①C912.63

中国版本图书馆CIP数据核字（2016）第295011号

书　　　名：喧哗与搏杀——战场和媒介社会的“舆论信息战”
著作责任者：亦　君
出 版 发 行：中国发展出版社
（北京市西城区百万庄大街16号8层　100037）
标 准 书 号：ISBN 978-7-5177-0620-5
经　销　者：各地新华书店
印　刷　者：北京明恒达印务有限公司
开　　　本：710mm × 1000mm　1/16
印　　　张：19.5
字　　　数：280千字
版　　　次：2017年1月第1版
印　　　次：2017年1月第1次印刷
定　　　价：40.00元

联 系 电 话：（010）68990630　68990692
购 书 热 线：（010）68990682　68990686
网 络 订 购：http://zgfzcbs. tmall. com//
网 购 电 话：（010）88333349　68990639
本 社 网 址：http://www.develpress. com. cn
电 子 邮 件：bianjibu16@vip. sohu. com

目 录

引言 1

第一章 | 语言博弈与“舆论信息战” 1

舆论信息：人类精神生活的刚需 3

自古“人言可畏” 8

“小人”的言语之刃 13

难敌的“舆论之剑” 18

第二章 | 打仗“兵先呼声” 27

先于战争出鞘的“利剑” 29

成败胜负的关键砝码 33

取代“粮草先行”站上战争前列 39

第三章 | 取胜“攻心为上” 47

不战而屈人之兵 49

内容为王、创意为剑 55

“活与变”的灵魂 63

“不兵”也能有屈人之效 71
“不战”也须实力后盾 78

第四章 | 什么是当今世界最大威胁 89

扑朔迷离中的“险恶” 91
舆论信息的主战场：互联网 96

第五章 | “舆论信息战”在中国 107

舆论信息战先驱的国度 109
“社会舆论帮了中共的忙” 113
解放军的“两支大军”、“两种武器” 120

第六章 | 舆论信息战不是军人的专属 129

新媒体令“全民皆兵” 131
逐渐消解的话语“特权” 136
非战争手段的“暴利谋取” 140
“混战”无时无处不在 147

第七章 | “信息执政”的考验 153

从“武力执政”到“信息执政” 155
政党、国家和军队的“软实力” 162

执政面对的“大考” 170
“舆论监督”，最难的考题 179
“舆论管控”难以拿捏 188
态度和行动决定“考绩” 195

第八章 | 舆论信息是一把“双刃剑” 201

舆论信息攻守中的“自刎自伤” 204
哪里有绝对的“言论自由” 210
谷底浪尖的“公众人物” 221
谁有理由成为最具影响力的“大V” 225

第九章 | 谣言面面观 233

自古难治是“谣言” 236
网络让谣言插上翅膀 242
值得称道的“军事谣言” 244
“官谣”猛于虎 248
谣言止于透明和法制 251

第十章 | 在舆论信息大潮中“自保无虞” 257

舆情危机——头悬之剑 259
政府或机构“舆情危机”的应对 262

"公共舆情危机"处理的九个原则 273
个人和家庭如何避免和应对"负面舆情" 280
个人和家庭应对"舆情危机"的基本原则 283
"自保无虞"最终取决于国家法制化进程 291

主要参考文献 297

后记 299

引　言

震惊世界的“9·11”事件突发之际，我恰巧在收看香港一家卫视的资讯。一架客机坠毁在亲人正在访学的城市旁……“媒体直播”的这场战争，紧紧地揪住了我的心！后来得知，在这一刻，有人魂不守舍、惊慌失措，有人在万里之外用手机通知世贸大楼里的亲友撤离，有人感受着现实版“战争大片”的快感，也有一些人和我一样心中涌出种种问号：信息化条件下的战争，真是人们平时想象的那样吗？强大的军事实力，是捍卫国家利益的唯一砝码吗？超乎常理的“战争”、传统与新媒体舆论信息的冲击，给了人们哪些新的启示？……第二天，我写了《重新审视军事斗争的“撒手锏”》一文，几家报刊随即表示刊用，由于“控制”了相关报道，最终由一家央媒编进了《内参》。从此，我结合工作更加关注“舆论信息战”。

“舆论信息战”从属于信息战。最早提出“信息战”一词的沈伟光先生指出：信息战的真正意义是攻击人的思想和精神。这种先觉的观点正在被证实，“信息战”开始是物质的，但发展的结果一定是“思想信息战”、“精神信息战”……

提到“战”，人们自然会联想到军人和战场，但当代社会广义的“舆论信息战”，已经拆掉了“战争”的藩篱。主要用舆论信息打动人、攻击人，而不是首选战争来惩罚和杀伤，已是包括军队在内的整个社会的共识，也成为客观的现实。舆论信息的攻防出现在了各个领域，涉及了所有的人。

世界各国及军队对“舆论信息战”的定义不同，有的归于“思想战”、“信息心理战”、“公共事务行动”，有的还称“新闻战”、“宣传战”、“传媒战”、“公关战”、“认知战”、“影响战”、“信息思想战”……不管是狭义还是广义的舆论信息战，都是思想文化的对弈，都是没有硝烟的搏杀，体现着国家的综合实力。

美军20世纪就将心理作战视为区别于陆海空作战的“第四种作战样式”，2010年将心理战更名为“信息支援作战”，之后又首次提出“人领域”概念，并明确到2025年，大部分战争可能不是攻占领土，而是在物理、信息和认知“三域”展开。全维立体战场的开发，也由此大大加快。

“取胜攻心为上”，“战于无形、无形制胜”……今天世界博弈中的这些共识和理念，早在2000多年前就出现在中国。那时的圣贤和武士，都讲求偃武修文、能谋善战、纵横捭阖，以致刀光剑影中羽檄纷飞，“攻心术”、“语言术”精彩不断，成为中华文明史和军事史的骄傲。但不得不承认，“起跑优势”已成过去时，当今的舆论影响力明显“西强我弱”，西方在熟练把玩舆论信息中，不断重组并放大着自己的“利益版图”。

600多年前的查理七世，曾以打赢“百年战争”和藏书丰厚享誉欧洲，但其藏书不过900多册；400多年前的德意志国王，曾辟出4个房间盛放“人类知识”……他们都不会料到，今天一份日报的信息就超过了他们一生的资讯量，人们通过网络可以学习几乎所有的知识，并且有了现实中的“月光宝盒”——云平台。人类创造了知识和工具，知识和工具又改变着人类。战争也随之变成了知识占有、物化和运用的较量，并从一维平面到了“第五维空间”，有了今天的陆、海、空、天和网电“五大战场”。

战争形态就这样迅速变化着。冷战时期决定性的武器还是“核武”，到1991年海湾战争就变成了“信息”，以后每次战争冲突都体现在了网络维度。伊拉克战争中的伊军，在舆论信息的打击面前，士气毁损率已高达40%～60%。以“信息”为基本弹药，虚实交互、虚为主导的博弈及战绩，已经明确告诉世界：军事革命开始了新的质变，制胜机理的嬗变悄然进行，实力与结构在加速调整，博弈战略重心加快向意识形态位移……

19世纪葛底斯堡战役，“电报”、“摄影”和加特林机枪同时现身战场。战后林肯在此演讲，虽然只有200多字，却经媒介传播后影响了整个世界。当今的军事研究人员感叹：1863年这里20万人战斗，现在150人就可以控制这个地区了，到2025年只需要10个人。每个时代的战争都有其特征及制胜机理，尽管信息时代还未形成完整的新型战争理论，但有一些已成共识：战争能量的主体形态，已由体能、热能、机械能、核能，进化到了电磁能；机械化战争形态下物质力的比拼，迅速向信息的隐性征服蜕变；“物质流”、“能量流”已经被“信息流”主导；谁赢得了制信息权、话语权，谁就能赢得战争；基于网络信息的新型军事组织，成为新军事革命的核心……

如今世界各国的安全边疆及利益格局变动不居、无边无形，已经从自然空间拓展到了网络空间、认知空间。对抗中穿梭往来的，除了战机和导弹，还有每秒30万千米速度的比特和字节，正向着人类的巅峰战场也是最后的阵地——“人脑”和“心灵”冲击。网络舆论战已成为新一代战争的高级模式，与陆海空天实体空间的攻击本质无别。看似不大的战术性行动，因为有了网络会产生难以预料的影响，甚至达成战略性目标的实现……在海量的舆论信息面前，谁也说不清哪一条是攻心的“撒手锏”、公共事件的“放大器”、危机或战争的“导火索”。曾经火药和金属无法实现的目的，越来越多地在夺气攻心、兵不血刃中实现。这种认知空间的搏杀，往往成为颠覆意识形态的突破口，而且比自然空间战争的后果更加恐怖，更加惊心动魄。就如苏联，没有败于希特勒的铁甲和血腥，却在思想文化之战中成为“历史废墟”……

舆论信息可以制造神话，但舆论信息战并非神话。在人类愈加重视精神文化生活的今天，来自舆论信息的威胁显然大于武力的对决，国家安全的理念以及攻防观，也都随之变化。有人因此提出一个新的理念：“生物域”或将成为继“物理域”之后的全新的国防高边疆，“人脑”正在成为全新的作战空间。

“善攻者，动于九天之上”，“育民不以封疆为界，固国不以山溪为险”……2000多年前中国圣哲的浪漫预言，如今才真正变成活生生的现实。今天国家间的博弈，以舆论信息战为表，以经济利益争夺为里，而以军事实力则为备。“舆论信息战”就像足球赛场上的替补前锋，从场下悄然跃出，直插对方的命门要穴，成为改变赛场态势的主角之一，同时改变着博弈的理念、架构和格局。

血火硝烟不在，并非和平的彩云当空。珍珠港事件前、苏联解体前、东欧剧变时，以及一些国家陷入“颜色革命”时，都曾有晴空丽彩，但背后却有着怎样的云翳？这个变革的时代，也是“大忽悠”的时代，只要愿意，谁都可以随时感受无穷无尽的信息，也都可以通过网络发出自己的声音。国家间、机构间、人与人之间，舆论信息的PK处处可见、人人所系，成了社会生活的重要组成，也构成这个社会运动的重要本质。

今天的社会，不管是政府机构还是企业组织，不管是位高权重者、公众人物还是平头百姓，在汹涌澎湃、波诡云谲的舆论信息面前，都无处可遁、无法拒绝，更无法始终做出完全正确的抉择；都难免被错误理念观点误导，受面貌各异的谣言蛊惑；都可能遭遇竞争对手的话语挤压，甚至受到网络“暴力”的伤害……在无可奈何的“信息过载”中，人们被不知不觉调整着认知、判断和情感行为，接受着意识形态的影响和形塑。

媒介社会里，舆情兴也勃然、亡也忽焉。对此谁都不敢轻视、怠慢和逃避，不能不小心“利剑”攻心，不得不持好“盾牌”守心。看清了这个现实，善良的人们会惊诧：在媒介和信息技术发达的时代，竟有着这么多明里暗里的厮杀，有着如此多的“文明的血腥”？可我们的确就在这种条件下生存！

“战争起源于人之思想，故务须于人之思想中筑起保卫和平之屏障。”镌刻在联合国教科文组织总部前的这句话，久久地给人回味……

哀史龟鉴，居安思危；展望未来，先悟者明。现实逼迫着人们探索着“攻心”制胜之道，同时也寻找着“守心”的避害之径。

第一章

语言博弈与“舆论信息战”

全世界一切民族中，决定人民爱憎取舍的绝不是天性而是舆论。

——卢梭

人之多言，亦可畏也。

——《诗经》

今天的人们，在使用移动社交软件“微信”的时候，首先看到的是一个简单而寓意深刻的图标：蔚蓝的苍穹之下，一个人高大形单，与孤独的星球同在。当代人真是创意无限，奇思妙想吸引着人们的眼球，同时引发着无数怪异的联想和发明创造。在这个前所未有的媒介化社会里，人们还有可能老死不相往来吗？还能真正当一回笛福笔下的“鲁滨逊”吗？

舆论信息：人类精神生活的刚需

每一个生物人降临世界，就面对着一个无可选择的现实：必须通过互动交流获得社会属性，具备生存和发展所需的社会沟通能力。任何一个人成年后，也都形成经验：一个人的天赋再高、本事再大，一生也无法亲见、亲历所有事情，而绝大多数的认知，要依靠来自身外的舆论信息。因此荀子说，人之所以能够成为世界的主宰，关键在于“人能群”。

尽管当代人越来越“宅”，但也无法改变人与社会互为存在和发展的现实，改变不了人是社会（群居）的动物、是处理信息的动物的特征。

关于人不能脱离“社会共同体”，很多学者从不同角度进行过论述。法国社会学创始人、大法官塔尔德用最简练的语言表示：“社会过程说到底是一种人际交流。”社会学家、美国传播学鼻祖查尔斯·霍顿·库利，曾提出“镜中我”之说：人对自身的认识主要通过与他人的社会互动形成，人际传播像“镜子”，透过这面镜子既可以让人充分地了解自己，又能通过他人的评价来认识和把握自己。除此，认识世界同样离不开舆论信息这个主要窗口，“认识世界”也成了人类存在的理由。

在全媒体社会到来之际，西方马克思主义代表人物、德国思想家哈贝马斯做出了“传媒在公共领域处于中心地位”的论断。如今，人类已经通过互联网相连，纵使隔着千山万水，也可以鸡犬之声相闻；尽管在世界不同国家，也能你中有我、我中有你。如果说，远古的语言交流推动类人猿成为智人，今天的获取信息则是人类生存和发展的最基本能力。总之，人类从未像今天这样依赖舆论信息，并被互联网编织的网格紧密联系。

理论不经科学实证是没有意义的。为此，20世纪50年代，科学家将一批志愿者关在恒温、密封、隔音的暗室里，阻断了包括声像、光波等信息的各种外界信号。一周后，受试者出现了一系列病理性心理现象：错觉、幻觉、紧张焦虑、思维迟钝、情绪行为障碍……痛苦得难以为继。这项被称为“感官剥夺”的实验意义非常重大，它证明了人类不能与世隔绝、不能在没有信息与交流的环境下生存。20年以后，斯坦福大学的菲利普·津巴多教授主持了一个“斯坦福监狱实验”，从反面论证了：健康善良的人可以被不良信息迅速改造塑化。仅过去六天，教授就被实验对象的变化惊呆，不得不提前结束。但那时的科学家不会想到，在当代文明构架之下，他们的科研成果之后被用于军事目的，“控制、改变、阻断对手的社会关系”，比消灭敌人的效果更佳、成本更低。

从钻木取火开始，人类在最初的“口耳相传”中架设起沟通的桥梁，人们被吸引联系在一起。语言在某种意义上，成了人类存在的“精神家园”、文明传续的重要载体、文化和社会发展进步的重要推动力量。

人类精神文明的成果，早期也是靠语言传递的。我国最早的诗歌总集《诗经》，就是民间语言歌诗的记录。古希腊城邦中的法律政治，荷马史诗《伊利亚特》、《奥德赛》等，开始也都是先用语言完成，以后才用文字记录并流传下来。《圣经》有一个上帝夺走巴比伦人语言、阻止建造“通天塔”的故事，也说明语言在人际沟通中的重要……政治学创始人亚里士多德总结了当时的一种社会现象：能够离开城邦的人，非神即兽。

但语言毕竟传播和流传受限，而且难以准确无误地传递，文字便应运而生。最早的成熟文字，是两河流域六七千年前的楔形文字，中国的成熟文字在其后一千多年出现。古希腊出现的研究用文字记录口语的专门学科，被译为“雄辩学”……迄今，语言仍然是人类最基本的交流方式，文字依旧是最好的信息交流技术。

从上万年前出现的口头语言，到几千年前出现的书面语言，再到这几十年来的数字语言，人类世界逐渐成为今天媒体化的社会。文化史学家将这一漫长的历史过程，精致地分为三个阶段：口传文化阶段、印刷文化阶段、电子文化阶段。而印刷、电子、网络三次技术革命，促使媒介发展不断提速，也使得社会和公众，对媒介产生了无法割舍的依赖。

今天的人类，对舆论信息的依赖性有多大？可以看一组媒体报道的统计：美国人用在传媒上的时间，每天为8小时52分钟——看电视4小时9分钟，驾车或在室内听广播3小时，听音乐36分钟，看报28分钟，看书16分钟，看杂志14分钟，看录像7分钟，看电影看戏2分钟。如加上有人研究的，在非睡眠时间里，人均每4分钟要查看一次手机，所占时间就更长了。2015年统计显示，我国人均阅读微信，每天超过40分钟，阅读文章5.6篇。据2015年中国社会心态蓝皮书数据，大学生每天用在智能手机上的时间长达5小时17分钟……而这些数字，正在不断地被刷新。

从信息交流到文化沟通，折射出了人类精神文化需求的变化。同时说明，无论社会如何变化，人类对舆论信息的刚需只会越来越强，舆论信息渗透到了社会生活的各个领域，影响、改变和重塑着人们的世界观、价值观，调整和刷新着人与人之间、国家之间的关系，尽管这种变化让人始料不及。2014年第57届荷赛获奖的新闻作品《信号》，是美国国家地理杂志社摄影师约翰·斯坦梅耶尔拍摄的，画面上是几个渴求美好生活的非洲青年，在明月高悬的夜空下，伫立在吉布提宁静的海滩上，高举着屏幕闪亮的手机，努力接收着邻国索马里的微弱信号，试图与家人联络……唯美的剪影效果，意境深邃、令人感动，同时也引发着“全球化”、“地球村”、“信息化生存”等无尽的联想与思考。

马克思、恩格斯曾在《共产党宣言》里激情描述：“中世纪的市民靠乡间小路需要几百年达到的联合，现代的无产者利用铁路只要几年就可以达到。”

随着时代发展，今天的“网络通道”超越了这个美好预言。以互联网为特征的新媒体，让人类对世界有了更丰富而深刻的认知，人的器官和神经系统，也因传感器延伸了对宇宙的感知，人际交往更因互联网而加强。加拿大传播学家、媒介环境学的开山祖师麦克卢汉，在20世纪神谕式的观点：“媒介是人的延伸”，以及“地球村”、“重新部落化”等预言，一个个都变成了今天的现实。

现代人已经无法离开手机、电脑和无线信号了。很多人刷微博、微信，就像一日三餐不可缺少；因手机电池没有满格，不少人出门“安全感”会下降；手机联系不上，似“失联”般痛苦；没有了手机，大脑似乎空无一物，感觉快到“世界末日”。不仅直觉的感受，也有调查显示，多数人忍受手机不在身边的极限为3小时。弗兰克·施尔玛赫在《网络致死》中描述这种现象：“我们像患上了某种强迫症，一遍一遍地刷新网页，而短暂地断网也使我们心绪不宁。注意力极易分散，记忆力严重退化，想象力和创造力被几度扼杀。”英国的一项调查结果更恐怖：500名受访者中有29%的人表示，宁愿失去手指，也不愿“断网”而没有“生命线”；还有25%的人无法在失去手指和失去互联网连接间进行选择。没有网络前，人们不知未来是什么样，网络普及了又担心失去它日子该怎么过！正是这个原因，有人在马斯洛“需要层次理论”的五个层面下面，加上了“WIFI”。

网络化带来的破坏性也日益显露。2014年1月，我国曾出现一次大面积网络瘫痪，无数网站在近一天的时间里无法正常访问，2亿多用户受到影响。有媒体事后发出危言：美国随时可以从互联网清除.cn域名，把中国打回“石器时代”……在线与否，关乎生死，一些网民因此染上了“网络焦虑症”。

奥尔德斯·赫胥黎在《美丽新世界》中，讲述了一个看似荒诞却十分深刻的故事：福特纪元的统治者发明了“睡梦教育”，即在婴儿耳旁反复灌输教条，婴儿长大后就会认为社会的一切都是合理的，没有了改造社会的自觉意识和动力，甚至还爱上了“压迫”。早他200年的英国哲学家休谟，也提出过类似的“符号反应”说，比如一个人虽然没有被蛇咬过，但听别人说得多了，就自然产生了对蛇的畏惧感，见到蛇会很害怕。显然，人在社会化过程中，都会受到媒体的干预和影响，这类事情已被科学家证实。

谢·卡拉-穆尔扎在《论意识操纵》一书中，也讲了一个他所经历的“破坏稚嫩年龄俄国人历史记忆”的实例：有人用“小人书”歪曲和抹杀国家的历史，破坏民族的精神支柱。他认为，孩子们接受了小人书里的胡说八道，以后即便著名科学家、作家都无法根除，想要根除也会很费力气。麦克卢汉教授解释了这类现象的原理：媒介的魔力在人们接触媒介的瞬间就产生了……任何媒介都有力量将其假设加在没有警觉的人身上。哲学家、思想家福柯也指出：“谁控制了人们的记忆，谁就控制了人们的行为脉动。”

李普曼借柏拉图“上了镣铐的囚徒，只能从火光前方墙壁投影判明身后的境况”话题，阐明媒介对认知的影响及变形的错觉。如今邪教和传销的组织者，都借此原理用于“洗脑”，引导下线排斥理性和异见，使其思维单一、亢奋激进。

科学技术不断发展，人们崇拜的对象发生着变化。但更多的是迷恋起更容易失去思考能力的技术，比如“网络”。德裔美籍哲学家马尔库塞在《单向度的人》一书中这样描述：人们因为使用相同的网络，阅读相同的头条，许多人成了“标准化的阅读器”，从而也成为“单向度的思想”与“标准化的人”。

玩微博、微信的人都有过“转发”的体验。但转发的动机是什么？研究的人并不多。有着160多年历史的《纽约时报》专门做了调查，得出五条结论：一是分享有价值或娱乐性的内容给他人；二是定位和展示自我形象（通过分享转发，“告知”他人自己是什么类型的人）；三是维护关系（分享转发可跟他人保持联系）；四是自我实现（分享转发会给人一种“更多关注和参与世界”的感觉）；五是通过分享转发他人文章，借他人之口表达自己关注的议题。可见，保持与外界、他人的联系，体现自我的存在和价值，是人们心底共同的动机意识。这又一次证明，“社会需要是信息传递的根本动力”。

今天，谁能否认自己是通过舆论信息感知世界、认识自我？谁还敢说自己能与世隔绝、偏安一隅？很多人看似很“宅”，但“动动手指”就能观天下事，就能联系上无数人（同时屏蔽不想联系的人），就是没见过面的人也可以变得很熟络，现实中见面不见面反而不重要了。在这样的时代，连高崖壁内枯坐的高僧，也难以保持耳根清净、心神淡定。石墙铁门、晨钟暮鼓、经声佛号，都无法抵御舆论信息的汹涌澎湃。社会涌动的舆论信息，就像流经人体的“血液”一样昼夜不停、生生不息。

自古“人言可畏”

语言是人类最重要的交际工具。随着文明的发展，人们认识到，两个以上的人用语言或沟通符号传递信息，就构成“传播”；公众对共同感兴趣的信息进行议论，就构成了“舆论”……

语言传播与人类源头一样古老，其蕴含的力量很早就被人们所认识。对舆论的重视，甚至出现在有文字之前。在原始社会，人们凭此交流情感、表达思想，涉及物质分配，部落酋长也依此考虑多数人的意见，形成体现集体意志的决定……

许多专家对此进行了长期不懈的研究。社会学家塔尔德认为，舆论与现代公众的关系就像灵魂与肉体的关系。哲学家、思想家福柯提出了“话语即权力”的概念，认为话语的外在功能“是对世界秩序的整理”，谁掌握了话语，也就掌握了“权力”。萨特认为，人只能通过他人的评价来认识自己，而他人的评价是一种巨大的约束，所以“他人即地狱”……

人们还逐渐发现，言论和舆论有不同的“分量”，而这种“分量”是因人而异的，取决于其财富的多寡、地位的高低。皇帝“一言九鼎”，臣子“言听计从”，士人君子“言而有信”。而百姓草根“人微言轻”。嘉靖和万历年间的清官海瑞生前有句话“百姓口小，有公议不能自致于上”，说的也是这个意思。先圣孔子精辟地形容：“一言以兴邦”、“一言以丧邦”、“驷不及舌”……

话语既然是一种“权力”，自然也就成了人们争夺的对象及争斗的手段。人类最基本的交流媒介，便以一种“武器”的面貌出现了。虽然很多时候看起来比肉搏显得文明，但人们发现，无骨的舌头比彪悍的体魄或尖刀利斧，来得更为有效，能伤害至深到精神和灵魂。英国社会也有谚语相合：“舌头没有骨头，却能打碎一颗心。”

公元前257年，赵王派平原君求援楚国，以解邯郸之围。平原君与楚王久谈不果，一旁的随员毛遂冒险上前，直言赵楚两国的利益关系，阐明赵使来是为救助楚国，而不仅是为赵国自己……楚王被毛遂的语言打动，联合抗秦大业即成。平原君为此感慨：毛先生的口才和胆识，胜过百万之师！

何止毛遂，深受先秦文化影响的列国诸侯名士，在捍卫国家利益时，都善于利用言语武器进行博弈，言行信果里充斥着攻心和厮杀。“第二战场”和烽火战场一样，利镞穿胄、惊沙扑面，你死我活、撼人心魄。

齐国的聊城被燕军攻占。聊人为自救采取离间措施，在燕王面前诬陷攻城之燕将拥兵自重、企图谋反。燕将得知后担心返回被诛杀，便守城不归。齐国久攻不下且多有伤亡，谋士鲁仲连想出一个点子，精心打造出一篇文字，绑在箭上射入城内传到燕将手中：“……如今你因一朝之愤而不顾燕王的君臣之义，这是不忠；杀身以亡而威名不显于齐国，这是不勇；功败名灭，后世不加称道，这是不智。凡不忠、不智、不勇者，国君便不把他当作臣子，游士会作为反例而耻笑，天下智者也会对他不齿……如今燕国大乱，君臣不和，根本无力攻伐他国。你如想保全兵马车甲，便应迅速撤军，燕王必会高兴，而你们也可与父母妻子重新团圆。若不然也可投降齐国，可以列地封侯尽享荣华富贵。所以我为你打算，燕齐二选其一！你固守孤城，齐兵增多而救兵迟迟不至，你想置自己于何地？……”此篇攻心檄文旁征博引、以古论今、晓之以理、动之以情。燕将看后忧虑至极：如返燕，必受已有二心的燕王责难并杀身；若降齐，积仇太多难免一死。随后大哭三天拔剑自刎。燕军群龙无首，齐军乘势收复聊城。

这种“一箭下聊城”的本事，可不是能轻易上身的，学不好会适得其反。王朗既是经学家，也是曹魏的军师，算是个人物了。与蜀汉对阵前口放狂言：“来日可严整队伍，大展旌旗。老夫自出，只用一席话，管教诸葛亮拱手而降，蜀兵不战自退。”第二天两军相遇祁山脚下，王朗几句“倒戈卸甲，以礼来降，不失封侯之位”不但没说服诸葛亮，反招来一顿刀斧般的言语：“吾以为汉朝大佬元臣，必有高论，岂期出此鄙言……吾素知汝所行：世居东海之滨，初举孝廉入世；理合匡君辅国，安汉兴刘；何期反助逆贼，同谋篡位！罪恶深重，天地不容！天下之人，愿食汝肉！……汝既为谄谀之人，只可潜身缩首，苟图衣食；安敢在行伍之前，妄称天数耶！皓首匹夫，苍髯老贼！汝即日将归于九泉之下，何面目见二十四帝乎！老贼速退！可叫反臣与吾共决胜负！”王朗听后脸色大变、胸膛气鼓，一声惨叫跌下马来。

诸葛亮是中国传统忠臣与智慧的象征，尤其善用舆论攻心，身怀能敌万人之雄才。司马懿虽然睿智沉稳，但与诸葛亮对峙，尽管坚持了100多天，终于没有抵御住诸葛亮的羞辱，勃然大怒并上书魏文帝请求出战……

看来，“守心”制胜与“攻心”取胜，都一样同等重要。尤其是肩负领率重任的指挥官，在舆情信息纷杂之际，能不能做到“猝然加之而不惊，无故加之而不怒”，不仅关乎行为得当与否，还关乎部属存亡与战斗胜败。回眸战争史，善于守心的将帅们，哪个不是乱云飞渡之时、隆隆炮响之际，仍可淡定地安然弈棋、优雅抚琴、悠然赋诗……向守志回忆，在淮海战役前沿，敌机飞掠而至，轰炸声不绝于耳，秦基伟却能蹲在野战工事中，聚精会神、若无事状地读《孙子兵法》，而且前后通读了三遍。即使在上甘岭战役中，秦基伟也一日不落地写日记。由此也可知，他指挥的部队为什么能守如磐石、固若金汤……

陆逊是孙权手下的年轻部将，孙权命其迎战刘备十万大军。刘备为尽早决战，每天派人到阵前叫骂，引诱陆逊出战。那时的阵前“叫骂”，比今天的一些足球赛场旁的“爆粗”内容要丰富得多。当时陆逊的手下尽是些功臣老将、皇亲国戚，对陆逊的“怯战”和“不作为”大为不满，但陆着眼大局、忍辱负重，只下令“塞耳休听、守心待战”。经历七八个月的坚忍，陆逊抓住战机，率部火攻敌致命处，刘备仓皇逃到白帝城才幸免于难。抵御舆论侵扰，筑牢心理屏障，正是陆逊克敌制胜的秘诀。

几百年后的唐太宗李世民或许知道这个战例，有过不少“坚守”而胜的实践。毛泽东后来评价：打仗要像唐太宗那样先守不攻，让敌人进攻，不准士兵谈进攻的事，谈论者杀。待敌人屡攻不克，士兵气愤已极，才下令反攻，攻即胜。这样一可以练兵，二可以练民。

我国民间有句老话“吐口吐沫能淹死人，谣言一句能杀死人”。特别是七姑八姨“嚼老婆舌”的传播影响力，无人不惧。有一段从《诗经·郑风》而来的老戏，说一个叫仲子的小伙儿渴望见到心上人，于是爬上姑娘家院外的树。姑娘胆怯地唱道——

“仲子呀，求你别爬我家的门楼了，不要把我种的杞树弄断了！不是我舍不得树，而是害怕父母的话，尽管我也想念你，但不得不惧父母之言。仲子呀，求你别爬我家的院墙了，不要把我的桑树弄折了！不是我舍不得树，而是害怕几个哥哥的话，尽管我也想念你，但不能不惧怕哥哥们骂我。仲子呀，求你别翻越我家的园子了，不要把我的檀树弄断了！不是我舍不得树，而是害怕周围人家的议论，尽管我也思念你，但不能不惧人们的风言风语！”

一席短短的唱白，足见小女子对包括亲人在内的“人言”的惧怕。因“人言”痛不欲生乃至丧命的事情，在世间天天发生着。贞节牌坊下，无数妇女香消玉殒，还被传作“天妒红颜”。英国王妃戴安娜也因屡遭流言蜚语，最终为躲避狗仔队而惨遭车祸身亡……著名学者、鲁迅挚友许寿裳先生在评鲁迅《祝福》时说的一句话，至今如雷贯耳：“人世间的惨事不惨在狼吃阿毛，而是惨在封建礼教吃祥林嫂。”那些害了无数人的封建礼教，却很少是写在纸上的，多是人们口口相传，而且仍不可思议地世代相传……

说起“人言可畏”，还不能不提到阮玲玉。这位“南国影后”因出演一部批评媒体堕落的《新女性》，受到无聊记者和黄色小报诬陷诽谤。加之个人感情受挫，她模仿自己在《新女性》中饰演的女主角，一气吞下了3瓶安眠药。她在遗书里留下一句沉重的“人言可畏”！ 后来，鲁迅先生专门写了一篇评论《论人言可畏》，香港也拍了一部关于阮玲玉的电影，片名就叫《人言可畏》，美国人后来也拍摄了一部同名电影。“人言可畏”从此成为形容语言厉害之经典。

18世纪人类诸多革命主张中，还没有提到“隐私权”。二战前的国际人权法律及条约文件中，也没有规定这一问题。随着媒体的迅速发展，“隐私权”问题突出了，陆续有人开始对其挑战。大约1890年，波士顿名流华伦夫人决定不再忍受报纸对自己家私和孤独过于详细的报道，由其在哈佛大学法学院任教授的丈夫塞缪尔·华伦，掀起了一波“免于别人干涉的权利”的舆论潮。塞缪尔·华伦第一次在《哈佛法学评论》上提出了“隐私权”的概念。以后美国逐渐形成了对“隐私权”的传统看法，即保留某些个人事务免受公众查看的权利。

联合国一诞生，就把“人权保护”作为重要使命。《世界人权公约》规定：“任何人的私生活、家庭、住宅和通信不得任意干涉，他的荣誉和名誉不得加以攻击。人人有权享受法律保护，以免受这种干涉或攻击……”

人类文明发展到了网络和全媒体时代，“隐私权”非但没有像人们期待的那样得到有效保护，暴力、庸俗、龌龊的语言却有增无减，而且更具攻击性、煽动性。当今时代人们的隐私，几乎没有什么不能暴露在光天化日之下。更为严重的是，弱者受到欺侮却不能保卫自己，只能忍受而无丝毫还手之力。屡发的网络暴力，有的表现为任性和极端的“狂欢”，有的以捍卫“公共道德”或落后陋习的面貌出现。

英国女孩汉娜，因湿疹困扰患上忧郁症，她选择了上网求助。随后几个月里，回帖充斥着辱骂和攻击，最终她被迫上吊自杀。美国13岁的女孩梅根，英国15岁男孩安斯沃斯、15岁女孩帕格斯里、13岁女孩盖拉格……都因为受到网络侮辱诽谤语言的压力而自杀身亡。

中国“网络暴力第一案”，出现在2008年。白领姜岩因不堪丈夫婚外情而自杀。网民随即“人肉”其夫及“第三者”，之后进行了长时间的围攻，致使二人失去工作、痛苦不堪。从此，网络暴力层出不穷，愈演愈烈。到了2015年，网络暴力有增无减，一起试衣间一分多钟的不雅视频在新浪微博传开，两小时点击量上亿。男女主角被“人肉”后个人信息曝光，随之而来的是潮水般的谩骂、店铺被大量游客涌入……

网络舆论的发展，也迫使传统媒体步步退让。网络媒体从传统媒体夺走重大事件报道权，是从“拉链门”开始的。莫妮卡·莱温斯基通过网络扬名世界。因此很多年里，她不得不面对来自四面八方的欺凌侮辱。好在她是经受过挫折的成年人，总算没走上绝路。

恩格斯指出：语言是意识形态的工具，当你使用一种语言时，就是接受推广一种意识形态。当代信息技术快速发展，人们对语言的认识不断深化，意识到语言是征服民族心理的重要武器和工具，能实施人心的“改造”。阿尔温·托夫勒将这一现象概括为：“世界已经离开了暴力与金钱控制的年代，而未来世界政治的魔方将控制在拥有信息强权人的手里，他们会使用手中掌握的网络控制权、信息发布权，利用英语这种强大的文化语言优势，达到暴力和金钱无法征服的目的。”

历史上，阿拉伯语、汉语、梵语曾支配世界。到了近代，被英语、法语和拉丁语取代。英语无疑有其优长，但说英语的地域，除了母语国家外，几乎都被英国征服或奴役过，而且有着较高的殖民化程度。正是因为发达国家广泛使用的英语在世界“通用”，同时又以资本为实力支撑，国际舆论才选择用西方价值观和逻辑来评判“是非”、诠释事物，而世界舆论主导权及话语叙事结构也自然以西方为中心了。

“美国之音”对此做过研究，并通俗而深刻地解释了“语言”的作用：“许多人错以为语言对付不了子弹，但历史记录显示，在关键的历史关头，语言比任何先进武器的威力都强大，因为语言可以使武器变得无用。”可以想象，当一个民族被外来语言统治，后代逐渐看不懂自己的历史了……这会是一种什么样的结果？这不是任何强大兵器可以实现或能抵御的。

“人言可畏”，让人们进一步认识了“话语权”的重要性。“话语权”不仅是发声的权力和音量的高低，还包括意识形态权力、是非判断的权力、引导话语流向的权力。所以，人类文明越是发展，“话语权”的争夺越激烈。这种博弈尽管与军事斗争有所不同，但性质是一样的，都是依托实力的“厮杀”，都以征服对方思想和意志为目的。

“小人”的言语之刃

《论语》中有一个重要观点：“有德者必有言，有言者不必有德……”这种揭示带出了一个无法回避的话题：“小人”现象。“小人”能茂盛并茁壮，在历史和现实中占有重要席位，可以说是横亘在传统文化中的一道阴暗纹路。

在很多历史记载中，“小人”是万恶之源、国家不幸。诸葛亮《出师表》将“小人”作为汉代兴衰成败的重要原因，精辟地写道：“亲贤臣，远小人，此先汉所以兴隆也；亲小人，远贤臣，此后汉所以倾颓也。”他笔下的“小人”，是那些得宠于皇帝、飞扬跋扈、为非作歹的外戚与宦官，字里行间足见愤恨和蔑视。“小人”最大的特征和能力，就是舌灿莲花、拨弄是非、挑拨离间，或造谣生事、兴风作浪、夺口杀人……人们将有此类言行的人，均称作“小人”。小人的面相并非都奸诈丑陋，有的还十分英俊，如典型的汉奸小人汪精卫，就有“民国第一美男子”之誉。

唐时的李贺才华出众，小人为搞掉他编造了一个理由：其父名“晋肃”，因为有“进”音，李贺考进士就是侮辱其父，严重不孝！指责“不孝”，就当时社会的“名节观”，足以夺杀任何人的性命。爱才惜才的韩愈愤怒写下：“父名‘晋肃’就不能考进士了，假如当爹的名‘仁’，儿子就不能做人了吗？”这就是奇文《讳辩》中的经典名句。

关于小人的“奇闻”远不止这一桩，史上“恶言败坏君子，冷箭射死忠臣”的案例无数。汉时的大司农颜异是有名的廉臣，对朝廷推行货币新政有不同意见，但看到汉武帝不悦便不再多说，别人说他听到了顶多是啧啧嘴巴。就是这样，还是被小人张汤造出“腹谤”一词诬陷，颜异最终成为皇帝的刀下鬼……

小人能搅乱一方天地。春秋楚国佞臣费无忌，奉楚平王命迎娶儿媳秦女孟嬴，当他看到新娘娇美，竟诱使好色的楚平王纳为己妃。为防止太子建报复，又诬陷太子谋反，蛊惑楚平王追杀太子建和伍子胥，从此为楚国大乱埋下了伏笔。汉时的小人江充，诬告太子秽乱后宫、有人搞巫术加害皇上，逼得太子造反并自杀。这场“巫蛊之祸”令汉武帝骨肉相戮，几万人丧命。北朝的小太监鲍邈之，被称为中国历史上最卑鄙阴险的小人，他和宫女鬼混被太子萧统撞见，仁厚的太子并未对其治罪，鲍恩将仇报，竟向皇上使离间计，诬告太子密谋篡位，最终令这位才华罕见的昭明太子蒙冤致死……

小人能影响历史进程，改写历史走向。秦时若没有赵高，就不会有秦皇之子相继自杀、被杀和李斯被害，秦朝也不至于仅存15年就被推翻；齐国如没有竖刁、易牙和开方，也不会有那么多祸乱，以致失去“春秋第一霸主”的地位；后唐若没有石敬瑭甘当契丹的“儿皇帝”，400年“中原王朝”就是另一副模样；明末如没有吴三桂引清兵入关，也就不会有满清王朝的300年统治……历史上“小人”之多，以致历朝皇上也不能不惧。嘉庆在世时就告诫臣下：一味厚道不得，当今之世小人多于君子！

岂止是古代。抗日战争时期的“汉奸”有过之而无不及，是卑贱、奴性、出卖、背叛登峰造极的集合体。赵登禹、佟麟阁、杨靖宇等抗战名将，都是因为汉奸小人的出卖而壮烈牺牲的。溥仪、汪精卫、陈公博、周佛海、李士群等为代表的汉奸小人，不仅积极帮助日寇掠夺中华之资源，而且在精神领域也助纣为虐，百般地奴化和折磨我中华同胞。

史书最早记载的小人，也许是尧时的“放齐”了。当尧意识到自己老矣，要手下推荐继承帝位的人时，放齐忙上前拍马屁：“您的儿子丹朱很开明，可以用他。”这在今人听来也许都不算啥，还可以用“举贤不避亲”解释。但尧帝到底是贤君，分得清是非荣辱，当即就否决了放齐的谬言。

明朝的“六大奸臣”之一严嵩，比放齐更过，对皇上什么肉麻的话都说得出口，他也如愿以偿地当上了礼部尚书，成为史上一意媚上、窃权罔利的奸臣典型。此外，还有“口蜜腹剑”的李林甫、“唯利是图”的冯小宝、“善表忠心”的安禄山……都是历史上千夫所指的小人。

现实生活中，“棒杀”易挡，“捧杀”难防。小人阿谀奉承的“悦耳”之言，就是杀人不见血的“软刀子”。但高高在上者却许多有目无珠，被谄媚、蒙骗包围，分不清“溜须拍马”与“由衷赞美”的不同性质，看不清小人阳奉阴违的真实面目，在不知不觉中接受了“语言贿赂”。因此，也被小人肆意利用，牵着鼻子走向了歧途和深渊。历朝历代的君王，在最常见又最难抵挡的小人面前，命至如此的不在少数。而能自觉看清、主动规避的实则不多。“私听使耳聋”、“众口铄金、谤之随后”等千古遗训，也都是因此而生……一些发达国家对这个问题有所认识，在制度上采取了不少措施。如美国《军人手册》里明文规定：“不许当面颂扬领导”……美军中“媚态”“媚言”较少，与其这种严厉有关。

在应对这类问题上，战国的邹忌很值得一提。邹忌从妻子、小妾和客人对自己“夸赞”中，看出了偏爱、惧怕和有求，遂将感悟进谏给了齐威王。齐王听后深受启发，下令：大小官吏和百姓，能当面指责我过错的受上等奖赏，书面劝谏我的受中等奖赏，公开批评我的过失并能传到我耳朵里的受下等奖赏。此令一出，进谏者络绎不绝。齐威王进而识别出“众恶之”的墨大夫是造福一方的实干家，“众好之”的阿大夫实为欺上瞒下的大恶霸，并下令烹死被阿大夫买通为其美言的近臣……齐国不久成了最强盛的国家。

唐太宗有超凡的文治武功，更有纳谏的宽容雅量，可以说是帝王之最。其思辨能力与豁达胸怀无疑是根本，但与他身边的长孙皇后，特别是魏征、许敬宗等“以义制情”的忠臣，也有着密不可分的关系。唐太宗执政后，急于摸清贪官底数，派人故意行贿要害部门实权人，很快抓出一个司门令史。这种手段，按现在的说法就是“钓鱼执法”。民部尚书裴矩指出：故意挖陷阱让他掉进去，恐怕与“用道德引导百姓，用理智同化百姓”的古训不符。李世民瞬间醒悟，知错即改，并通报五品官员，大赞裴尚书。魏征的唠叨，多次烦得唐太宗恨不得杀了这个“乡巴佬”，但最终还是听了长孙皇后的智慧“反语”，不仅退恭自省，还将魏征指出的10个缺点郑重抄在屏风上，早晚阅读、引以为戒。因此也留下了名垂千古的“三镜论”：以铜为镜，可以正衣冠；以史为镜，可以知兴替；以人为镜，可以明得失。许敬宗屡遭小人诋毁，唐太宗问缘由，许答：“上天都不能让每个人满意，何况我呢！是非之言不可听信，听后也不可传播，君王盲目听信臣子，可能要遭受杀戮；父亲盲目听信儿子，可能要遭受诛杀；夫妻听到谗言，可能会离异；朋友听信谗言，可能会断交；亲人听到谗言，可能会疏远；乡邻听信谗言，可能会生分。人的舌头上有龙泉剑，杀人不见血。”唐太宗也从中受到启发……

宋太宗为制止歌功颂德以邀君宠的不良风气，诏令天下：“从今以后，满朝文武、各州县官员，不得再献唱赞歌的诗赋杂文。只有批评时政得失、直言民间利弊的极谏之书才许上呈。确有宏才奥学，为人所称道者，可投献于中书省，由宰相定其高下上进。”宋太宗在位21年，不喜阿谀，从谏如流，清明从政，强国富民，天下称道。

遗憾的是，善于“兼听明辨”的明君贤臣，在历史上并不多见！多少圣君、忠臣和贤士，因小人作祟被排挤出局，甚至丢了性命……

北宋张择端虽然没有谏臣胆量，却有儒家的情怀。他千辛万苦绘制出《清明上河图》，以期宋徽宗能在“繁华”中看到社会危机。但皇上宁可相信蔡京、童贯之类小人，坐享“丰亨豫大”的虚假繁荣，也不去琢磨这幅心血之作蕴涵的“盛世危言”，在哈哈一笑中写下题签、盖上双龙印，随手转给了外戚。之后20多年北宋亡。

小人得势，与伪善的“乡愿”不无关系。孔子鄙视地将乡愿看作“德之贼”和“中行”。他认为，这两种人不能交结，“众恶之”或“众好之”的舆论也都不能轻信。今天看来，“德之贼”若是普通百姓倒也无大碍，但若是执政的官员特别是高官，社会就该出乱子了。可惜，几千年前古人的至理名言，后人并没有很好地学习、认识和弘扬。一些高高在上的为权者既不善在“听”中辨，也不会在“看”中识，成了地道的庸官、糊涂官。鲁迅先生早看透了此类人及他们身边的小人的本质，愤言道：“倘能脱离包围，中国就有五成得救。”

在中国五千多年文明发展中，在长期小农经济的环境里，民族文化的精华与糟粕共存。诗书礼易、唐武宋文等优秀文化精彩辉煌，而消极阴暗、腐朽淫靡的“酱缸文化”也不少见……漫漫历史中，尽管有些虽非正史，却能从不同角度，带给了人们深刻的反思与警示。

“小人”非黄土地独有。凡有人群的地方、为利益争夺的时候都会出现。这在世界经典作品中有很多体现。伟大的德语诗人里尔克有一段悲情的描写：“我如此地害怕人言/他们把一切和盘拖出……我怕人的聪明，人的讥诮/过去和未来他们一概知道/没有哪座山再令他们感到神奇/他们的花园和田庄紧挨着上帝/我不断警告、抗拒：请远离些/我爱听万物的歌唱/可一经你们触及/它们便了无生息/你们毁了我一切的一切……”

希特勒堪称背信弃义、残害人类的最卑劣的小人。他将宣传鼓动作用发挥到极致，让全球几千万人成为冤魂，同时干掉一起打天下的“好兄弟”罗姆、属下功臣隆美尔。他操纵人性弱点，煽动起德意志民粹主义的狂热，而其内心却是对民众的极度蔑视，《我的奋斗》记录下他的心声：“人民的情绪永远是上面输入到舆论中的东西的十足排泄物……”对这本书，历史学家诺曼·卡曾斯做了深入研究，认为：其中的每一个字使125人丧命，每一页使4700人丧命，而每一章使120万人丧命。

难敌的“舆论之剑”

有一个关于古希腊的著名传说。西西里国王的朋友达摩克利斯，常常羡慕国王的权势。于是有一天，国王让他穿上王袍、戴上了金王冠、享用起美味佳肴。当他兴奋地举杯痛饮时，看见天花板上有一柄宝剑直指自己，而且这柄闪着寒光的利剑只用细如发丝的马鬃吊着。达摩克利斯顿时没了笑容，脸色煞白，双手颤抖，只想尽快逃离王宫。“达摩克利斯之剑”由此得名并流传。实际上，不仅他害怕，国王同样害怕。国王之后对达摩克利斯说了一番话，其中就有担心有人散布谣言煽动百姓反对自己。国王想告诉达摩克利斯：包括舆论在内的“风险”与诱人的“权力”是相伴相依的。

与这个故事几乎同时，世界东方酝酿着一件“划时代”的大事——形成中国纪年。作为人类历史时间区段标记与排列的“纪年”，中国是早于西方的。有意思的是，开天辟地的中国纪年与“舆论信息”也有直接的关联——

当时是中国的“周朝”，公元前的9世纪，周厉王在位30多年。《史记》记载：“厉王虐，国人谤王”。周厉王也觉察到社会对自己的非议，便派巫师打探出一份名单，看后下令：把名单上的人全部杀掉。《史记》于是记载：“国人莫敢言，道路以目。”见百姓噤若寒蝉，厉王高兴道：“看谁还敢吭声！”

邵公是厉王手下重臣，也是了解民意的贤臣智者，对此忍不住发出一番大义之言：“防民之口，甚于防川，川壅而溃，伤人必多，民亦如之。”接下来邵公的话锋使转。译成现代白话大意是：每个人都有说话的嘴巴，犹如大地有山川一样，有山川也就有高低起伏。山川原野沼泽能给人们带来洪涝灾害，但更多的是能带来福祉。同样的道理，大众的话也能对社会良治有积极的作用。听政有不同形式，对于民间就是“庶人传语”。邵公所说的核心是：“故为川之使导，为民者宣之使言。”这就是流传至今的“防川论”。

厉王听不进邵公的忠言，但还好，总算没动杀念。几年后，高压统治下的镐京百姓暴动，周厉王仓皇出逃，应验了邵公“若壅其口，其与能几何”的预言。天子旷绝要有人接续，于是“共伯”摄政接班。因共伯名“和”，公元前841年便称为“共和元年”。这成为中国历史最早的准确纪年开始。也有史书记载：“召公、周公二相行政，号曰共和”。“召公”就是“邵公”。

诺贝尔文学奖大师马尔克斯也讲过一个“舆情演变”的趣事：一个老太太和她的两个孩子住在一个小村里。一天，老太太满脸愁容，孩子问其缘由，她回答：“我也不知道，一早起来，总觉得村里会有大难。”孩子们笑她瞎想。儿子马索饭后出去打台球，碰到一个极易打中的“双着”，对手说：“我赌一个比索，你中不了。”马索果然没打中。见对手不解，解释道：“我妈一早说村子里要出大难，我心慌。”赢了钱的对手高兴地回到家，将事情告诉了妈妈。妈妈说：“老人家的预感可笑不得，有时真灵。”一旁的女亲戚听后出去买肉，对卖肉人说：“称一磅肉。”随后又补充道：“称两磅吧！都说会有大难，多备点好。”一会儿，又一位太太来买一磅肉，卖肉的说：“称两磅吧！都说会有大难，得备点吃的，都在买。”妇人说：“那称四磅吧，我孩子多。”半小时后肉卖完了，新宰一头牛又卖光了。舆论的迅速传播令村里人纷纷放下活计，不安地等待着出事。下午两点了，天一如既往的热，有人说：“这个点没这么热过！”众人附和：“就是，没这么热。”广场飞来一只鸟，人们惊慌失措地传递着信息并跑去看。有人说：“小鸟飞来是常事。”有人插话：“没错，但不是这个点。”人们越来越紧张害怕。一个村民出来说：“有什么好怕的，我走！”于是，把家具、孩子等统统装上车从中央大道走了。陆续有人说：“他敢走，我们也走。”人们带着家当陆续离开村子。最后一拨人说：“还有房子呢！可别留在这儿遭难。”随后有人点火把房子烧了，其他人也跟着烧。小村子像经历一场战乱，人们抱头鼠窜。那个最初预言的老太太说：“我就说会有大难，还说我疯了！”……

口耳相传的影响力，在今天看来太有限了。舆论之剑真正发威，是到了大众传媒时代。1833年，《纽约太阳报》作为世界第一份便士报问世，标志着大众传媒时代的到来。20世纪二三十年代，广播和电视先后诞生，直观并直觉、感染力和多样性，前所未有地适应了人类的需求，扩大了人们的眼界。但也带来新的问题，很多人主动思索原本就不多，从此愈加习惯被动性地接受。麦克卢汉这样形容广播：“能够将心灵和社会变成合二为一的共鸣箱，在人的内心深处产生一种暴烈的影响。”“暴烈”以往常用来形容战争，这时开始用于形容舆论信息的作用了。而这种“暴烈”在两次世界大战中真切地显露出来。

第一次世界大战中，英国提出“宣传决战”的理念，并取得巨大的成功。人们惊讶：舆论信息的攻击是如此势不可挡，于大众而言，简直就如“枪弹和靶标”、“针剂和患者”的关系，媒介只要对准方向“扫射”、“注射”，大众就会“照单全收”！这种“魔弹论”、“皮下注射论”，形象地说明了舆论信息的巨大威力。

有人检索，一战前《不列颠百科全书》竟没有“宣传”一词的条目，而在一战结束不久的新版本中，“宣传”一词的内容密密麻麻地写了10页。可见“宣传”通过战争发展之快。到了二战时期，舆论信息战心理杀伤减员，占到了所有减员的6%～7%。这一数据在当代战争上升到25%以上。在未来的信息化战争中，这一比例无疑会进一步提升。

许多首次参观“巴黎荣军院二战博物馆”的人多会感到意外，第一个展品竟是一只老式麦克风。其背景是闻名世界的BBC广播的大楼。它讲述着一个“话语的战争”——

德国广播在二战前的世界最为发达。希特勒为在战争中利用广播也做了充分准备。1939年8月31日20点，德国党卫军军人化妆成波兰陆军，袭击了当时属于德国的靠近波兰的格莱维茨市广播电台，并用波兰语对德国进行了最下流的辱骂……当晚，德国所有电台播发了“德国遭到波兰突然袭击”的消息。二战序幕就此拉开。

随后，德军闪电般地进攻华沙，击溃了英法比联军，横扫了大部分欧洲国家。当法国“世界第一陆军”还在自我陶醉时，便陷入了噩梦。失败主义情绪弥漫了法国。戴高乐当时是国防部候任副部长，没有任何财力和武装可以凭依。国家危亡之际，他在寓所升起法国国旗，通过BBC广播发声：服从任何拒绝投降的法国军队指挥，致力于重建军队，抵抗法西斯和耻辱和约，用战斗重建法兰西荣誉……人民心头重现法兰西历史和三色旗，戴高乐因此被誉为“麦克风将军”。

“广播战”在世界大战中占尽风头。反法西斯广播鼓舞了士气民心，瓦解着凶残的敌人。苏联国家广播电台播音员尤里·列维坦浑厚磁性的男声，象征着正义和胜利，影响了整个欧亚地区。德军对其恨之入骨，黑名单上第一个是斯大林，第二个就是他。反法西斯广播还包含着“隐语”，指挥着抵抗组织和特工行动，如“罗密欧拥抱朱丽叶”隐喻“在奥地利伏击满载德军的汽车”……一波波的舆论信息的“软打击”，让法西斯军队疲于应付，不得不忍受风声鹤唳的精神折磨。

巴顿将军经历传奇、战功赫赫。但其个性鲜明、脾气倔强，性格冲动，对看不惯的属下常带着脏字指责甚至打骂。媒体和舆论为此也把他折腾得不轻。1943年8月是攻打西西里岛的关键时候，他视察医院发现一些患战斗疲劳综合征的士兵“泡病号”，他愤怒地抽了两个士兵的耳光，骂道：“狗娘养的，别他妈哭了。快回前线去！你这个该死的胆小鬼。”这一幕被随军记者传开，不仅传遍军内，还传遍了美国。尽管巴顿又指挥打了胜仗，但舆论对美军高层施压，迫使他可怜巴巴地向医院、向所属各师逐一道歉。是陆军部长史汀生为他辩护揽过，巴顿才度过了危机。但此后几乎一年没能指挥作战，这是他难以承受的。他对媒体的愤懑溢于言表：“你们的‘审讯’开始吧……如果你们想把我送回老家，就他妈的报道！”因此有人说，对巴顿的伤害不是战后的车祸，而是战场上的记者。

希特勒原是奥地利流浪汉、一战中的陆军下士，深谙“宣传之道”后以第三帝国为舞台迅速起家。他深入研究了英国“宣传被作为第一级的武器使用”的历史，将舆论管控与政治体制融合，把宣传作为继陆海空之后的“第四条战线”，对德国民众特别是青少年成功进行了“洗脑”。他多次表示：“在战争未打响之前，设法使敌人在精神上崩溃，这是我最感兴趣的问题。”德军也因此有了在欧洲战场制胜的两大秘诀：“闪电战”、“舆论攻心战”。

德军每次实施“闪电战”，舆论攻心都被用来“开道”。具有极大情感魅力的“哈哈爵士”广播、擅长心理特种作战的“第五纵队”等，都是德国的战时创造，而且效果极佳。当时苏联有一位42岁的元帅图哈切夫斯基，是苏联第一批授予元帅的5人之一，他很早预见到了德国的威胁，主张对德发动“预防性战争”，尽管没有得到本国的重视，却让德国视其为 “眼中钉”。希特勒这次欲除心腹之患没有用暗杀手段，而是利用斯大林擅权多疑并与图哈切夫斯基的过节，授意《新德意志》发文吹捧图哈切夫斯基，同时伪造假信件假情报，诱使斯大林逮捕并很快处决了包括图哈切夫斯基在内的8名高级将领。之后的两年里，苏军有3万多名军官被处死，其中60名是高级将领，而且多是在任的军长。希特勒炮制的一系列舆论信息，成功欺骗了斯大林并重创苏联指挥体系。四年后，德军借鉴图哈切夫斯基“大纵深战役”理论，用“闪电战”让苏军一溃千里，甚至开战一周内发不出作战命令，17天里损失了77万人、11700多辆坦克和3900架飞机。德军一气攻到了斯大林格勒城下，轻松占领苏联大片领土。

1982年英阿马岛战争，英军编队有20余架战机、近百艘舰船和2万余人。英国深知远离本土、力量不足的不利，便发挥传统优势、开动舆论机器，吹嘘有60多架“鹞”式飞机和配有2艘航母的武器装备，渲染骁勇善战的廓尔喀步兵。阿军虽然装备战术落后，却是在本土作战，且拥有“文的兴柯”号航母、140多架先进战机和相当数量的陆军。但阿军一开始就在英舆论信息攻击下受挫，悲观情绪弥漫，当廓尔喀营进击威廉山时，守军闻风而逃……阿军也不全是“怂人”，两名飞行员驾驶“超军旗”战机，贴着海面飞向英舰队，将“飞鱼”导弹准确地射向“谢菲尔德”，让这艘价值2亿美元、令英国骄傲的导弹驱逐舰沉入海底。世界媒体报道后，一时鼓舞了阿方军民，唤起了低迷的战斗意志。

1938年万圣节，“火星人正在袭击美国、入侵地在新泽西州”的广播，让美国600多万人跪地祈祷，120万人因之恐慌。一部《星球大战》改编的广播剧，尽管开始和结尾都说明了是改编于小说的科幻故事，但由于情节逼真、广播员声音动人，竟让大量听众信以为真、四处躲藏。新泽西州等地的听众，到处找湿头巾蒙面以免受射线损伤。这与我国近些年一些地方出现的

“地震”、“抢盐”、“钴60泄露”、“艾滋女”、“A股涨跌”风波等，是何其相似？！

前面提到的赫胥黎小说还有一个情节：福特纪元的统治者在民众睡着的时候，反复广播：“苹果是个坏东西。”人们醒后就会伸着懒腰、揉着双眼喃喃地说：“苹果是个坏东西”……其实，电视出现后更有过之，因为电视与人类特有的“亲密”，其内容更容易绕过人的思考而直击心灵。有调查显示：每周看30小时电视节目的人，其对事情的认识与所看电视的内容是基本一致的……

士兵和百姓难抵舆论之剑，达官显贵也同样。白居易诗歌中有一句“周公恐惧流言日”，就是说周公辅佐成王的时候，关于他“怀有篡位阴谋”的舆论，令他非常恐慌和惧怕。拥有权力或财富的人就是如此，他们担心舆论大海拒绝“载舟”，更害怕过载之后的“覆舟”……这种恐惧的加剧，与其财富和地位成正比。抗日战争期间，德国驻华大使陶德曼在给德外交部的密电中，这样描述蒋介石对中日“调停”的态度：“他秘密地告诉我，假如他同意日本要求，中国政府会被舆论浪潮冲倒，会发生革命，唯一结果就是中国共产党会在中国占优势……”

美国政坛近十年来披露了10起以上性丑闻，主角无一不退出政坛或选举。排在第一号的议员韦纳，虽然认错却坚持不辞职，但最终也没敌过舆论的利剑。索马里内战时期，在国内舆论的压力下，美国不顾多数国家的反对执意推动安理会同意其出兵。开战后，美国支持的一派逐渐吃力，电视频现美国大兵被打死、尸体被示众的场面，克林顿迫于国内外舆论的压力，不得不做出撤军的决定。

张自忠是国民党在抗日战场上牺牲的最高级别军官。日本人尊其为“中国第一位男子汉”。“卢沟桥事件”后，张自忠“涕泣受命”留任北平市长，主要任务是与日本人斡旋，为部队、伤残军人和军人家眷南撤争取时间。可是，舆论铺天盖地而来：“卖国求荣”、“卖国变节”、“华北特号汉奸”、“自以为忠”其实是“张邦昌之后”……那段时间，能发声的文人几乎都指责咒骂他。张自忠是铁血将领，在舆论面前却只能忍气吞声、忍辱负重。翌年，他被启用59军代理军长，赴任后意味深长地对部将说：“近日回军，就是要带着大家去找死路，看将来为国家死在什么地方！”之后两年多次对日作战，他都抱着必死决心、留下遗书。1940年5月16日，他身中7弹壮烈牺牲。日军感佩其铁血忠勇，为他郑重装殓、脱帽致敬。十多万军民沿江跪拜送殡，延安召开追悼大会，毛泽东、朱德和周恩来等人亲题挽联。此时，舆论来了个180度大翻转，报纸累述其英雄事迹，各种赞誉叠加。有媒体认为，与其说日本人杀了张自忠，不如说是舆论杀了这位爱国将领。

张国荣是追求完美的艺术家，不屈于服艺术之路的坎坷，却倒在了舆论利剑之下。他生前最后的全球巡演，舆论给予了美好预期，捧到“凌烟霄阁”的程度。但最后演出结束，舆论来了个大反转：服装是“为女人设计的，是荒诞怪异的变态……”异常敏感并患抑郁症的张国荣大惑不解，自己没做错什么，为什么遇此不幸？心存不甘的“十三少”（他在《胭脂扣》中饰演的角色），终于被“女鬼”(梅艳芳饰)召去。2008年是韩国“星迷”最丢魂的一年，短短一个月里，安在焕、崔真实、张彩苑和金智厚先后绝尘而去，直接原因都与舆论的诽谤和压力有关……

几十年来，西方针对我国的舆论信息战始终未断，各种名目的“棒杀”“捧杀”交替出手。“不可知论”、“阴谋论”，意在挑拨中国与友好国家的战略伙伴和合作关系；“模式论”、“责任论”，目的在于调起世界对中国的“胃口”，引发对中国的不满；“崩溃论”、“威胁论”，危言中国模式将给世界造成灾难性后果，以束缚中国发展的手脚……最近，有学者提出“恐华症”概念，反映了欧美国家对中国崛起的“厌恶”，其后果可能是仇华反华、陷我于“寡助”境地。

所谓“南海仲裁”出台后，几乎所有美英主要媒体都将其与不相干的“联合国”挂钩，日印澳韩等美国盟友和小伙伴紧跟其后指责中国。对于这场舆论信息战，美国的用心一点不逊于军事部署。舆论信息战为表，经济利益争夺为里，军事实力为备，又一次做了充分的展示。而打赢这场舆论信息战，比制服航母一点也不容易。以美国为首的势力打舆论信息战，已经顾不上一招招地出拳了，而是竭尽所能、组合出拳，甚至歪用法理、颠倒黑白，执意逼迫中国让步。但不管其如何用尽苦心，阴谋是不会得逞的，中国针对性的全方位舆论反击和军事等综合实力展示，在世界产生了重大影响，赢得了越来越多的支持……毫无疑问，对准中国的“舆论之剑”，今后仍会以无尽的形式和名目出现。

纵观中国历史，改革发展能否善用“舆论利剑”，直接关乎成败。商鞅在变法前，与守旧派进行了激烈论辩，他宣传的改革观点，赢得了秦孝公的认可和臣民的拥护，“徙木为信”、“军功爵位制”等一系列措施得以实施。当代中国的改革发展，与1978年《光明日报》关于“实践是检验真理的唯一标准”，以及1987年《经济日报》关于“关广梅现象”、1991年《解放日报》关于“市场经济姓社姓资”等舆论不断引领、深入的宣传是分不开的。由于突破了人们习惯的计划经济和阶级斗争的话语体系，打破了长期的思想禁锢和束缚，勇于改革的思想和精神得以弘扬和保护。这在今天看来仍有重要的启示意义。

舆论引领不到位会功亏一篑。戊戌变法时，康有为梁启超的宣传没有取得预期的效果，被保守派的舆论压倒了。当时市井传言：光绪帝信天主教了，传教士化装成女人进了宫；光绪帝决心剃发易服，康梁把西装带进了宫……尽管光绪不信，但西太后信了，她的一句：有违民意的改革有何必要？于是，六君子命丧菜市口，康梁仓皇逃窜，朝中“有改革想法”的人不是被杀就是成了“哑巴”。

大清年间“癸酉之变”的一次舆情危机，差点让嘉庆帝遭遇人祸。那时，“要想白面贱，除非林清坐大殿”的民谣家喻户晓，而王公大臣们却闭目塞听、明哲保身，信奉“多一事不如少一事”，“多磕头，少说话”。事关社稷安危的舆情，像皮球一样被推来挡去。偶尔有人禀报上来，也被官僚斥为“抹黑太平盛世”。皇帝的近臣太监，有的甚至干起了出卖情报的苟且勾当。魏源描述当时官场众生相：“不担责任是成熟稳重，会踢皮球是聪明智慧，得过且过是办事得体。”如再往前数200来年，明朝在位17年的崇祯皇帝，绝死前的哀鸣更是凄惨：满朝文武泄泄沓沓，徒尚门户之争，倘有半个于谦，何至今日……他最后也只能“深恨他臣民的不义”（黑格尔语）。

今天的中国，正处在前所未有的改革开放伟大进程之中。真正的改革者，一定是有坚定信仰和毅力，善于拨开舆论迷雾、洞察繁芜信息，对未来知变在先、应变在前、勇往直前的人。我国有世界最庞大的宣传体系、人数最多的党政干部和最大的教育引导投入，但一些领导干部惧怕“引火烧身”、“枪打出头鸟”，在舆论信息的激烈博弈中“低调为人”、“韬光养晦”，自恋“羽毛”，当所谓“开明绅士”。尤其在负面舆论面前，丧失应有的警惕和作为，主动发声少，引导回应慢，旁观放任多。以“让人说话”、“不去热炒”、“不去争论”为由，掩饰自己的无原则、无能力和不作为。“为官之德”和“使命责任”被抛在了一边……

改革发展之路艰难曲折，舆论信息战场你死我活。不进则退，慢进如同“溃退”，不作为何止是“不担当”，还是变相的“渎职”、“投降”和“犯罪”。历史关键时期，舆论信息的“达摩克利斯之剑”，还起着重要的“试金石”的作用！

第二章

打仗“兵先呼声”

凡是要推翻一个政权，总要先造成舆论，总要先做意识形态方面的工作。革命的阶级是这样，反革命的阶级也是这样。

——毛泽东

在目前条件下没有公众的支持，谁也无法发动战争。而公众的观点，很大程度上是由新闻媒体和其他宣传方式来塑造的。

——麦克阿瑟·道格拉斯

刚过去不久的20世纪，可以说是战争的世纪。两次世界大战铭刻在人类历史。历史学家霍伯斯邦总结说：“20世纪是以战争为主的历史，即使在枪声未响和炮弹未炸之际，此世纪的生活与思考也完全为战争左右。”

战争进化到21世纪，也带给人们深刻警示：战争无论是什么样式，都离不开“舆论先导”、“先声夺人”。就是以突然袭击开始的战争，也不难找出之前舆论信息战的迹象。舆论信息博弈的时空日益拓展、越发激烈……

先于战争出鞘的“利剑”

冷兵器时代，没人知道什么叫“舆论信息”，更不会懂得什么是“舆论信息战”。这些概念都是后人创造出来的。但历史上纵横征战、夺江山成大业者，却无不知晓其理、深谙其道。

公元前209年，村夫陈胜、吴广与900名戍卒为伍，因大雨不能准时赶到渔阳戍边，按规矩当斩首示众。陈胜、吴广早有“苟富贵，无相忘”的念想，自然不愿就此了断一生。于是决定反了，光复楚国。他们懂得“兵出无名，事必不成”之理，向同行者苦苦讲明所处险境和“天下苦秦久矣”，引导他们“伐无道、诛暴秦”，激励他们“王侯将相，宁有种乎！”陈胜还借“鬼神之助”，悄悄用朱砂在白绸上写下“陈胜王”塞进鱼肚，让人买回后取出。当看到鱼肚中的“丹书”、半夜的“鬼火”、听到吴广模仿的狐狸高喊“大楚兴、陈胜王”，戍卒们惊骇不已，以为遇到了神灵，于是口耳相传：“陈吴称王乃上苍赐予”。

陈吴几十年后，也就是公元前136年，欧洲第一场大规模的奴隶暴动在西西里爆发。起义首领攸努斯也采取了与陈吴同类手段，用“魔法”喷出焰火，让众人信其有神灵相助。而他的名字也恰恰意为“好运”。舆论帮助攸努斯广受拥戴，麾下迅速膨胀到数万人……

“替天行道”是梁山杏黄旗上的口号。宋江不像李逵那样任性，敢狂言“夺皇帝的鸟位”，而是顺应民意，将反叛说成是“代皇帝杀贪官污吏”，很快笼络了部将和民心。朱元璋北上灭元，声张“驱除胡虏，振兴中华”，扣住了民生需求，赢得了支持和拥护。李自成打起“迎闯王，不纳粮”旗号，也是采纳谋士李岩“重视动员民众”的建议。

此外，东汉黄巾军的“苍天已死，黄天当立”；唐末王仙芝的“金色虾蟆争努眼，翻却曹州天下反”；清末钟人杰的“破通城，有钱粮；破通山，有硝磺”，洪秀全的“有田同耕，有饭同食，有衣同穿，有钱同使，无处不均匀，无人不饱暖”……都是将急切的民生需求，作为“兵先呼声”的主要内容。

出于战争政治属性的需要，古今中外的政治家、军事家，都绞尽脑汁为部下植入“正义在手”、“不可战胜”的自信，使其受命忘家、临阵忘亲、击鼓忘身。同时，千方百计营造“得道多助”的社会环境。

基层一线官兵属于基本战术层次，但也是舆论信息攻击的重点，同时又是实施舆论信息战的重要力量。他们面对的，不仅有操纵着杀伤毁灭性武器的敌人，还有如潮奔涌能征服心理的“资讯敌人”。当代士兵不仅身带武器，还有智能终端，只要条件允许，他们都会在执行任务中，用影像记录、传播和解释自身行为的“意义”。就像中国维和战士申亮亮用手机微信传递正能量、美军士兵拍摄照片暴出虐俘丑闻……他们或许并没有完全意识到，世界不仅从宏观舆论，也从自己的微观言行中，判断着“正义”与否；自己走上战场，同时也置身舆论信息战，加入了思想植入和反植入、意识操纵和反操纵、认知干扰与反干扰的博弈。他们的精神心理与生命安全一样，经受着考验、磨砺和挑战。

西方军队的随军牧师的任务和作用，也是纾解士兵思想中“宗教与作战”的矛盾冲突，引导他们认识到为家国而战是“正义”的，战场厮杀是军人的

"天职"，从而使他们在杀伐与救赎之间实现心理的平衡，保持良好的战斗精神和状态。

法国从拿破仑开始，其军队打遍了欧洲的列强，很大程度上是依靠"革命"、"民主"的口号开道。美国诞生230多年，发动过240多场战争。基本是年均一场。无论是拓展国土，还是海外扩张，都少不了煞费苦心地"正名"在先：舰队游弋世界，是为"保护国土安全"；打朝鲜、伊朗、伊拉克，因为他们是"邪恶轴心"；打越南，是为自由世界在东南亚的基石；出兵阿富汗，好比"十字军东征"；剑指叙利亚，是惩罚化武使用者……霸权者凭借强大的"话语权"，把自己扮成"自由"、"民主"和"人权"的使者。

"9·11"后美国高调"反恐"。因为反恐是普世的、现实的，因此成了最好的出师"名头"。描述萨达姆杀人成性、历数本·拉登的邪恶罪行……进而划出反恐的"态度界限"。谁影响了美国利益，就给谁扣上"恐怖主义"的帽子，随后舞起"反恐"的大棒。这与"人权高于主权"、"人权无国界"、"人道主义干涉"出自一辙。以色列将与巴勒斯坦的争端定性为"反恐斗争"，也是出于"正名"的考虑，由于"名头"好，在一定程度上扭转了舆论被动的局面。

禁止"侵略性战争"是《联合国宪章》的重要内容，也是人类的共同愿望。但如何界定"侵略性战争"，世界一直未能形成共识，对"正义"的争执也一直未休。《孟子》中也有"春秋无义战"之说。《苏三起解》里的台词"你说你公道，我说我公道，公道不公道，只有天知道"，形象地表现了这种争执的乱象。在现实中，无论什么样的战争，发动者都会为自己争辩，尽其所能抢夺"道义"资源、尽占"道义"先机。在伊拉克战争中，美防长拉姆斯菲尔德确定的宣传口径是：报道美方时，要重点展示"绝对正义"；报道萨达姆，要渲染"源自恶魔的邪恶"。伊拉克声音虽弱但也在尽力反击，揭露美国的霸权行径和对伊斯兰文明的辱没，号召穆斯林兄弟展开"圣战"、一起抗击联军。萨哈夫、"炭疽夫人"和"巴格达玫瑰"的影响力，远超过了本国的军队。

事实上，战争是否"正义"，并非是看谁的声音高低，终究有着客观的标准：是不是捍卫国家和民族的正当利益；战后能不能为所在国家、地区和更大范围带来和平、文明和进步……

日军侵华时，日媒对“国家利益”竭力支持，口径一致地为军国主义大唱赞歌。132家报社为“讴歌满洲国成立”派出2000多名记者，日军打到哪里媒体就跟到哪里。日军同时还设有“宣抚班”、“征调报道班员制”，以及“笔部队”，专事宣传侵华的“合理性”。日媒被“爆破三勇士”等是非颠倒和虚假的内容充斥，日兵屠杀中国人的“百人斩”比赛，也被日媒报道为“武威”，成了日民众兴奋的谈资。纳粹德国开创“女声情感诱导”广播心战，但真正主营的当属日本。“零点时刻”主持人户栗郁子等12名人播音小组的“柔性宣传”，成了美国大兵们喜爱的“东京玫瑰”，被美军视为“重要威胁”。美军驻日后，不少官兵跑到鸭巢监狱，争相与在押的户栗郁子等合影。

日本有识之士战后反思，没有狂躁鼓吹战争的日本媒体，就不会有那么多的日本人投身侵略战争。曾长期研究日本战时传媒的前坂俊之先生，在《太平洋战争与日本新闻》一书中指出，“日本新闻界尤其是主流报纸，对日本走上对外战争的军国主义自我毁灭之路，负有不可推卸的责任”。如今，日媒密集程度居世界第一，媒体集团富可敌国，《读卖新闻》、《朝日新闻》位居世界报纸发行量的前一二名。“思想战”、“舆论战”一波波涌向高潮，大肆为军国主义招魂……

穆罕默德在千年前打出“圣战”旗帜，目的是为凝聚伊斯兰军队与邪恶势力进行斗争。而今，极端主义势力也拉起这面“大旗”狐假虎威，东突分子、车臣恐怖组织、非洲分支等纷纷集聚旗下，不断扩大恶行、影响祸害人类。

20世纪30年代初，德国作为战败国负债累累、经济衰退。民众失业率很高，生活严重困难，迫切需要能给人民带来福祉的新政府。希特勒顺应了“解救德国”的民众呼声，倚重舆论发起“讨好攻势”。他把自己演讲的特长发挥到了极致，而百姓也痴迷他的“承诺”和声情并茂，被感动得声泪俱下。意大利人卡罗列维在那个年代写下《基督止步于艾博利》，其中分析道：如火如荼的法西斯主义其实恰恰深深地埋藏在每个人的灵魂里。一旦人们拒绝承担个人责任，而是选择和集体并肩起步，法西斯思想就有可能占据你的心灵……

纳粹上台后德国现出了“新气象”。三年内没有通货膨胀，600万人实现就业，工薪阶层也能到国外度假……希特勒享受着民众对他顶礼膜拜的呼喊。此时他怎样武装德国、开动战争机器，也没人敢质疑了，欧洲最强大军事力量迅速形成。希特勒尽管军事实力在握，但没放弃起家的本领。他任用哲学博士戈培尔为国民教育和宣传部长，将舆论宣传的影响力置于“巅峰”，也让追随者坚信：“弥天大谎往往具有某种可信的力量……极其荒唐的谎言往往能产生效果，甚至在它已经被查明之后。”1933年5月10日，在这个为人类做出过重要贡献、诞生了歌德、贝多芬、马克思、爱因斯坦、海涅、弗洛伊德等众多思想和科学大家的国度，崇尚独立思考的新教诞生地，凝聚着人类文明的数万册书籍，被投入柏林“剧院广场”8个巨大的火堆。其他城市也相继焚书，收听外国电台被定为重罪。当时很难找到纳粹之外的书籍了，而希特勒《我的奋斗》却成了畅销书和中小学教材。诗人海涅曾预言：“烧书的行为到最后，都会变成烧人。”果然，德意志纳粹国家主义和种族主义的恶魔，从此扑向了全世界，惨绝人寰的“烧人”行径也随之出现……

成败胜负的关键砝码

舆论信息的博弈及地位，在现代以前并不十分显赫，战时主要作用是配合、协助、策应。进入信息时代，舆论信息战的地位迅速上升，其突破时空、“四两拨千斤”的影响力，常常能左右形势、改变大局。有时战火未开，舆论信息战中便能定下胜负……于是，舆论信息战演变成独立的作战样式，并出现在了社会各个领域。

这个世界一直是强者为王，战争也从来是靠“拳头”说话。但到了今天，已经不再是一言不合就打斗厮杀的冷兵器时代，也不是热衷核军备竞赛的冷战时期了。尽管“丛林法则”“强权即公理”在一些人头脑中顽固不化，但进入人类和平发展的信息时代，打斗不再是处理人际关系的主要选择，战争更不是处理国家关系的基本选项。一切服从武力解决问题的思维已没有市场，不顾一切地轮膀挥拳、耀武扬威，绝不是什么体面的事情，也不可能是竞争对抗的胜算之道。就是日本首脑军国主义狼性不改，也不敢再像甲午战争时日本使节那样叫嚣：“合约没有用处，国家举事，只看谁强！”师出之“名”是否合乎正义？能否取得舆论信息的话语权和主导权？……任何国家对此都不能不重视、不能不顾忌。大幅增加军费、扩充兵员，都会被世界侧目，招致舆论的诟病。日本2016财年防卫预算达5.05万亿日元（约合420亿美元），首次突破5万亿日元，而且是连续4年增加，不得不面对越来越多的负面舆论的挤压……

“强胜弱败”无疑是战争的基本规律。但一些先贤也从无数的战争景致中悟出：除了军事和经济实力之外，还有一种无形的力量，在潜移默化地起着巨大作用。这种力量不用出兵征服，就能吸引着弱势来降、他国来朝；这种力量不用军事摧毁，就能控制对方、逼迫敌人就范……

这种“无形的力量”是什么呢？

孟子：“仁者无敌”；孙武：“以道胜，止戈为武”；管子：“举之必义”；吴起：“先和而造大事”；拿破仑：“精神和剑，从长远看，精神必将打败利剑”；克劳塞维茨：“精神的原因和结果，才是贵重的金属，才是真正的锋利刀刃”；恩格斯：“勇敢和必胜的信念常使战斗得以胜利结束”；左宗棠：“打仗以胆气为贵”；……他们虽未说出如今风靡世界的“软实力”一词，却显然已经是深谙其道、意寓其言了。

正式提出“软实力”概念的，是哈佛大学教授、美国前助理国防部长约瑟夫·奈。他认为：国家实力有“硬实力”和“软实力”之分，“如果一个国家的文化和意识形态是有吸引力的，他人就会自动地追随……它没有必要使用代价高昂的硬权力。”虽然世界至今对“软实力”没有形成一致的认识，如何“界定”还是一个难题，但也有了基本的共识：国家或组织的文化中体现出的价值观，优秀的管理、政策和处理外部关系的方式，都在“软实力”之列……

“软实力”理论有着难以估量的意义，也开启了战略家更深邃的目光：一个国家除了有胁迫他国的军事或经济“硬实力”，还有能影响他国政治、外交和思想文化的“软实力”；而“软实力”的竞争，是综合实力和各项实力竞争的制高点；软实力的一个重要组成部分，是“掌控舆论信息的能力”。这也帮助人们进一步认清，战争看似是人和装备的搏杀，但实质是精神的对垒、灵魂的对弈、信仰的较量，胜负也是文化的征服或被征服。所以，文化的强盛与否才最终决出国家和军队的胜负。正如习近平指出的：“体现一个国家综合实力最核心的、最高层的，还是文化软实力，这事关一个民族精气神的凝聚……”

英国是老牌资本实力大国，二战时期为敦促美国放弃“孤立主义”政策并结为盟友，充分发挥了自身强大的媒介“软实力”优势，对美实施了持续的舆论信息“软性攻击”。由于针对性极强、拿捏得恰到好处，促使罗斯福认识到了欧洲战场与美国利益的关系，进而发表了著名的“炉边谈话”，宣布放弃对纳粹的幻想，加大对抗击法西斯的援助。后来爆发的珍珠港事件，直接促使了美国参战。而美国政治和外交政策的转变，对二战的结局起到了至关重要的作用。

美国最早深谙“软实力”的极端重要性。尽管其一超独霸，但始终视“软实力”为军力的“放大器”“倍增器”，并持续不断地加大投入。其外宣中的“震慑”，是一项长期的战略。就连影视制作，也不忘渲染和强化美国的“强大无比”、美军的“不可战胜”。《地球反击战》、《环太平洋》等体现出的“军事+艺术”，有效影响了世界的思维。《变形金刚》展示的全球唯一四代机“猛禽”、最大功率直升机MH-5和“电磁炮”等未来武器，让不少观众看得心惊肉跳、口服心服。基辛格为美国总结了“震慑”三要素：力量、使用力量的决心、让对手知道。而对最后一点把玩得精彩，给前两点增色不少。

网络及其舆论的泛化，使得不起眼的战术行动，越来越多地产生出战略层级的影响和结果。因此，“舆论信息战”的举足轻重，也吸引着世界各国将其纳入国家发展、外交和国防安全战略。2010年，奥巴马向两院提交《国家战略传播构架报告》，详尽描述了“国家战略传播系统”是总统通过国家安全委员会领导，由内政、外交、对外广播、网络媒体以及军事情报部门构成的联动机制……

事实上，美国早在二战起，就开始建立舆论信息战的研究决策机制，并取得一系列重要成果。其实施舆论信息攻击的套路逐渐清晰可见：一是利用目标国内部矛盾“设置议程”。通过合法设置、强加理念、剪辑事实、利用第三方等手法煽动挑唆，造成目标国家和执政党内部的矛盾加剧，社会政治动荡，让世界舆论聚焦。二是在渲染和搅局中寻找干涉借口。如常用的“大规模杀伤性武器”、“恐怖分子基地组织”、“国内独裁”、“人道主义灾难”等，让对方“躺着也中枪”，进而实施一系列行动。三是利用话语霸权煽动国际舆论。以世界舆论霸主的地位，积极协调国际媒体，大力渲染敌对国及领导人的“罪行”，通过强势“话语权”引导世界舆论走向，以实现自身利益和战略目的。四是最大限度地争取联合国授权“正名”。联合国宪章规定，只有自卫作战和联合国安理会采取或授权的军事行动才是合法的。美国对此认为“是虚假的慰藉”，但为了合法性名义，同时减少行动成本，也力争联合国的“授权”。如实在得不到授权，就要让“小伙伴”参与，以减少独自开战的风险。如美国打伊拉克前开动所有舆论机器，布什和拉斯菲尔德分工游说20多国……其中多少烟波横流、威逼利诱？苦心孤诣的结果是：“伊拉克军事行动”被美化为“伊拉克自由行动”。其实真打起来，管他什么联合国、国际法，统统置于脑后。1987年美军轰炸利比亚，美国就不顾联合国“禁止使用宣传手段挑唆暴力行动或干涉他国内政”的规定，通过“美国之音”广播呼吁利民众起来推翻卡扎菲……

战略学家丹尼尔·奥·格雷厄姆指出：“纵观人类历史，凡是那些最有效地从人类活动的一个领域迈向另一个领域的国家，总能获得巨大的战略优势。”美国在舆论信息战的谋划上、在战略传播资源整合利用上，都是精心设计、环环相扣。由于战略目光投向信息战较早，又在新型作战力量建设上先行一步，所以在现代战争中抢占了先机，自然也优先获取到了巨大利益。

俄罗斯在迅速恢复军力的同时，“软实力”提升之快也令世界刮目。科索沃战争后，划分科索沃维和区成了俄罗斯与北约争执的焦点。俄军尽管有足够军力，但只派一个加强连的空降兵奔袭了普里什蒂纳机场，一招挡住了北约军队，在维和区划分上占据了主动。关键是后面：通过舆论将这一信息传遍世界，表示出对北约说“不”的强硬态度，同时平息了俄国内对政府“对南联盟遭轰炸表现软弱”的不满。这种借助舆论“以小见大”，可谓一举多得，并新成了一种新的对抗和博弈的模式。五年后，乌克兰局势急剧变化，俄仅用小股部队进入克里米亚，就控制了大部分战略要点。虽然战火一触即发，美国也发出了"狠话"，但俄已经掌握了战略主动权，普京受到国内各派和民众的支持。以小博大、以小示大，已经成了俄罗斯的"拿手好戏"。在以往军演中，俄战机数次对美航母近距拍照，包括2016年在波罗的海距离30英尺（合9米）接近美导弹驱逐舰库克号，尾流甚至吹动了海面。照片展现给世界后，美军受到了羞辱，而俄则展示了实力。

2015年11月24日，土耳其宣布击落一架"入侵"的俄苏-24战机。世界舆论哗然，都想看看俄如何应对这一突发事件引出的舆情。甚至有人担心，睚眦必报的俄罗斯人弄不好会引发"世界大战"。几天过后，人们不得不佩服俄罗斯打舆论战、外交战的能力。看看俄是怎样与土"过招"的：俄首先宣称自己的战机是打击IS返航中被"暗算"的，借机强化坚决打击人类公敌IS的态度和事实，而后叙总统对"俄打击IS效果好于美国"的赞誉，帮助俄牢牢站稳了正义的制高点；抓住土声明中的漏洞，如俄机入境仅17秒却"在5分钟内警告10次"的矛盾，逼迫土说出是故意击落俄机，进而揭出"意在保护恐怖分子"及利益之短；明确表示不会与土开战，并积极与刚受恐袭的法国合作，既稳定了北约，又拉拢了欧洲民意，也大度地给美国"撇清"责任以台阶；在调整军事部署和防空力量的同时，对土支持的叙反对派进行地毯式轰炸，打掉了"人道援助"车队，既教训了土耳其，报了前仇、解了心头之恨，还没让土抓住把柄；公开土2014年入侵希腊领空2200多次的资料，以及与IS的经济联系的证据，让土及其总统陷入道义上的被动；协调叙政府代表与库尔德人领袖在莫斯科会面，推动叙政府给库尔德人自治，也为库尔德人在叙土部分地区形成军事区域、日后打击土耳其埋下巨大隐患；通过包括动员民众不去土旅游购物等手段，重创土耳其经济……俄应对这次舆情事件，有勇有谋、步步为营、收放自如，非但没有影响中东"大局"，反而引导局势更加有利于自己，让世界看到俄在打击恐怖势力和在叙问题中的不可替代。同时，也摆脱了国际孤立局面，进一步树立起正面形象。而自作聪明的土耳其，软硬实力远不如俄，虽然"嘴硬"了半年，但在内忧外患中不得不服软道歉，主动哀求俄罗斯原谅……

撒切尔夫人执政以"铁腕"著称，而默多克是主要助力者之一。默克多的理念是：“谁掌握了传播人口，谁就掌握了世界。”在中国，许多人是通过邓文迪了解默多克的。邓小默氏40来岁，自傍上传媒大亨，便开始“成功”的传奇……当马尔维纳斯群岛主权之危，撒切尔派舰队赶赴1.3万公里外的战场，默氏力挺“铁娘子”，旗下集团当天报纸头版几乎全是黑体字“战争”。英国人的爱国热情、战斗情绪被迅速激起。又是在默氏的支持下，保守党第二年赢得了大选。默多克至今控制着英国40%的报纸股份，6张报纸的发行量达2500万份。以致保守党、工党竞相对其讨好献媚。

西方其他国家的媒体，也是被传媒大亨所把控。按法国著名记者阿尔诺·维维昂的话，法国95%以上的媒体被控制在7个大老板手中，因此这7个人决定着总统大选的结果……

车臣战火曾一燃再燃，舆论信息战助俄军从失利走向全胜。1994年第一次车臣战争，俄处在苏联解体后的混乱时期，高层不仅缺少指挥精力，一些高级将领还反对出兵。加之俄军伤亡达1.6万人，车臣互联网的舆论信息攻心，使得俄军士气大挫。时隔5年爆发第二次战争，针对美国恐吓和车臣反俄舆论，叶利钦强硬发声：“俄罗斯是一个拥有完整核武库的大国，我们不惧怕克林顿的反俄立场，如果以美国为首的北约敢进行武装干涉，俄罗斯将不惜一切代价捍卫国家利益。”俄专门成立“北高加索新闻发布中心”，开设网站引导民众认识车臣匪徒的凶残和危害；对外高举“反恐怖主义、维护国家统一”大旗，用车臣难民苦境和里海石油的重要性，揭露美英德等国的觊觎野心，引导世界舆论聚焦：俄军行动完全是针对恐怖分子的，俄罗斯不是南斯拉夫，车臣不是科索沃，他国无权对俄在本土打击恐怖势力、反对分裂的正义战争说三道四。俄还启用大功率电台，压制车臣的声音；组织西方记者参观，挫败谣言的传播；召见阿拉伯国家使节，派特使前往伊斯兰国家阐明立场；大力宣传政治军事优势，遏制和打击失败主义言论。艰难的舆论信息战凝聚了国内力量，赢得了国际社会的理解，慑止了以美国为首的西方势力干涉的升级，为俄最终胜利奠定了良好的政治基础。整个战争期间，基本没出现俄的负面舆论。俄军在战后，还总结提出了“信息心理对抗”的新理念，建立起信息对抗、信息心理和防范体系。

取代“粮草先行”站上战争前列

人类历史上的战争，多是“规模”“数量”的博弈。因此，“兵马未动，粮草先行”的物质装备保障，成为战争中的第一要务。

当百万雄师、战车千驷，被浓缩到一方方银屏上的时候，旧有的战争理念被彻底颠覆了。继“制陆权”、“制海权”、“制空权”之后，“制天权”、“制电磁权”、“制信息权”、“制网权”、“制脑权”、“制生权”等逐一出现。作战体系从“没有生命的机器”，演变到了“社会文化系统”。对抗中更多的是网络，是意识形态的断杀……

美军将这种新型作战，界定为“第四代战场”作战。并进一步提出了其特征：对集中式后勤依赖减少、媒体重要性和管控风险增强、所有角色与网络互联、战斗目标是瘫痪敌内部而不是物力摧毁。换句话说，就是作战行动在多维空间展开，更多的是针对人的精神和心理。

从传感器到操作手的无缝链接，标志战争由“物力资源开发”为主，转向了“智力资源开发”为主。而负责“粮草辎重”的后勤装备，不得退居其次。而后勤装备保障指挥官，也不得不改变传统思维，以“感知与响应”的理念实施精确保障，防止出现“血栓”并殃及“大脑”。但这些，并不意味着后勤装备等保障不重要了，在信息化条件下作战，经常是加强营以下小规模行动，由于肩负着重要的战略使命，常常离不开国家层面的支撑和保障。就像美军海豹突击队“海神之戟”行动、俄军加强连规模空降兵奔袭普里什蒂纳机场。所以，美军《指挥军官手册》中，对一线战术行动的对外宣示，也做出了严格规定，新条令甚至要求：连长也要具备司令的意识。

今天的舆论信息战场，由于网络技术和“大数据”的使用，舆论信息的博弈更加复杂，局外人越来越难看懂其中的奥秘；由于政治学、心理学、社会学、传播学、新闻学等多学科的介入和运用，博弈也更加精彩，效果更加明显。粮草和兵马未动，手持卫星电话、身背网络终端的记者，就已经遍布世界，枪炮声未起舆论信息场已经刀光剑影。“沙漠风暴”前的“白雪行动”中，就有70多颗军用卫星、上百架电子战飞机、十几个电子情报营集聚发力……

从海湾战争、科索沃战争、伊拉克战争，到利比亚战争、叙利亚战争，都不难看出，现实中的衍生要素同时构成虚拟的对抗，又以信息形式的抽象转变为具象，进而改变着现实中的力量对比。“硬实力”未出面，“软实力”的较量就已经全面展开、时刻进行。“战争就是杀人”的思维在政治家、军事家的思维里不复存在，而占据他们思维主要位置的，也不再是粮草、装备和壕堑，而是怎样不战而屈人之兵，怎样掌控和利用互联网和媒体，怎样用最小的代价赢得最大的胜利。自古以来的战争“粮草先行”，让位给了“舆论信息先行”。

因为广播电视的出现，20世纪被称为“宣传的世纪”，舆论信息战的面貌和地位，也开始发生重大改变。一战期间，德军副总参谋长鲁登道夫提出“全面战争”理念，动员新闻手段参战，舆论信息战开始成为独立的作战样式。二战时，参战国都将起步不久的广播事业纳入了战争体制。美国在欧洲设立了抵抗纳粹宣传的“美国信息中心”，艾森豪威尔“在宣传上花1美元，等于在国防上花5美元”的名言流传。英国成立“战时新闻部”，由专门的内阁大臣负责。德国宣传部权力极大，各部队均有宣传分队，可展开30多种语言的攻势。而二战初期的苏联，德军入侵3天后才匆匆成立“军事政治宣传局”，初战即被动，这不能不说是重要原因之一。

国民党1937年成立“国防委员会第五部”主管舆论，这也是当时中国的外宣核心。该部秘密派员到英美等国放映美国牧师约翰·马吉拍摄的400尺微型电影，揭露南京大屠杀真相，引起国际社会强烈反响，成为近代以来中国外宣少有的成功案例。世界主流媒体几乎都有记者派驻中国，为宣传中国抗战起到了积极作用。国民党中宣部副部长董显光，是哥伦比亚大学的新闻学博士，有强烈的爱国意识和学贯中西的才华，写下大量抗战作品，深受蒋介石器重，还陪同宋美龄访美。国民党败退台湾后，把舆论信息战作为反攻大陆的先行利器，“反共复国最高指导原则”里就有：“三分军事七分政治，三分敌前七分敌后，三分武力七分心理”……

战后苏联及社会主义阵营的崛起，让以美国为首的西方国家惴惴不安。武力打压无法取胜，用“话语权”影响价值观成为美国的新战略。于是，所谓“真理之战”开打。标志性起点，是美中情局局长艾伦·杜勒斯1945年的演讲，勾画了如何用和平办法促使苏联的演变的“蓝图”，听众包括时任总统杜鲁门——

“战争将要结束，一切都会有办法弄妥，都会安排好。我们将倾其所有，拿出所有的黄金，全部的物质力量，把人们塑造成我们需要的样子，让他们听我们的”；“人的脑子，人的意识，是会变的。只要把脑子弄乱，我们就能不知不觉改变人们的价值观念”；“我们一定要在俄罗斯内部找到我们思想意识的人，找到我们的同盟军”；“我们将从文学和艺术中逐步抹去他们的存在”；“我们将不知不觉地，但积极地和经常不断地促进官员们的肆意妄为，让他们贪贿无度，丧失原则”；“我们将以高超的手法，在不知不觉间把这一切都神圣化，让它绽放出绚丽之花”；“只有少数人，极少数人，才能感觉到或者认识到究竟发生了什么。但是我们会把这些人置于孤立无援的境地，把他们变成众人耻笑的对象；我们会找到毁谤他们的方法，宣布他们是社会渣滓”。

这就是著名的、有着多种译本的“和平演变”之说。丘吉尔也迎合着发表了“铁幕演说”：全球未来的发展方向，将取决于西方的自由民主和苏联的共产主义两种意识形态和政治制度的对立……同年，杜鲁门还确立美国外宣的4个战略目标：营造对美国领导权充满信心的国际社会；公正展示美国，反对对美的误解和错误的认识；表明美国“爱好和平”，同时做好战争准备来组织进攻；通过动摇苏联国内官方意志和鼓励其他地区的共产党力量，来削弱苏联在世界上的影响。显然，美苏战时的同盟关系已经破裂，冷战从此开始。

1948年，美国家安全委员会通过《美国对俄关系所要达到的目的》第20/1号令，这也是对苏思想攻击的“宣战书”。其中写道：“我们首先应明了，占领苏联全境在实际上由我方实行军管，对我并非有利，或者事实上办不到。不可能的原因是领土广袤，以及人口众多……换言之，不应指望在俄国领土上也像在德国和日本那样完全实现我们的意志。我们应明确，最终的控制应是政治性的。”而实施这一战略的主要武器，就是无线电波、是大众传媒。战后美国接手德国发射机构，成立了“自由欧洲广播电台”和“自由广播电台”。这两个宣传“桥头堡”，在苏欧巨变中发挥了颠覆性的作用。其秘密1971年才昭然若揭。这还不包括其他秘密或非法电台。

白宫对舆论信息战的重视，在冷战期间达到新的高度。艾森豪威尔说：“从几十年和几代人的角度来考虑问题，应当慷慨支持美国新闻署和自由欧洲电台。”尼克松说：“进入21世纪，采用武力侵略的代价将会更加高昂。而经济力量和意识形态的号召力将成为决定性的因素。通过文化扩张和渗透，播下思想的种子，这些种子有朝一日会结成和平演变的花蕾。美国最有效的对外政策之一，是支持自由欧洲电台和其他自由电台。”里根表示：美国之音“是巨大的军事力量，是在共产主义社会的黑暗中点火的力量。要像肯尼迪总统重视太空计划那样，重视美国之音的现代化……”美国舆论心战体系，也随之不断调整。1950年设立“国家心理战略局”，接着又协调各部门成立“心理战略部”，很快又增设“总统心理战问题助理”，将朝战中的陆军部心理作战处拓展为心理作战总部。1955年启用新的“心理战教令”。以后又不断对心战机构及相关部队进行调整和重组……

100多年前，英国首相迪斯累利指出，一本书的重要性，可能不亚于一个战役。这样的实例在舆论信息战中不少。2014年，美中情局解密一项60年前的秘密行动：把帕斯捷尔纳克的《日瓦戈医生》带给“铁幕幕后”的读者。“铁幕幕后”指苏联及其东欧盟国。《日瓦戈医生》因对“十月革命”的不同看法，曾遭苏联政府大兴挞伐。但包括赫鲁晓夫在内，绝大多数苏联人并未读过此书。我国报刊当时也紧跟载文批判，但1983年才有中文版。当年英特工把书稿拍成胶卷上传，美中情局敏锐地意识到“具有很好的宣传价值”，可以借此煽风点火。之后1958年布鲁塞尔世博会上，中情局与荷兰情报机构印刷数百本，在梵蒂冈馆发给苏联观众。因为这样做看不出美国做了手脚。而最大的蹊跷，是帕斯捷尔纳克获得了当年的诺贝尔文学奖。恼羞成怒的苏官方迫使他放弃领奖。以后，中情局又制作了袖珍版《日瓦戈医生》，通过移民发放给苏联青年，诱使大学生拿出阅读情色禁书的劲头传看。1965年出现了同名电影。赫鲁晓夫下台后研读了此书，发出感慨："我早该阅读一遍才对。书里面根本没有反苏内容。"事实上，何止一部"禁书"私下里流传？！越来越多的苏联民众感叹本国政府的错误。利用舆论工具造势，扩大反苏反共宣传，中情局的目的圆满实现。

其实，苏联那时没有束手待毙，也在竭力抵御美国和西方的舆论信息攻势。苏联是世界第一个用广播从事"政治意识形态"活动的国家，1929年开设对外广播，1949年组织了宏大的"和平攻势"，恢复并建立舆论心战领导协调机构，甚至使用克格勃操控宣传机器。到1986年，苏联广播的语种达到75个，创下世界之最。苏联除此还有不少相关"机密"，冷战时期美中情局长杜勒斯针对苏"大脑领域"的研究提出：这种对人的思想控制或许可以称为"大脑战"，冷战就此进入心理战时代，美国必须考虑反击。

苏联出于防守，也是为了进攻，曾严格筛选出版了一批"反苏宣传品"。但从中得到"满足"的，只是特权阶层。戈尔巴乔夫辞政后坦诚，自己违规私藏了300多本这类书籍，从中获取了许多关于西方的信息。他对西方媒体舆论兴趣一直十分浓厚，常在办公室朗读外媒关于他的报道……

后来的俄共书记久加诺夫，将苏联解体前思想和制度的缺陷概括为：一党专政，政治、经济、真理"三大垄断"。曾有民意调查"苏共究竟代表谁？"竟有 85%的认为代表官僚。这种"畸变"，没有被苏共真正意识到并做出变革，最终主动败下阵来，走上白宫设计的"不归路"。《美国基督教箴言报》评论："3万颗核弹头和用最新科技成果装备的世界上最大的军队，却不能掩护自己的国家领土拒绝渗透的美元。它已经把俄国的工业消灭一半，打垮了共产主义意识形态并瓦解了苏联社会。苏联已不能抵抗！"中情局前雇员彼得·施瓦茨《胜利·美国政府对前苏联的秘密战略》一书也佐证："谈论前苏联的崩溃，而不知道美国秘密战略的作用，就像调查一件神秘死亡案子，而不考虑谋杀。"

伊战前8年，美国就拟定出"倒萨"的舆论攻心计划。世界还没反应，其操纵的舆论机器已满负荷运转，海量信息不断地发往全球。心理专家对伊军，特别是伊高官做了深入研究，连萨达姆的认知、情感及生活习惯，甚至每天眨眼的次数都了如指掌。开战前数周，“三角洲”特战小组就被空降到巴格达附近，展开了侦查和策反活动……

美军多年坚持把心战实训摆在重要位置。占地2576平方公里的欧文堡训练中心，配有数千人的假想敌部队，有名的“蓝军”177装甲独立旅被誉为“战前磨刀石”。该部曾扮演“苏军”，从编制、装备到战术思想酷似，人员交往也以“同志”相称。中心聘请好莱坞专家，建起了伊拉克、阿富汗和东欧风格的城镇区。操阿拉伯语、普什图语的“居民”、“警察”和“恐怖分子”，用特有的作战方式与参训部队对抗。陆军旅每18个月就要来这所“地狱学校”与蓝军打上一仗。每次军演，参演官兵不仅要熟知对方军事行动特征，也要熟知其如何思考，以及“定向作战区域”的社会文化和语言文化。但参训部队少有胜绩可言，“敌人”胜率达90%以上。有资料介绍，美军在平时训练中的伤亡人数，超过了战时20多倍。前线的官兵，常常为实战方式几乎与基地训练一样称绝，认为战场取胜相对更容易。强度、难度、规模和实战水平堪称世界之最的“联合红旗”军演，同时有数十个广域网链接上百个局域网演练“网络中心战”。布莱格堡训练基地还设“战俘训练中心”，官兵接受3周训练后，心理素质会有超常提高。尽管如此，美军评估作战效果仍不满意，不断改进着训练理念和手段。

俄军骁勇善战、作战能力不断增强，与其遵循“效果优先、不图形式，立足实战、严格要求，敢于冒险、主动求难，尊重科学、精于计算”的理念分不开。以色列至今使用着沙龙时期建起的训练场，场景能以假乱真，实战和心理训练贯穿着“直至于死地”的理念。巴基斯坦经济不发达，但军队战斗力值得称道。为形成“全谱优势”，心理与语言文化纳入训练全程，“子弹上膛、枪不入库”令恐怖势力闻之胆战。

近些年，美军训练多以我军为假想敌。美研究学者克里斯托弗·布隆克2011年发表《炸毁：中国发动的网络空间站，2020年8月至9月》一文，将中国设计成强大敌人和挑衅者，虚构出一场中美网络大战。美前总统安全顾问理查德·克拉克的《网络战争》，以及他和罗伯特·科奈克编写的《网络战：国家安全的新威胁及应对之策》，明确将中国作为网络战对手。克拉克的演习设想中有一个情节：攻入中国军方内部网络，将经过装饰的燃烧并下沉的中国航母照片发给中国高级将领，告诉他们，中国引以为傲的航母可轻易被美国舰队击沉，因此最好不要卷入这场令人尴尬的战争。国防部长阿什顿·卡特明确将中国、俄罗斯、朝鲜和伊朗等列为网络战争对手，2016年在海军战争学院的演讲中，把对中国的战略态势喻为：“宛如与前苏联持续近50年的冷战对峙”，并表示“这将是坚决、温和但强有力的长期对抗，很可能会持续好些年”，而且中国的“内部逻辑”与社会终将改变，那时一切将会画上句号……

南海问题，是美国“亚太战略”的重点，被提到了相当高度。与以往多数“航行自由”低调与保密不同，太平洋司令部司令哈里斯的话“中国在东亚谋求军事霸权”，似一声发令枪，国际传媒巨头随即设置了“议程”，舆论信息攻击的“组合拳”频出。而中国这次也敢于针锋相对、仗剑直言。虽然航母、战机让南海阴云密布、剑拔弩张，但舆论信息战早已先行打响，并且已经白热化。这场舆论信息战吸引着全世界的目光，也引导和昭示着未来局势的走向。南海只是一个缩影。世界很多地方虽然没有现出战争的硝烟，但舆论信息的战场刀光剑影、杀声震天！

第三章

取胜“攻心为上”

“百战百胜，非善之善者也；不战而屈人之兵，善之善者也。

——孙武

打仗的胜败，不决定于武器，而决定于人心。

——毛泽东

自人类战争出现，交战双方的目的不外乎两个：一是物理意义上的摧毁或攻城略地；二是心理上的征服和精神上的控制。

古有无敌天下的“三板斧”，今有独步全球的超级军队。但如果没有赢得人心，终究算不上真正的胜利。军事圈里有一句老话：装备不会打仗，地形不会打仗，打仗的是人，人心才是真正赢得战斗的地方。巴顿也曾这样写信给上西点军校的儿子：“打仗并不是要打败一个人手上的兵器，而是打败他的灵魂。”

不战而屈人之兵

“战争”是血流漂杵的政治，是人类相互残杀的悲剧。但人类经历过的战争，究竟惨烈到何种程度？

2200多年前的“长平之战”，赵军死亡45万人。《史记》记载：赵军“四十万人降”，秦将白起“挟诈而尽阬杀之”。也就是说，战死只有1/9，其余都是被俘后被活埋的。累累白骨诉说着人寰的惨绝！直到今天，陕西、山西一些地方，还有祭祀秦朝主将白起及副将司马靳，以保佑百姓免于瘟疫之灾的习俗。冷兵器时代，欧亚大陆的一系列战争同样异常残酷，比我国古代战争有过之而无不及。

世界大战可谓残酷至极。1914～1918年第一次世界大战，死亡1000多万人，伤2000多万人，世界75%的人口受到波及，经济损失2700亿美元。最大的索姆河战役，联军伤亡61.5万人，德军损失了65万人。德军新发明的马克沁MG08机枪，一天就扫倒英军6万士兵。1939～1945的第二次世界大战，死亡约7000万人，1.3亿人受伤，损失达4万亿美元。日军创下6周在南京屠杀30余万人的兽行。美军对日投放原子弹，造成近50万人死亡。

两次世界大战后，局部战争仍然不断。越南战争中美军死亡5.6万人，30多万人受伤、致残和失踪；越南军民伤亡数百万人。1994年卢旺达种族屠杀，100天内就有80万人丧命。阿富汗战争超过30万人伤亡。伊拉克战争有60多万平民死亡。叙利亚战乱超过25万人死亡，上百万人受伤。

尽管人类史诗记载了改朝换代的战争、歌颂着斗士的搏战“快乐”，但热爱生命、向往和平才是人类的本性所在。联合国大厦前的雕塑“铸剑为犁”，生动地反映着这个主题。就连前线的士兵，也未必全都本性泯灭、良心尽失。

第一次世界大战开战时间不长，圣诞的钟声响起，一处前沿英德两军对峙的士兵，纷纷爬出堑壕。他们虽然未得到“休战”的命令，但谁也顾不上那么多了，“人性”的躁动让这些年轻人聚在了一起，相互问候、交换食物和理发，高兴之际还进行了一场足球赛……美好的时光总是短暂的，士兵们临别时恋恋不舍，相约：明天“你不开枪，我也不开枪”。这个故事像一个纯洁的“童话”，士兵们破烂军装下，包裹的是原生态的人性之美。相比而言，为追求支持率、投票率，策划挑动战争的政治家，才是最粗暴、丑恶和凶残的。

进入现代，武器效能加速放大，核武将人类推到毁灭的边缘。但同时也出现了另一番现象：战场死亡率大幅度下降。如美国南北战争时千名士兵死亡21.3人，一战时降为12人，二战时减少到9人。到了伊拉克战争时更少，联军死亡只有几千人（但受伤患病的达5万以上）。人们容易注意战场上的直接伤亡，而对战场之外却关注不多。事实上，运回并救治一名伤员，比其战死要增加十倍左右的人力财力。而后面的医学社会问题更加严重，对伤残者付出的代价，要远高于对死亡士兵的抚恤。美国经济学家曾发明一套用以评估个体死亡损失的方法，被称为“统计生命价值法”，他们评估出，美国的人均生命价值为720万美元……

为什么武器发展了死亡率却下降？根本原因，是在于人们对战争本质的认识，在于对生命的珍视，在于人性的回归。人们祈祷和平，祈求避免和减少对生命的杀戮和伤害，同时也深刻反思战争、寻找战争与死亡的不等式。人类越是文明发达，改变战争模式、珍爱生命和美好生活的意愿也愈发强烈。这也是核武威力及后果在日本展示后，人类接受了过度恐怖的威慑，无法再实际应用于战争的根本原因。

2000多年来，人类一直在解读着孙子的“不战而屈人之兵，善之善者也”，逐渐形成了超越国界和民族的共识：“战无不胜”非高明之举，“不战而屈人之兵”才是战争的最高境界。这种理念，是中华民族智慧的结晶，也是中华军事文明最重要的核心内核。

中国传统军事思想中“不战”的要义，是从思想文化上制敌，屈敌之精神和心理，致其放弃抵抗意志，剥夺其驾驭战争的能力。换句话说，就是在作战合理性、道德、价值观和精神等方面压倒敌方，屈敌称臣，化敌为友。“不战”的形式，包含了非军事打击的所有手段。而“舆论信息战”的目标和优势也正在于此。

诸葛亮随刘备入蜀后，常与参军马谡彻夜长谈、研讨兵法。才气过人的马谡提出“十六字方针”：“攻心为上，攻城为下，心战为上，兵战为下”。诸葛亮深受其影响并在实践中潜心运用：对孟获“七擒七纵”，彻消其反侧谋叛之心；对少数民族施以良策，进而得到万民拥戴。云南书法家赵藩就此写下一副名扬四海的“攻心联”：其上联就是：“能攻心则反侧自消，从古知兵非好战”。新中国许多领导人曾驻足于此联前。

大约1700多年前，热兵器开始使用，人们进一步认识到残酷杀戮的危害，开始善待战败方的士兵和平民，逐渐形成了较文明的“战争规则”。就连凶残的希特勒也表示：“如果我可以用比军事手段更好和更廉价的办法来达到瓦解敌人的目的，那么我何必一定要用军事手段呢？”但希特勒极具两面性、凶残性，终成人类最大罪人。而战胜法西斯纳粹的盟军，对德国战俘和平民施以了善举，德意志民族得以生存，甚至没有因战败导致人口锐减。

进入信息时代，攻城略地和大量歼敌不再代表完胜，征服士气民心提到了更高的位置。英国战略学家利得尔·哈特总结说：“就战争的较低阶段来说，在战争中杀死一个人，只不过使这支军队损失了一个士兵而已，但是一个神经受到震撼的活人，就可以成为恐怖病菌传染媒介，足以造成一种恐怖现象。在战争的较高阶段中，如果使对方的指挥官在心理上受到震撼，则可以使其所带领的整个部队丧失作战力量。而在战争的更高阶段上，如果一个国家的政府在心理上受到压迫，那么这个政府所拥有的一切作战力量也有可能被抵消。”

哈佛大学教授塞缪尔·亨廷顿1993年发表《文明的冲突》，认为冷战后的世界，冲突的根源主要是文化差异。文章虽然只是发表在一本杂志上，也不是什么鸿篇巨制，其观点却轰动了世界。“文明冲突论”影响之大，其意义在于：世界对于国家安全的关注，从传统的自然空间和技术空间，转向了社会空间和认知空间，国与国之间价值观念和文化的较量，成为竞争和对抗的新常态。

美国国家历史不长，但军事和话语霸权的历史却较长，推行其意识形态是一贯政策。背后的实力、对“不战”的认识和实践，都远超过历史上任何霸权国家。杰斐逊告诫手下：“要努力规避战争”；西奥多·罗斯福说：“当你手持大棒时，请温柔讲话。”曾任中情局局长的罗伯特·盖茨说得更具体：“从长远来看，我们无法通过杀戮或俘虏来夺取胜利。在20世纪，非军事行动、劝说和激励，是赢得意识形态对抗的重要武器。在21世纪同样如此，甚至更为重要。”美国战舰游弋、战机翱翔，为美国带来了安全效应，但更多利益是通过推行文化、传播价值观获取的。

“洋人”传播文化、宣传教义，中国并不陌生。清政府一开始就极为警惕、视为“险恶”，限制与管控的严厉，甚至超过了对待鸦片贸易。但经过第二次鸦片战争，国门被打开，禁教令被解除，列强纷纷在中国设立文化和贸易机构牟取暴利。虽然，后来通过各种形式返还了“庚子赔款”的一部分，但仍赚得盆钵盈溢。要看到，列强的“不战”，并非出自“仁怀”和“怜悯”，在很大程度上是出于对战争伤亡及本国社会承受力的顾忌、出于对利益最大化的考量……

日本蹂躏中国，中华文化的摧毁、中华民族的“诛心”首当其冲。1945前，日本就在我国境内办起广播电台60多座，东北广播发射功率达300千瓦，超过国民党广播总发射功率的一倍，电台功率覆盖了大半个中国。在台湾、东北办学中，强制推行奴化教育，灌输忠“君”爱“国”意识，以日语和日本文化取代中国语言和文化，肆意篡改中国历史和地图，挑拨中华各民族的关系。尽管这样，还蓄意毁灭我国的文化设施。1932年“一·二八”事变第二天，上海商务印书馆和同济、复旦、交大、大夏、东吴等知名大学都遭受轰炸。商务印书馆的藏书楼、书库、印刷厂，被彻底摧毁。“七七事变”后一年，中国108所高等学校，有94所受到日军轰炸。日军占领上海后，严控舆论和出版，凡不利于“中日亲善、中日提携”的都视为违规。日本从文化侵略、文化殖民中，得到的物质利益漫不可考，冰山一角就触目惊心：仅1942年，日本矿石及其制品的23.9%、金属及其制品的55.8%，都来自中国东北，日本舰队多是用中国的铁建成，日本士兵穿的棉衣棉花全部来自中国，汪伪政府发行伪币85%是供日军购买物资。国人思想精神被奴化的现象，从“汉奸”也可见一斑：抗日战争期间众多高层投敌叛变，帮助日军的伪军数最多时超过300万，远多于侵华日军，中国成为二战中唯一伪军数超过侵略军的国家！

冷战开始后，美陆续实施了“不通过武力冲突达到我们的目标”的《特洛伊计划》等意识形态战略。冷战结束，又资助兰德公司等智库研究“影响战”理论，以推进价值观传播、实施进一步的文化影响。美国防科学委员会2004年、2008年两次《战略传播研究报告》都描述了这一新常态——

“我们必须明白，美国已经卷入一场跨越时代鸿沟的全球思想战。这不仅是西方国家与伊斯兰世界之间的战争。这也不仅仅是针对恐怖主义者所发起挑战的战争。我们必须将思想战置于全球网络中加以思考：政府与非政府在其中扮演何种角色？”“虽然国家之间的战争并不多见，但政府与非政府之间爆发的武装冲突已呈现常态化。遍布全球而行踪不定的敌人能够成功地挑战拥有国界的主权国家。在这种前所未有的时代，媒体是决定性的对抗平台。虚拟冲突、认知伤害与现实冲突、现实伤害同等重要。”

文化价值观之战的屡屡胜利，使美国政府打舆论信息战的兴趣更加高涨。从80年代起，任命传媒界的翘楚为国务次卿，专事公共外交和公共事务。其领导的庞大机构下设教育与文化事务局、国际信息局、公共事务局，以及战略反恐通讯中心和政策、计划、资源等若干个办公室。国防部设主管公共事务的助理部长，分管战略影响办公室（后改称全球宣传办公室）、信息协调委员会。各级公共事务机构呈等级链式分布，并日趋健全完善。

2008年，国务次卿詹姆斯·格拉斯曼谈自身职责：“作为协调各部门开展思想战的主要负责人，我的任务就是动员我国一切可以调动的资源投入这项工作，不论是公共资源还是社会资源，也不论是人力资源还是技术资源。”这段话反映了美国对舆论信息战的重视程度，以及目标、计划、实施步骤及进展……

美国家安全情报部门，与舆论信息战也有交集。20世纪50年代，中情局实施“知更鸟行动”，大量收买媒体记者、控制媒体并进行隐秘宣传，以影响目标国的民心和政府决策。几十年来，美国已在上百个国家建起200多个新闻处及2000多个宣传点，向苏东、中东地区的亲美媒体投入巨资，资助了各种名目的基金会、文化活动及出版物，还不断推出新闻记者的访学计划……

1954年危地马拉政变，就是一次早期以舆论信息战为主、颠覆他国政权的不流血实践。叛军首领卡斯蒂略手下仅有区区150人，美中情局为其配了秘密电台“解放之声”，帮助吹嘘叛军的强大及战绩，利用拉美歌星演唱会等时机煽动民众对总统阿本斯的不满……最终的结果是：总统阿本斯被迫下台；卡斯蒂略和他的小部队在美机护送下进入首都，接管了全国政权。

“信息化战争第一战”海湾战争硝烟未尽，“出思想之军种”的美国海军，一名叫麦克·马丁的上尉就上书关于“非致命性战争”研究成果，轰动了世界军事界。当然，他研究的“屈人之兵”，是想用高科技兵器来实现。在白宫和五角大楼的关宠下，为适应所谓“人道战争”、“文明之战”，对“非致命性武器”的研究加快了步伐。干预意识、低频催眠、“脑控”和“读心”等关键性武器，世界仅能从偶然的“特别报道”中看到蛛丝马迹。

许多人知道巴甫洛夫研究狗的消化分泌，并发现了“条件反射”，但不一定知道他还对宣传心理有深入研究，得出过“宣传可以产生观念间的亚意识联系，从而使思想操控成为可能”的理论。这一理论是舆论信息战的重要科学基础。

战争的实践证明，经过30天的战场对抗，精神创伤的发生率可能超过战斗伤亡；高强度的战斗60天后，许多士兵可能完全丧失正常心理反应能力，心理和行为出现异常，高血压及心血管等疾病发生率明显升高。就是战后数年，“后遗症”依然存在。

当年参加“沙漠风暴”的近百万联军官兵，有超过四分之一的人患上了“海湾综合征”，美军有数千人因之死亡，20多万老兵向美国政府提出赔偿要求。美国退役军人组织发言人称，心理问题将是伊拉克和阿富汗战争给退役军人带来的首要问题。

今天，思想和心理攻与防的博弈，一浪高一浪地进行。如何打造勇敢无畏、意志坚定的“超级军人”，已是发达国家及军队不得不十分关注、倾心研究的内容。有资料称，美军正在加紧研制脑控武器，企图利用低频电磁波影响人脑细胞、干预情绪意志，促使敌方去“好战性”或自杀。而俄罗斯也正在研制类似低频电磁波的新概念武器“僵尸枪”，目的是打击人的中枢神经系统，传输心理暗示，控制目标行为……

事实上，征服人的思想远比制服人的肉体要难得多。舆论信息战或许是打赢“非致命性战争”、实现“意念控制”的最佳手段。它是战争的“约束器”，不仅能串联起社会的力量，还能改变力量对比。它是“调控”之手，一手抑制着最可怕的人类活动（战争中的恶性因素），一手激励着“正能量”的发挥与传递。“不战而屈人之兵”，就是这样，不断地成为现实。

内容为王、创意为剑

“舆论信息战”的博弈效果，怎样来检验评估？

到目前，还没有什么权威的标准可言。但是，根据经验大致可看三个层面：一是受众的认知层面。是否接受了，以及认知的程度？二是受众的情感层面。是否喜欢了，以及心态变化的水平？三是受众的思想意识层面。是否影响了，哪些方面被改变？而思想意识的改变，可视为舆论信息战的最佳效果。

看似“无所不能”的网络和信息技术，可以产生这种效果吗？显然，技术的确能起到较大的“优化”或“干预”的作用。如，虚拟现实技术改变着媒体讲述新闻故事的方式。美联社率先使用自动化编辑，经济报道量增加了近10倍。纵横的数据对比，表达更清晰，读者印象也更深刻，同时减少了记者许多重复性低效率的工作，为他们释放了近20%的时间……但“技术”的报道，不能生产打动人心的“思想”。深度分析的报道，特别是被称为媒体“灵魂”“旗帜”的评论，“写稿机器人”无法胜任。美联社记者在这方面实际并未动摇。2016年，美新闻界最高荣誉“普利策奖公共服务奖”，颁给该社4位女记者，表彰她们在一年多时间里，深入“虎穴”，对东南亚“渔奴”现象进行了深度调查，不仅为“没有声音的人”发出了声音，还解救出2000多名劳工。美国知名新闻论坛网站Reddit下属独立媒体Upvoted网站，高薪聘请编辑记者中的翘楚，对热门新闻进行二次加工和挖掘，以适应用户的“个性化”定制。舆论信息攻心，最重要最稀缺的，恰恰是这种有思想质量的内容。而能够产生有影响力、高质量“内容”的人才，始终是被争夺的对象。

今天的网络商家都懂得“内容为王”，明白“不能做假”，否则就会破产。事关思想文化和精神层面的舆论信息，对内容的要求更高。技术平台、手段方式固然重要，但终究不是取胜的根本。针对性强、能打动人心的“内容”，才是舆论信息战一招制敌的“封喉利剑”。

乔治六世患有严重的口吃，却被推上了英国王位。生理缺陷没有阻止他表达思想。二战中，他谢绝内阁“撤离英国”的请求，决定向德国宣战。炸弹在门前落下，王室在第一时间发声：“他们连我们也一起轰炸，这倒让我们很高兴，因为我们亲自体会到了百姓遭受的战争之苦。”1940年，他发表了“圣诞祈祷”：“我对站在岁月之门的那人说，给我光，让我的国民平安走向难卜的未来。”他的话感动了战壕里的士兵和防空洞中的百姓。乔治六世被他们视为精神支柱。获奥斯卡奖的《国王的演讲》，再现了当时的情形。

善于表达思想、争取民众，是每个政治家的“基本功”和看家本领。1941年，丘吉尔在德军进攻苏联当天发表广播演讲，公开放弃反苏立场，欢迎斯大林成为盟友。反法西斯力量受到了巨大鼓舞，希特勒拉拢英美一起反对布尔什维克的阴谋，也因此灰飞烟灭。

中国自古有“撒纸成兵”之说。1925年，郭松龄在滦州反奉倒戈，要雨帅下野、少帅主政。张学良在巨流河畔与自己的这位恩师对决，派飞机撒下“老张家人不打老张家”的传单，于是郭的部下纷纷缴械。1930年，红军缴获国民党军迫降的故障机成为红军第一架飞机，命名“列宁号”，最初遂行的任务就是投撒传单和侦查。在黄安战役中，“列宁号”投下的宣传品造成敌人巨大恐慌，为取得战役胜利起到了重要作用。虽然范围仅在豫南及武汉地区，但红军力量的快速发展，以及对其宗旨性质的宣传，在国统区产生了重大影响。

如果说这些“飞播”规模还不算大、影响还很有限，抗战初期中国空军则进行了一次影响世界的、大胆而成功的尝试。1938年5月19日深夜，徐焕生和佟彦博等8名飞行人员，怀抱“我死则国生”的意志，驾驶两架时速343公里的“马丁”B10轰炸机秘密起飞，次日凌晨飞抵日本长崎、福冈、北九州上空。“大国德威”通过纸弹文字彰显——

“我们大中华民国的空军，现在飞到贵国的上空了。我们的目的，不是要伤害贵国人民的生命财产。我们的使命，是向日本国民，说明贵国的军阀，在中国全领土上做着怎样的罪恶。”“从昭和六年，贵国军阀就对人民这样宣传：‘满洲是日本的生命线，只有满洲到手，就民富国强。’可是，占领满洲已经7年，在这7年之间，除了军部的巨头做了大官，成了暴发户以外，日本人民得到了什么呢？只有沉重的捐税，昂贵的物价，贫困与饥饿，疾病和死亡罢了。”“尔侵略中国，罪恶深重。尔再不训，则百万传单将一变而为千吨炸弹。尔再戒之。”……

上百万份传单从天而降，打破了日军“本土防卫固若金汤”的吹嘘，引起了民众的恐慌。防空部队刚反应过来，飞机已调头返回。落地武汉时，国民政府要员和中共代表周恩来迎接，市民夹道欢迎。周恩来赠“德威并用，智勇双全”的锦旗。日本人这次遭受的“纸弹”，虽然不像后来美军原子弹那样造成日本军民大量死伤，但精神和心理的震动不可低估。这场代价极小、来去自如的空中舆论战，宣示了中国人民的抗日决心，鼓舞了中国军民的斗志。外媒称：“中国空军日前飞往日本散发传单，唤醒日本人民推翻军阀，此事意义重大，亦饶有趣味。”《新华日报》载文：“我神勇空军征日创伟举，长崎佐世保传单飞舞惊破敌胆魂，我为维护人道免伤无辜并未投弹，警告残暴敌寇万吨炸弹随时可至。”美《生活》杂志后来将徐焕升列为二战闻名的12名飞行员之一，称他是先于美军杜立德轰炸日本领土的第一人。

1942 年，美国总统罗斯福两次写信邀宋美龄访美，《时代》发行人亨利·卢斯劝蒋介石：“你让她去一次，比30个师都有用。”宋美龄成行后做了7场演讲，主要内容：中美长期友谊与美军参战的贡献；中国军民抗战之艰苦与决心；中国悠久的历史文化；日军侵华的残酷暴行；先击败日本再对付纳粹；正义必胜之道；携手重建战后和平……在美众议院的演讲《战争无法让中国屈膝》最为著名，议员们起立鼓掌达数分钟。在好莱坞演讲时，有3万听众到场聆听。宋以简洁的内容、坚定的气质和优雅流利的美式英语，让美国了解了中国抗战，掀起了一股宋美龄热和“支持中国抗战”的风潮。罗斯福表示，要以“上帝允许的速度”向中国运送军火。宋带回了大量援助，还促成了“排华法案”的废除。

五年后，宋美龄再度赴美求援，用了一年多时间游说，试图重启“外交旋风”，但白宫早想从支持中国独裁政府的“泥潭”中抽身。晓风残月的宋美龄，没能再享盛情接待，更没有得到渴望的“施舍”。更凄惨的是，她不得不忍受杜鲁门的冷淡和挖苦，并因中国政权交替不能原路返回而到了孤岛。

“天皇”有着怎样的“玉音”？有着何等尊容？日本百姓在很多年里甚感神秘。1945年8月15日，经过几天惊心动魄的“内斗”以及同盟国的心战攻势下，日本广播终现天皇哀鸣般的尖细“玉音”：接受《波茨坦公告》，向同盟国无条件投降。尽管这份《终战诏书》只有815个字，却震惊了整个日本。日本国民也第一次听到天皇的声音。麦克阿瑟作为盟军驻日最高司令，率军进驻东京。天皇裕仁视麦克阿瑟为“太上皇”驾到，初次求见的猥琐就让麦克阿瑟生出恻隐之心：“眼前的天皇是日本最好的绅士”。合影时，一贯爱出风头、身材高大的五星上将有意着军便服，既不系领带也不佩戴军衔，手插口袋面无表情。而低矮的裕仁身穿燕尾服笔直站立、面部僵硬。盟军总部下令：此照各报务必登于次日头版。第二天，日本国民惊呆了：这就是自己心目中的“天神”

吗？不仅是凡人之音，还像麦克阿瑟的仆人……屈辱超过了“黑船事件”和“唐人阿吉事件”！天皇还接受了麦克阿瑟的建议，1946年元旦发表《人间宣言》，明确自己是人不是神。

盟军的舆论攻心，让日本国民经受了一次前所未有的心理重创和思想启蒙。特别是多年形成的“忠君思想”被大大削弱。但麦克阿瑟没有料到，他直接干预国际法庭对裕仁追责和惩罚，给世界和平留下了“后患”；他设想的“铲除日本文化和行为中对外侵略的因素”，以及“日本已沦为第四流国家，再也不可能东山再起”的判断，更是严重失误；今天他的祖国千方百计地利用日本，以期突破二战后形成的国际秩序，实现“亚洲再平衡”战略。

西德前总理勃兰特，曾在犹太人纪念碑前一跪惊世界，并坦言：承认责任有助于洗刷良心，“面对百万受害者，我只做了在语言力不能及的情况下一个人应该做的事”。而本无多少忏悔的日本逆天而驰，日媒积极为军国主义招魂，促使参院通过了绕过和平宪法的安保法案，让“恶狼”脱离了铰链……

西方的每一次大选，政客团队无不使出浑身解数，精心设计宣传内容。每到这个时候，打好“底层牌”十分关键，谁能剑指民心，谁能多忽悠来一票才是真本事。此时谁也顾不上“低调”、“收敛”了。小布什把自己打扮成“牛仔”，宣称是有同情心的保守主义者，信仰耶稣基督的策略成了他胜选的主因之一。奥巴马在民主党内初选时，还是“菜鸟”参议员，与人脉甚广的“第一夫人”显然不在一个重量级。但奥巴马团队充分利用刚兴起的互联网，让“Yes，we can”、“change is coming”成为当时最火的语言。理念言简意赅，句子短得不能再短。选民被一波波舆论巨浪打动，感受到了一种信念的力量，以及诚恳、谦卑、变革的形象。对于谣言，奥巴马绝不忍让，通过专门的“反诽谤网站”逐条反驳。奥巴马还是第一个没有动用政府提供的8400万美元公共竞选资助金的总统候选人，这使得他可以不受选举制度对广告投放额度的限制。而互联网帮其筹得6.2亿美元，他也从最穷的竞选人，变成实力最雄厚的竞选人。于是，美国历史上第一位平民黑人总统诞生了。2016年美国大选的舆论信息战烽烟又起，两大政党候选人希拉里与特朗普之间的“揭短”、“揭丑”、“对骂”白热化、戏剧化，“谎话连篇”和“人身攻击”程度前所未有，“性骚扰”、“下监狱”等惊悚词汇的出现，也是50多年来电视大选未曾有的。精心设计谋划、不断更新变化的“内容”，直指对方要害。“优越的”体制、民主、正义等在乱象中名声扫地。有意思的是，尽管传统媒体几乎一边倒地支持希拉里，最终取胜的却是特朗普。为什么会出现这样的情况？说到底，还是宣传“内容”及“创意”起了决定作用。特朗普宣传的政见、承诺的“内容”，吸引了众多右翼网站、三K党和鼓吹白人至上的种族歧视团体等的支持；其“创意”更有个性，能眼光观独到地抓到并设置“网络话题”，尽管语言具有挑衅性且低俗，却能在关键时抢镜头抢话筒，吸引世界关注的眼球。所以特朗普在社交媒体聚集了2000多万的巨量“粉丝”（包括认识偏激者、被社会边缘的人），比对手希拉里多了四成左右。

网络和新媒体的出现，令传统媒体原有的“聚光灯”效应衰减，社会的注意力分散，纸媒、广播和电视的作用日渐式微。新闻学者菲利普·迈耶的预言“2043年春季的某一天，一名美国读者把最后一张报纸扔进了垃圾筒”，似乎真的越来越近了。尤其是“2016年美国大选现象”，让始于一战的“魔弹论”等受到不少人的质疑。其实，“魔弹”的威力并未消失，只是因为受众可选择的信息和渠道多了，进而变得更理性、更自信了……不管乱象多少，在信息时代和媒介社会，多数人希望看到的，依然是值得信任、不偏颇、多视角、有深度的信息；真正欣赏的，也是有品味、有创意、艺术性强的娱乐，而不是在“灵魂故乡”过多注入市场化因素，以及由此而生的轻佻文辞、声色犬马……因此今天的宣传奏效与否，显然不是取决于高手写码，也不是“云计算”，根本是“内容”，是能满足受众精神文化需求的内容。

“内容”是信息时代媒体比拼的“真功夫”。传统媒体也好，微博、微信也好，拼的就是以内容为实质的阅读（点击）量。今天很多微信的阅读量，已经盖过一般的传统媒体，“10万+”成了微信阅读量、平台规模水平的重要标尺。但能达到这个水准的并不多，据《光明日报》数据，上千万微信公众号中，目前打开率不足1%，只有很小比例的内容才有5%的打开率，并获得转发。但是据中国新闻网站传播力榜单，新华网、人民网 “综合传播力指数”遥遥领先，占据了“两微”的头牌。《人民日报》的微信公号“新闻早班车”，每天的阅读量都轻松达到10万+。主要原因，还是内容，是内容的贴心、可信和丰富……

说到“阅读量”，有研究者将微信公号划分为5个层次：第一层次：阅读量在5000以下；第二层次：阅读量在5000～1万；第三层次：阅读量在1万～5万；第四层次：阅读量在5万～10万；第五层次：阅读量为10万+。如果排除“刷阅读量”造假的因素，实际上绝大部分自媒体，是处在第一二层次。一个公众号能有四五万的活跃粉丝已相当不错，能上十万就堪称“特大号”了，投放广告的报价就会十分可观，但这在千万公众号里占比不过千分之三。

笔者曾就“内容”和“创意”，对微信的传播与影响做过比较分析。不难看出，“选题内容”是决定传播影响力的主要因素，而公号自身的影响力是重要因素。相对复杂的信息，用文字传播效果最好；简单的信息，影像传播的效果最佳。而传播速度快、阅读量大的，一般是那些能激起受众情绪，特别是与民生相关的内容，尤其短小精湛的文章和视频。有的尽管是谣言或恶搞，但由于内容能扣准社会关注点、兴奋点和兴趣点，同样能迅速而大量地传播，经常超过内容尚好但过于正统的文章或视频。《感觉身体被掏空》算是一首中性或“无厘头”的歌曲，却成了2016年夏天的一首热歌，5天里微信微博的阅读量达3亿以上。如今，规范版权和内容审查的问题越来越突出，如何适应新的形势和要求，也决定着新媒体的生存和发展。

“视频直播”由于好玩轻松、内容新颖，近来受到很多年轻人的推崇，突起很快、风靡世界。某影视演员入驻一个直播网站，瞬间被70多万人关注，5分钟网络瘫痪，2小时间打赏收入就有20多万。而一个“女网红”入行仅半年，直播就有几千万用户观看，并得到1200万的融资。“洪荒女孩”傅园慧的直播首秀，围观人数也达到1000多万。就连扎克伯格也将“视频直播”，看成是网站发展的“黄金时代”。曾经略带贬义的“网红”称谓，因为直播软件兴起而被洗白了。“快播公司”在短短几年间活跃用户达到了4亿，其违法涉案给人的深刻教训启示，不仅是技术创新和盈利模式，更重要的仍然是“内容”……

2012年4月微信4.0上线，成了一件影响世界的大事。微信“朋友圈”以其“闭合传播”的特征，将网络拉近人际关系的效应空前释放。由于微信技术内涵的创新，与微博等开放性社交媒体明显不同，活跃用户快速发展到了近十亿，堪称“媒体之最”、“社交之王”，可以说在很大程度上改变了人类的精神生活。

微信的竞争激烈程度，也很快超过了传统媒体。数量已达千万的公众号，谁能挺下去？谁能做大做强？从实践看，成功的“秘诀”不外有四：一是定位。要面对哪些读者？这决定着未来发展的前景。二是标题。有没有趣味、“温度”，能不能引人眼球？决定着人们是否点开。三是内容。是不是一手的、独家或原创的？决定着阅读和转发的热度。数量巨大的“搬砖号”，粉丝越来越少以致倒闭的原因也在于此。四是调性。能不能以客观公正的态度？有没有一定的思想层次？都决定着品位和受众的“忠诚度”。这些问题中最为关键的，还是“内容”。

“内容”为什么如此重要？其本质在于深藏的品位、趣味和吸引力。全媒体时代，“碎片化”阅读泛滥，原创且有质量和深度的“内容”，稀缺性和珍贵性都十分突出、不可逆转。《参考消息》发行300万份居全国之首、央视《焦点访谈》“潮起潮落”……都是因为“内容”。在欧美传媒界，调查报道、权威专栏、名人专访，始终是竞争的“三大利器”。《华尔街日报》“水门事件”报道令人难忘，该报调查记者“特写”独具特色，也因此扬名立万。《纽约时报》的深度调查报道经常持续一年之久，该报也因此久负盛名。英国媒介的调查记者地位很高，就是媚俗且发行量最大的《太阳报》旗下，也长年保持着50多名调查记者的豪华阵容。国内媒体的长篇大论饱受诟病，但观点深刻、能扣住人心的长文依然受欢迎，这也是为什么在众声喧哗的互联网时代，一些主流传统媒体依然受欢迎、影响力经久不衰的重要原因之一。如《人民日报》2016年关于彻底否定“文革”的评论，因起到正本清源的作用而被广泛关注；2015年《解放军报》“强军文化论”和“胜利启示录”的几十篇文章都是整版，却吸引了军内外大量读者；《光明日报》长文一直比较多，因时代感和知识性强，让许多人成了忠实的读者；新华社有发行600万报刊的集群，保持较高的市场占有率，拥有80后、90后新读者群，也得益于其文化积淀深厚、内容品质优越……未来内容的独家性、专业性，是媒体竞争的焦点和核心，也是媒体转型中新的重大课题。

党报媒体长期形式单一，改革开放以来增加了都市报、晚报及经济类、生活服务类、行业类等诸多新版式。媒体的数量大幅增加，政府背景、专业力量优势明显，品牌和公信力也尤显珍贵。在“酒香也怕巷子深”的年代，除了必要的外在形式变化，用什么样的“内容”吸引社会关注、回应大众的精神文化需求，成为主流媒体能否履行使命责任、保持和发展优势的关键所在。微信公号“侠岛客”由《人民日报》海外版5个年轻记者创办，虽在体制内，文章却不打官腔，表达重大内容的文风鲜活新颖，不少读者认为“比报纸好看”，最高阅读量达到929万人次。

近些年，很多人的观看习惯已从电视、电脑，到了平板、手机。但调查显示，吸引受众的电视剧或综艺节目，多数是电视台热播后才火爆到网络的，很多人因此重回电视机前。这表明了好的电视内容传播的稳定性。“中国好声音”（中国新歌声）所以吸引人，首先在于内容和创意，其次在于为内容服务的总价300万元的原版转椅、27个机位拍摄、演唱会级别的专业音响、顶尖乐队。而这些都不是普通网站、微信公号能够做到的。自媒体有不少优长，但没有专职记者团队、没有稳定的独家消息来源、没有生产深度“内容”的实力、没有核实信息的机制……这些决定了其无法与传统媒体比肩。

但世界时时在变化。《赫芬顿邮报》是美国主要政治新闻博客网站，也是没有专职记者的网站，却有着每天数千万的访问量。该网站利用政界人脉进行巨额融资，运营手段和前景充满争议。但有一点，其“调查报道基金”吸引着数千名博客作者，甚至一些国家的领导人也为其撰稿。高质量的“内容”迎合了读者的需求，网站也快速扩张。

内容为王、创意为剑，是媒介和信息社会须臾不可离弃的竞争之道，更是舆论信息战的“王道”和“铁律”。

“活与变”的灵魂

瑞士计算中心曾公布一个数据：公元前3200年到20世纪90年代的5200年间，世界共发生规模较大的战争14513场，平均每年有3场。

博弈千古，万象殊异。物理场域的战争每每变化翻新，思想和精神空间的搏击更是“善出奇者，无穷如天地，不竭如江河”。舆论信息战场可以说是“最不确定的王国”，内容无限、手段无穷、曲线来去、无影无形……

孔子有一句名言：“文质彬彬，然后君子”。然而，在攻心的战场上，他却没有过度的温文尔雅，更没有丝毫的迂阔之气。那时齐国恃强欺负鲁国，自己的父母之邦有危难，孔子挺身而出，作为鲁定公的“相礼”出席齐鲁之君会盟。他动员军士抗击对方企图劫持鲁君的阴谋，当场义正词严指责齐国君臣失礼，并呼将刀斩了齐国乐公，迫使齐景公在盟书上签字，归还了鲁国土地。他派高徒子贡到齐、吴、越、晋等国游说，子贡针对诸国不同特点，用勇敢和智慧打出一场场漂亮的分化瓦解、合纵联横的攻心战。结果是：削弱了齐国，搞乱了晋国，灭掉了吴国，帮助了越国，圆满实现了孔子“保全鲁国”的战略意图。司马迁记载：“子贡一使，使势相破，十年之中，五国各有变。”

中国近代史上有个“东南互保”，因守护中国近代进步发展未被满清政府葬送而著名。但很多人并非知道其中张謇的游说之功。1900年，慈禧想利用义和拳排外，以解对洋人的心头之恨。没想“庚子之乱”重创京城，无辜者被滥杀，“洋物”被烧砸，钱庄被迫歇业，市场交易停滞。慈禧以光绪的名义，慷慨激昂地对外“宣战”。实业家、政治家、教育家张謇为止住动乱，也为保护自己的实业，决定游说东南诸省督抚抗拒朝廷的宣战命令。“保中华不保大清”，这件看起来根本不可能实现的事情，于舆论造势中启动。张謇利用自身影响力和智慧远见，要求督抚们不纵容义和拳、悉心安抚民心、避免洋人报复，同时力劝两江总督刘坤一，以及张之洞、李鸿章、袁世凯等实权者，通过一系列巧妙设问，引导他们认识到，不承认“宣战诏书”，才能保住东南膏腴之地，才可能不亡国并恢复元气。进而与各国驻沪使馆签订了协议：“上海租界归各国共同保护，长江及苏杭内地归各省督抚保护，两不相扰，以保全中外商民人命产业为主……”中华大地避免了一次瓜分横祸，半壁江山幸免烽火之侵。

“四渡赤水”是中国军事史上著名的“神来之笔”，充分展示了毛泽东的军事指挥才能。其中的舆论信息战也有诸多妙笔。当时红军被10倍于己的敌人重重包围，生死面前，险象环生。毛泽东运筹帷幄，指挥红军用标语、口号等简单原始的宣传形式造势，明修栈道暗度陈仓，牵着敌人的“牛鼻子”东奔西跑，搞得蒋介石惶恐不安，打赢了一场近乎完美的舆论信息战和军事突围战。

进入信息时代，舆论信息的对抗形式更加多变。2012年，以色列实施“防务支柱”攻击行动，同时在微博发出阐释正义性的“声明”，在Twitter开设账号“防务支柱行动”、“以色列在燃烧”，及时发布战事进展、宣传避免平民伤亡的努力。直接推送的对象包括哈马斯。但哈马斯也全力对抗，通过“加沙受攻击”、“这就是加沙”等Twitter账号还击，展示加沙民众受以袭击的惨状，争取国际舆论的同情和支持。这也是社交媒体出现以后，首次被应用于战争。

2015年，俄最大的反对党领导人涅姆佐夫遇刺身亡，国内外反对派的舆论剑指普京。一时间舆论完全被西方媒体主导。普京此时又一次表现出审时度势、把握时机的突出才干。不过这次是以退为进、施放迷雾、诱敌深入，除第一时间表示谴责、下令追查，随后便沉寂不语。一周后，待反对派充分表演、背后黑手显露，普京突然“收网”并爆出“猛料”，一揽舆论主动权，敌对势力遭受了沉重打击。这场舆论信息战让普京的威信再涨，国内的团结进一步增强。

舆论信息博弈，最经典的战法是“震慑”。而且常用常新、屡试不爽。二战德军入侵挪威前，德国大使“邀请”挪威军政要员和工商巨头观看电影《火的洗礼》。德军闪电战的舆论信息之前铺天盖地，但德军的凶残和波兰200万军队被击溃的惨状，是偏安一域的挪威人无论如何想象不到的。电影结束后一片寂静，德大使问：要战争还是要和平？……次日凌晨，1500名德军未用一枪一弹，迈着特有节奏的步伐进入了奥斯陆。日本投降后，其内部主战派和“中国派遣军”司令冈村宁次坚持战争。中方有意将受降区定在“中国派遣军”所在地南京，安排在缅北、滇西大胜日军的虎贲之师新编第6军光复南京、接受投降。这一举措震慑了日军，挫伤了其心理。1994年美国与海地谈判，在谈判现场告诉对方：美军作战行动已经开始，随后点开电脑，播放了第82空降师出动的视频。海地代表慌忙地签了字……

美国打海湾战争前，令快速部署四个师中的82空降师先期抵达海湾集结地，但与伊拉克庞大的军队相比，显然势单力薄。于是，布什秘密签发了3份心理攻势授权，每天播出巨型C-5运输机起降的视频，造成“大军压境”的气势。

舆论的烟幕下，伊拉克始终未敢轻举妄动。美军部署完毕，又通过舆论传递“尚未准备充分”信息，诱导伊军放松警惕。以致战争一打响，伊军被迅速横扫。

伊拉克战争中，美军攻击乌母盖斯尔，有意安排了4小时的电视直播，让全世界看到打击的谨慎、炮火对民居和平民的躲避。这样既对伊军形成了震慑，也有利于美军“正义”、“仁爱”的形象，还缓解了国内“反战”情绪，同时为初战不顺找到了理由。可谓一举多得。

北约与俄罗斯的“乌克兰之争”，通过媒体放大并被世界认知。俄通过国际舆论不断秀“肌肉”，令乌克兰畏战先怯、主动认怂。同时对北约老大也敢于单挑，战机低空骚扰美军舰，并通过世界媒体大力渲染。而北约针锋相对地进行“大西洋决心”、“蟒蛇–2016”等军演，故意安排美德装甲部队穿行欧洲。法国智库和媒体发声：这是“从东吹向西的法西斯主义之风”与“从西吹向东的民主之风”的较量。北约表示，北约和俄罗斯在乌克兰进行的是价值观之战；战斗的主要空间存在于头脑之中，由信息和心理行为主导……

美军得心应手的“震慑”伎俩，显然汲取了中国传统谋略和舆论攻心的理念。哈伦·厄尔曼《震慑论》、尤尔曼和怀特的《震慑：达成快速主导》等，都多处引用2500年前孙子呈给吴王的13篇兵法的内容，“上兵伐谋，其次伐交，其次伐兵，其下伐城”等思想跃然纸上。2003年美国打伊拉克，首次用“震慑理论”指导作战，强调“不局限于决定性力量摧毁和消耗敌军军事力量，而是致力于影响和控制对手的判断和意志。”美军保有的超级航母力量，也是出于“震慑”的战略考虑。因为航母不仅代表着核心打击力量，也是一个国家实力的象征。每当本国利益受到挑战，美总统常会问：我们的航母在哪里？而海湾战争、阿富汗战争和伊拉克战争的“第一枪”，也都是从航母编队打响的。所以世界媒体对航母的关注非同一般。航母作战群出现在哪里，就意味着这里的利益受到特殊重视、地区性的“安全”或“征服”。2015年8月，“里根号”航母将进驻日本，公开的理由是接替需大修的“华盛顿号”，但舆论认为，关键为什么选择这个时候，而且是世界最强最先进的核动力航母？很明显，表达了美国对亚太地区的“强烈重视”。2016年，美国向南海派遣了两个航母打击群，也显示了对南海和亚太问题的特别关注……

世界上不少人对新武器津津乐道、眉飞色舞。而这种“眼球军事”，正中了军事强国的下怀。美国就乐此不疲，起劲“送菜”，时不时露点“底风”，有目的地的耀武扬威。但透露的都是经过刻意挑选的，多是属于战术级别的内容。而对于具有战略意义的重要的作战领域，比如尖端军事科技领域的内容、认知心理和思维等方面的超前研究，美军是秘而不宣的。“特别需要”时才“透露”蛛丝马迹。核武技术尽管成熟大半个世纪了，但仍然因其战略作用而不能有任何泄露。今天，回头看看世纪之初美国大力资助的“聚合科技”内容，就更容易理解这种现象，并引发对舆论信息战更深的联想——

“或许在大约五代人的时期之内，一些突破会出现在纳米技术（消弭了自然的和人造的分子系统之间的界限）、信息科学（导向更加自主的、智能的机器）、生物科学和生命科学（通过基因和蛋白质来延长人的生命）、认知和神经科学（创造出人工神经网络并破译人类认知）和社会科学（理解文化媒母，驾驭集体智商）领域。这些突破被用于加快技术进步的步伐，并可能会再一次改变我们的物种，其深远意义可以媲美数十万代人之前人类首次学会口头语言。”……

当真有那么一天，有人能够解码人体化学结构、操纵神经元集束与突触、支配他人生理及精神活动、为其做出决定并剥夺其抵抗能力的时候，世界将会是个什么样子？虽然，似乎这一天还很遥远，但科学技术与精神文化的“天平”，总是在不断地被平衡、打破，再平衡、再打破……认知科学的发展，已经介入并干预着军人的信息能力、作战能力和战斗精神。

克里米亚危机时，美舰队在黑海显示实力。突然，宙斯盾系统驱逐舰“唐纳德·库克”的所有雷达黑屏。这意味着，如此时开战，这艘先进的战舰因系统失灵、导弹无法获得目标指示，只能做“靶舰”用。原来这是俄军S-24战机施放电子干扰所致。更要命的是，S-24之后居然还大摇大摆地围绕“唐纳德·库克”盘旋了12圈，做出了战斗绕飞和模拟导弹攻击的动作。这时只要飞行员触动按钮，后果可想而知。“唐纳德·库克”舰员无力排故和应对，只得紧急撤入罗马尼亚港口避险。有报道称，摄于压力、恐惧和沮丧，有27名舰员当天就提出了辞职……

与“震慑”相反的“感化”，也是舆论信息战的重要手段。抗日战争期间，我军创办了世界前所未闻的“俘虏学校”——“延安日本工农学校”。不仅有丰富的学习内容，还给每个学员相当于八路军师级干部的3元津贴。那时毛泽东、朱德的津贴才5元。八路军对日军的宣传，不仅有力还十分生动，在接近敌人的地方，宣传品“满布起来，并相当艺术化……”，这是舒同当时的总结。到了朝鲜战场，“志愿军优待俘虏”被媒体传播到全世界：战俘的生活水平远高于志愿军，不仅日日有荤菜，顿顿吃细粮，还有棉衣帽和手套，经常有文化活动。被释放战俘成了志愿军的“宣传员”，向媒介述说良好待遇，表达对战争的厌恶，呼吁战友不要再卖命了。志愿军的举措，被美联社认作是“宣传专家”所为。

中东战争埃以激战正酣，埃及飞行员收到以色列的信号：请你们把炸弹投放到大海里去，否则我军会以50倍的代价轰炸你们的家乡，为您的妻子儿女想想吧。随后是飞行员的家庭信息、妻子儿女的录音。飞行员此时根本无法集中精力，更无心恋战……

文字和印刷术曾是社会变革的关键推手，也是舆论信息战不可或缺的“经典利器”。一战时，协约国用飞机、空飘气球投放的传单达4700多万张。二战中，盟军投放的传单更是无以计量，尤其是“门罗式纸弹”的运用，大大提高了心理攻击效应。蒙哥马利起初称“我的部队不需要宣传车”，当看到传单攻心的巨大威力后，下令：“给我连珠炮似的发射宣传弹”。一个被俘德军上校对盟军心战处军官坦言：“你们的宣传给我们带来可怕的灾难，由此认识到我们的政府一直在向我们撒谎，这是比任何重炮都管用的攻击。”英国的宣传册《战时英国》，包括了食品供应、生产和战争资源动员等内容，广受欢迎，影响极大。我军抗战中仅晋察冀军区2个月的统计：写标语2.1万多条、散发传单7.9万份。越战时期，美军传单可以让越南人均上百张。伊拉克战争中，美军撒下的传单数以亿计，有调查证明，伊军90%的官兵看过，近半数的人信以为真。

广播舆论战，在二战期间被称为继陆海空之后的“第四条战线”。我国抗战期间，延安广播电台的播音员日籍八路军女战士原清志，每周两次的日语广播很受日军官兵关注。几十年后，美国播音员纯正的阿拉伯语、真假难辨的国家领导人和军队指挥官的声音，覆盖了伊拉克，威力超过了任何炸弹。"万民推到萨达姆雕像"曾占据全球电视屏幕，但当时很少有人想到这是美军的精心策划，伊"民众"也主要是反政府组织成员和美军士兵扮演的。这也正是美国想要的"堪比柏林墙倒下"的效果。看着电视直播，防长拉姆斯菲尔德的喜悦溢于言表："这些画面实在震撼人心。"

当今韩朝对打的舆论信息战，不仅继续使用着传单，美元、收音机、U盘和肥皂剧、流行歌曲也成了韩军的攻心"利器"。据报道，韩军对朝有11套以上的夜间可覆盖24公里、白天可覆盖12公里的高音喇叭系统，广播取名为"自由之声"。朝鲜虽不占优势，但也力尽所能。双方的舆论心战广播，成了实力对抗的"头牌"。

台军长期对大陆实施舆论信息战，而且声、光、波、形等各种手段并用。最多的时候有近10个电台，27个频率、8种民族语言。宣传物五花八门，针对性很强。如对我空勤人员的传单，不仅标明了航线、着陆机场、联络频道，还列出极具诱惑性的物质奖励条件。这些手段危害极大，事实上也俘获了解放军内部一些意志不坚定的官兵，包括高级军官和飞行人员。近些年，台军依托IT技术优势，网罗被美《TechWeb》网站评为20年来破坏力最大的计算机病毒之首"CIH病毒"的制造者陈盈豪在内的一批"黑客"，攻陷过大陆部分的官网，还动员各种社会资源，对大陆开展全方位的网络心战。台湾《中国时报》曾报道：国军在衡山指挥所已经规划设置元首直播中心，以反制战时共军可能运用资讯展示、散播台湾高层已经阵亡或被擒的消息进而瓦解台湾军民士气；陆军心战整备中心对外广播系统，可以与总统行政专机的无线电系统结合，元首可以在机上直接透过这套系统对外进行现场谈话……

埃及总人口不过8000多万，手机用户达到7000万，使用Facebook、Twitter的网民数，分别达500万、200万。2013年动乱时，总统穆尔西及支持与反对的双方（包括军方在内），都把电脑、手机、网络当成了主要武器，并充分利用了社交媒介。古老的"传单"也做了时尚改良，流通的纸币被书写或加盖了口号印章，使政治主张得以快速和广泛传播。不少人期待的军队政变，也被"虚拟空间政治风暴”取代了……

特定形势下的“沉默”“静音”，也不失是舆论信息战的一种策略。1950年志愿军入朝第一天，毛泽东指示：“在目前几个月里，只做不说，不将此事在报纸上做任何公开宣传……”这让美国为首的联军没有料到，也未予准备，志愿军因此赢得了时间。半个月后的第一次战役，中朝就取得歼敌1.5万余人的重大胜利。之后，毛泽东指示胡乔木发表评论《为什么我们对美国侵略朝鲜不能置之不理》。新华社战场记者在“静默”期间蓄势待发，做好了充分准备。一鸣惊人的中国“发声”和战场形势的变化，使得美国内舆论急转直下，美民众对战争的支持率由66%迅速下降到37%。

舆论信息浩如烟海、虚实难辨，谁能从中正确辨析、找出有用内容，就可能做出正确的判断和决策，反之则会带来严重后果。一战前，英国从德国媒体的报道分析出，德不能生产制造军火的橡胶和硝石，只能从马来西亚和智利海运过来。而且德国没有海军优势。英情报部门据此判断：德国不会立即发动战争。而这恰恰中了德国设下的舆论圈套。事实上，德科学家已经成功研制出催化剂空中固氟的方法，实现了人造硝酸的突破，而德国对此严格保密。杜勒斯也曾说：“现代情报机关所收集到的情报，90%是能够通过公开途径搞到的。”如今，阿富汗恐怖组织《训练手册》也有这样的内容：“至少80%与敌人有关的信息都可以从公开、合法的渠道获得。”。显然，正确获取、分析和利用舆论信息，成为当代竞争和博弈的重要手段和基础。

美伊战争期间，伊新闻部长萨哈夫显然比美军布鲁克准将更令人印象深刻。萨哈夫每天准时到班，发布的信息妙语连珠、虚虚实实。如针对“化武”的指责，他轻松地说：美军一来就戴防毒面具，足以证明会使用化武；针对“美军已占领萨达姆机场”，他故作神秘：“伊军将发动一场非常规打击”，“炭疽夫人”阿玛希现身更增加了联军的惊恐；针对“美军已占领总统府”，他淡定地表示：美国佬退路已经被切断，美英同盟已经出现裂痕，即将土崩瓦解……他的沉着冷静，恐吓了联军，一时稳定了伊军民，其作用无以替代。舆论称他是民族英雄，作用赛过精锐部队。美国总统布什也欣赏他的公关风格。当时互联网尚不发达，萨哈夫却被网络传遍世界，一个“我们爱伊拉克新闻部长.com”的网站，因网民每秒4000次的点击而掉线。2300年前的韩非子说：“安危在是非，不在于强弱。存亡在虚实，不在于众寡”，如今有了更好的注解。

2013年“叙利亚危机”，演绎了一场舆论信息博弈大戏。美国的戏码又是“化武证据”。以色列情报部门透露了漏洞百出的信息，被一个不出名的德国刊物报道，著名的《卫报》跟进“发酵”。这正中了美国亚太战略的下怀。但是，被前呼后拥惯了的“老大”，30年来首次未得到小伙伴的紧跟支持，卡梅伦的出兵议案被议会否决。斯诺登“揭秘”同时添乱。政治舆论风云变幻，这次没有给美国的“道义”借口以颜面。而进军选举的美政界大佬，兴奋地找到了逆袭的借口。直到“老牌政治玩家”俄罗斯提出解决方案，才让美国有了一个体面的“台阶”……目光敏锐、灵活应变的俄罗斯，以叙利亚问题为“抓手”，充分利用国际舆论，在重振雄风的进程中赢得了一次不可多得的良机。

“不兵”也能有屈人之效

舆论信息战没有两军的肉搏厮杀、硝烟滚滚，却有着显著的屈人之效。比如，文学艺术的武器，看似柔弱中却蕴藏着“伟力”，其骨子里是恒久的“强悍”，有着无法估量的激励与攻心价值。梁启超感慨：感性的文学艺术以“不可思议之力支配人道”，教化并影响着人类精神。美前国防部长威廉·科恩也有同感：“运用武力从来都不可能赢得人们真心的支持，那神奇的电影魔力和多媒体技术远比军队更能深入人心。”

中国很早有“听和视正”以向德归心之说。孔子也早就教导儿子孔鲤：“不学诗，无以言”。梁启超甚至提出：“欲新政治，必新小说。”王国维在“艺术与心理”的关系上有较深研究，透彻阐述过艺术的“眩惑”性问题……

二战中，德军攻到了莫斯科城外，已经可以清晰地看到克里姆林宫的尖顶了。生死存亡之际，苏军官兵是怀揣着《普希金爱国主义诗选》，在《第七交响曲》的雄壮的旋律中勇敢战斗、顽强抵抗，最终取得莫斯科保卫战胜利的。

丘吉尔有名言：“我宁愿失去一个印度，也不愿失去一个莎士比亚。”他临危受命英国首相，后来写出了《不需要的战争》一书，获得了诺贝尔文学奖。有趣的是，他在1941年的一张特写照片也产生过奇效。当年摄影家卡什为其拍摄肖像，丘吉尔手插口袋吸着雪茄，一点也不在“状态”。卡什略加思索后一把夺走他的雪茄。“冒犯”令丘吉尔怒不可遏地瞪大眼睛。这一刻快门响了：照片主人公像一头“老狮子”，眼里散发出愤怒和坚毅。随后，数百万张“愤怒的丘吉尔”流向了废墟城市和尸体成堆的战壕，给了人们信心和希望。

摄影的这种现场捕捉定格、深层次表达的特征和效果，是其他艺术门类无法替代的。所以，这门艺术一出现就在舆论信息战中被广泛使用。著名摄影家沙飞是我军首位专职摄影记者，拍摄了很多珍贵的历史瞬间，如《鲁迅与木刻家在一起》、《战斗在古长城》、《聂荣臻将军与日本小女孩》、《刘汉参军》等，成为反映中国革命史的经典。他在聂荣臻支持下建立晋察冀军区新闻摄影科，开创了中国革命摄影报道体系，培养了大批摄影报道人才，在抗日战争和人民解放战争发挥出重要作用。新中国成立前，解放区在册的摄影人就达600多名，而且战斗力很强、业务水平较高，几乎与世界同行站在了同一起跑线……

20世纪七八十年代，我国边境自卫作战，无数青年官兵是在《谁是最可爱的人》、《高山下的花环》等文学作品影响下，高唱着《再见吧妈妈》等战歌，告别了亲人，奔赴疆场、慷慨赴死……

音乐是人类通用的“语言”，特殊的人文，生命的旋律。2015年10月，向来严肃的新华社推出英文歌曲《十三五之歌》。很多新媒体转发时的内容是：“赶快找来看看，旋律相当上口啊，瞧这歌词Wanna Know what China’s gonna do? Best pay attention to the shisanwu”。这首介绍第13个五年计划的MV，卡通形象主角是英国著名歌手大卫·鲍威，他被称作“摇滚变色龙”，在欧美家喻户晓。这种形式拉近了中外民众的距离。整个歌曲小幽默不断，听起来不像一首政治歌曲，而是欢快活泼的民谣。其中欧美流行的说唱模式，人民币、长城、烤鸭等中国元素，主打波普拼贴风格……都让这一政治传播变得轻快而亲和。腾讯上线5小时有300万的点击量，一天就突破了1000万。央视2016年6月推出的动画短片《谁在中国南海搅动波澜》，也与以往古板宣传面孔不同，积极乐观的风格引起众多网民共鸣，起到了很好的传播效果。南方报业集团的“三严三实”系列动漫《当官不能任性》，网络播放量超过4800万次。这些体现个性、人性和平等的叙事方式，看着并不轰轰烈烈，实际上最能打动人心。

用音乐打舆论信息战，古今中外皆有。以色列军事思想家马丁·范克勒韦尔德研究认为：音乐是凝聚力极其重要的要素，是战争文化不可或缺的部分。他在《战争的文化》一书中就记载：16世纪欧洲军队团一级就编乐手，在两次世界大战中，英军是听着风笛声越出战壕攻向敌人的，至今上校以上军官还有自己的个人乐曲……

中医心理学认为，音乐有动荡血脉、通畅心脉的功用。旋律、歌词和音响，客观上能激发起人的兴奋感，可以使人体验到动作、情感和梦境。舒曼评价肖邦的作品：“好比是一门门隐藏在花丛里的大炮。”吮豪抒愤、激情励胆的战斗歌曲，超出了娱乐的范畴，激励军人报国杀敌，促其情性和才华超常发挥，它如同电光火石穿云裂帛，成为战斗力的“助燃之氧”、心理博弈的“精神盾牌”，不仅在“教战养兵”中难以替代，在舆论信息战史上也谱写了无数传奇。

2200多年前的《无衣歌》，被人称为秦国的《义勇军进行曲》，秦兵熟唱似乳虎啸谷。被誉为“华夏第一相”的齐相国管仲，现编现教《上山歌》、《下山歌》，令疲惫萎靡的军士们精神抖擞、战车轮转如飞。汉太祖刘邦作《大风歌》并亲自击筑伴奏，部下唱毕一鼓作气冲锋陷阵。屡遭小人诋毁的明将戚继光，常舒啸歌诗励志激情，亲作《凯歌》并教唱，属下声震林木、浩然南征。荆轲刺秦王未成，但他的《易水歌》荡气回肠、千古传颂。“戎马鸣兮金鼓震，壮士激兮忘身命”，“不知何处吹芦笛，一夜征人尽望乡”，“楚歌一曲三百字，八千子弟归江东”，“月夜刘琨吹笳，清音破得胡虏”等，都是古战场上的奇观。

1926年，共产党员李秋实编辑了包括《国际歌》《少年先锋队歌》《国民革命歌》等在内的《革命歌集》，在黄埔军校、北伐军和红军中传唱。抗战时期是中国音乐辉煌的时代，许多旷世名篇传颂至今。《大刀进行曲》激起军民斗志，令日寇胆战心惊。《黄河大合唱》激励了中华儿女，凝聚起中华民族的伟力。《义勇军进行曲》至今令中国人每每唱起热血激荡。丰子恺先生1938年记述：“抗战以来，文艺中最勇猛前进的，要算音乐。我从浙江通过江西、湖南，来到汉口，在沿途地逗留，抗战歌曲不绝于耳。连荒山中的三家村也有‘起来，起来’‘前进，前进’的声音出自村夫牧童之口。”红军战士在前沿高唱《松花江上》，令东北军官兵热泪滚滚。周恩来在延安挥动残臂指挥高唱《热血滔滔》、《到敌人后方去》，无数青年热血沸腾即刻奔赴前线。1943年，赛珍珠在白宫草坪上主持了一场特别的音乐会，音乐家王莹用英文演唱了《义勇军进行曲》、《卢沟桥》、《游击队之歌》、《到敌人后方去》等歌曲，打动了在场的罗斯福总统和夫人、内阁高官和各国使节，促进了美国和世界对中国抗战的关注。

在朝鲜战场上，《我是一个兵》被西方舆论称作“重磅炸弹”。贝尔格莱德“共和国广场”上的反战音乐会《歌声鼓舞我们》，盖过了北约空袭的警报声，而且持续了几十天之久。柏林墙前摇滚巨星的演唱，改变了无数东德年轻人的思维与人生，促成了“柏林墙”的倒塌。1991年莫斯科图什诺机场举办了一场空前绝后的摇滚音乐会，5支炙手可热的乐队演出，100多万观众在狂欢中宣泄。有报道说现场出现了死伤的悲剧，而3个月后苏联不复存在！

“喀秋莎”是一种威力巨大的火箭炮，可为什么会与一首宛如少女的柔美歌曲重名？笔者曾到访东欧军队，在一个深夜的小站上，《喀秋莎》的小号旋律撕破夜空，外国军官们吟唱着这首歌为中国军人送行。那一刻笔者感悟到：这类经典作品有着难以估量的精神价值，她穿越时空、超越民族和国度，可以让“阴柔”激励“阳刚”；传统军歌字如珠玑、句动心弦、声宏意远、脍炙人口，无一不是饱含家国情怀的爱恨之作，绝非名利金钱使然！为什么当今好军歌难觅、新军歌难以久传，这也许是一个重要原因。笔者后来饶有兴趣地查阅了《喀秋莎》的历史——

1938年，苏联诗人伊萨科夫斯基写了一首诗：“正当梨花开遍了天涯/河上飘着柔曼的轻纱/喀秋莎站在峻峭的岸上/歌声好像明媚的春光……啊，这歌声，姑娘的歌声/跟着光明的太阳飞去吧/去向远方边疆的战士/把喀秋莎的问候传达/

驻守边疆的年轻战士/心中怀念遥远的姑娘/勇敢战斗保卫祖国/喀秋莎爱情永远属于他。”

作曲家勃朗切尔偶然看到后，激动地一气完成谱曲。卫国战争爆发，许多热血青年来不及告别家人，便参军上了前线。“红军新编第三近卫师”告别莫斯科时，市民倾巢出动送行，一群工业学校女生放声唱起《喀秋莎》，官兵们噙着热泪放慢脚步，举手向她们敬礼……城市上空歌声回荡，盖过了远处隆隆的炮声。几天后，年轻官兵们为构建莫斯科防线几乎全部阵亡，英雄气概惊天地泣鬼神！一天夜里，德军阵地传出《喀秋莎》的旋律，苏军士兵愤怒了：喀秋莎是我们心爱的“姑娘”，怎么能让纳粹糟蹋？他们突袭了德军阵地，用8条生命的代价夺回唱片和唱机。事后军法部门要查处，连长恳切地说：“要处分就由我来承担吧！‘喀秋莎’是我们的同胞姐妹，看到她们被法西斯豺狼蹂躏，我比士兵反映更强烈！”1941年7月，BM–13自行火箭炮面世，可齐射16发132毫米火箭弹，最大射程8.5千米，成了法西斯畏惧的“撒手锏”。苏军对它采取了严格的保卫措施。德军总部下令：不惜一切代价搞到此炮，实在不行就和炮兵一起干掉。由于是共产国际工厂秘密生产，炮身上仅有一个字母“K”。而《喀秋莎》第一个字母也是K，士兵就亲昵地称火箭炮为“喀秋莎”。

1945年4月苏军包围柏林，部队高唱《喀秋莎》开进，数千门“喀秋莎”怒吼。随军记者记录：“天呐，这是怎么了？简直就是《喀秋莎》的歌声在向柏林进攻！”不少国家的反法西斯军队和游击队，当时都会唱这首歌。保加利亚游击队把它当成“队歌”。意大利游击队唱着这首歌夺回罗马城，以致当时80%的民众都会唱《喀秋莎》。还值得一提的是，伊萨科夫斯基创作《喀秋莎》的灵感，居然来自我国的延边——当年他是“张古峰事件”采访团成员，看到珲春防川盛开的梨花和野玫瑰花，以及图们江上轻纱般的薄雾，诗意便在他的脑海涌现……

几十年来，俄军受阅几乎都出现这首全世界耳熟能详的《喀秋莎》，人们眼前也似乎再现着那些踏着军乐前进、数小时后便献身战场的年轻官兵。俄卫国战争胜利70周年，受邀的中国人民解放军三军仪仗队首次现身红场，就是高唱着这首《喀秋莎》行进，引起现场俄所有方队和民众的强烈共鸣，许多人流着泪高声附和。此时，中国军人的高歌已经超越外交、民族与国界，是正义的呼唤、和平的心声。正式阅兵时，伴随中国军人通过检阅台的军乐，正是这首《喀秋莎》。

军歌在激励士气民心上作用无须多言。不会唱就算不上是合格军人，不会运用也称不上是合格的带兵人。但军歌只是重要的精神武器之一，不能完全取代激励官兵精神的其他利器，更代替不了培育战斗精神的军事文化体系。最关键的是，仅仅靠唱歌是征服不了敌人的。所以，应摆在适当的位置。如果仅仅靠唱歌就能成为“将军”、功盖战斗在前沿一线的官兵，不仅荒唐可笑、助长文恬武嬉，还会对以“战场建功”为职业特征的军人，以及他们的信仰和追求，造成难以弥复的创伤。

生物意义的人不同于物理意义的“战争机器”，音乐和军歌也不仅仅属于正义之师。一战时，德国陆军的军乐队多达560多个。二战中，德军在奥德河畔孤注一掷最后冲锋时，所有坦克收音机放出的是震耳欲聋的《瓦尔基里进行曲》。日本军歌里有这样的内容：“冲向高山，让尸骸填满沟壑；走向大海，让浮尸浮满海洋。”将尸骸写进军歌，在世界上除了日本恐怕绝无仅有，也与其凶残本性相得益彰。在这种兽性军歌的砥砺下，二战时日军就是全军覆没，也没有一个将军在战场当俘虏，下级官兵也大多选择了自杀。正如拿破仑所说：“军乐是战争之魂，有什么样的军乐，就有什么样的军队。”当代极端组织IS也有了自己的“军歌”，2015年还发布了首支中文版圣战歌曲《我是圣战士》：“战死在这沙场上，就是我们的梦想。醒来吧穆斯林兄弟，现在是觉醒的时机，带上信仰和勇气，履行丢失的教义。”这些“逆天”的军队和军歌，只会被钉在人类文明史的耻辱柱上。当然，反恐力量也在针锋相对。2016年外媒报道，据英国陆军情报机构掌握，宝莱坞音乐可以使恐怖分子烦躁。因为IS视其为“异端邪说”、在侮辱他们的信仰和权威。英美联合特种部队指挥利比亚心战部队，瞄准恐怖分子的弱点，遥控宣传车大功率播放器播放，不仅有效地让恐怖分子“心力交瘁”，也引诱着他们上钩报复，因此摧毁了两个堡垒。

甲午战争前，“三岛倭奴”磨刀霍霍，而大清北洋海军唱着这样的军歌：“宝祚延庥万国欢，景星拱极五云端。海波澄碧春晖丽，旌节花间集凤鸾……”如此空泛华丽、粉饰太平的唱词，能培育出英勇善战的虎贲之师吗？又何以激发军人保家卫国的杀敌血性？

音乐和歌曲在和平时期的攻心瓦解作用有多大？杜勒斯曾说：“如果我们教会苏联年轻人唱我们的歌曲并随之舞蹈，那么我们迟早将教会我们所需要他们采取的方法思考问题。”20世纪五六十年代的苏联，爵士乐只能通过短波收听，市面上根本买不到黑胶唱片，歌词也不能完全听懂，但这丝毫没有减少青年人狂热的追捧。热情天真的人们不知道，在西方的刻意引导下，思想文化的演变就是这样在不知不觉中悄悄进行……

“这生动的一切如此吸引着我的灵魂，把活力从我的身体中吸走，我一边走一边担心会倒下去。”司汤达的这段描述，被称作“司汤达综合征”。之后，还有人总结出“大卫综合征”：独特的艺术品通过人的眼睛，让其心跳加速、头晕目眩，甚至昏厥和不省人事，一时丧失了自理的意识和能力。歌德也曾说：颜色会产生许许多多生理的、病理的和审美的效果。徐志摩则有另类表述：“人是一簇敏感而又易于反射的神经。”后来出现的计算机“病毒”，有的就利用了这个“反射的神经”。比如“V-666”病毒，就是一些彩色图案，看后会使人生理和心理不适，严重的可以导致昏迷或死亡。有人研究，《江南Stele》核心节奏的上百次反复，节拍数与慢跑30分钟后那一瞬的心跳数几乎一致，以致人们听到这个节拍就会不自觉地晃动身体。已有发达国家军队研究提出，战争需要利用左脑加强语言和逻辑的交锋，但还要开发右脑，利用设计感、故事感、娱乐感及交响、舆情等能力。科技和思想的发展，使得舆论信息战变幻无穷。

二战期间，戏剧、电影、绘画等艺术达到很高水平，也被运用到了舆论信息战之中。《放下你的鞭子》、《八百壮士》、《野玫瑰》等，在我国抗战期间影响极大。美军根据“第25镜头隐性刺激原理”制作的系列纪录片，效果超好，一支海军陆战队的士兵，50%是看了《硫磺岛之沙》后要求入伍的。这些电影有的后来还获了奥斯卡大奖。而纳粹打造的电影《意志的胜利》，号称史上最成功的宣传电影，对观众心理产生了剧烈冲击。《敦刻尔克撤退》、《希特勒用鲜血重新粉刷地球》、《很好，我一个人战斗到底》、《七七号角》、

《田横500士》、《流民图》等，都成为美术史、战争史的经典画作。解放军的许多原创战场漫画，在中国美术史上也占有重要位置。

“不战”也须实力后盾

辩证唯物主义在强调精神重要作用的同时，也始终坚持物质的第一性原则。不管是战场搏杀还是舆论信息对抗，都如同徒法难以自行一样，仅仅有“精神”是不够的。也就是说，人没有精神不行，过度放大精神作用也是有害和危险的。这种教训很多。事实上，有的“胜利”并非是因为精神的作用，有的“失败”也并非因为没有强大的精神。具体问题需要具体分析，这是马克思主义活的灵魂。而不认真分析、弄清原由，盲目而片面地欢呼“胜利”者的精神，贬低“失败”者的意志和努力，都是错误的，只能让缺少宽容、理解、凝聚的“土壤”越来越贫瘠。

物质和精神相互作用发展，在战场和经济社会都得到了充分证明。对于其辩证关系，毛泽东在革命实践中认识得十分深刻，运用得张合有度，把握得恰到好处。早年毛泽东十分看重“笔杆子”，本身也是最棒的“笔杆子”，青少年时的理想就是“指点江山、激扬文字”。1919年写《湘江评论》创刊宣言，主张的还是“呼声革命”“无血革命”。但经历了社会的血与火、领受了军阀的独裁残暴的毛泽东，很快接受了马克思“批判的武器不能代替武器的批判，物质力量只能通过物质力量来摧毁”的思想。而且更深刻地认识到：“枪杆子里面出政权”，“革命不是请客吃饭，不是做文章……”“革命的中心任务和最高形式是武装夺取政权，是战争解决问题”……“物质和精神两手都要硬”的意识从此贯穿他的一生。而中共一大党章，也有“武装斗争”的规定，明确提出“革命军队必须与无产阶级一起推翻资本家阶级的政权……”正因为有了正确的认识和实践，共产党才在坚持和弘扬革命精神的同时，依托不断增长的实力，星火燎原般地夺取了天下。

需要特别强调的是，在信息时代、媒介社会，重视“舆论信息战”的重要作用，是因为时代和任务都发生了重大变化，但并不是说可以不讲硬实力、不要军事实力、放弃军事行动，更不是说战争完全可以“兵不血刃”，不再是“流血的政治”……

国家间的竞争和对抗不相信空话，更不相信眼泪。自古“弱国无外交”。有了相应实力，才有可能交到“朋友”，也才能息战止战。国际关系上的“朋友”内涵，说到底就是无法打败的对象。特别是当今时代，出现了很多新情况新特点，以博弈求合作成了新常态，各种博弈元素空前多元和复杂，博弈“实力”不断发生变化。谁能发展得更快更好、获取最多的利益，仅凭硬实力、单靠精神力量，都是难以实现的，需要物质和精神力量的综合和交替运用，需要多种资源和手段共同作用。认识不到这一点，无视时代带来的新变化，将付出惨重的代价。

世界正义力量对付以IS为代表的恐怖势力，如果只用舆论信息攻心，没有强有力的军事打击显然不行。就像当年王震在新疆剿匪，争取不过来的“必须用大炮讲道理，用刺刀去教训”。当今恐怖势力有一整套的“圣战理论”，每个组织和个人因相同的意识形态联系和合作，并通过舆论宣传表达着共同的政治诉求。这一点是世界最需要谨慎对待的。世界正义力量与他们的斗争，本质上仍是“意识形态之战”。正因为如此，不管美俄，还是英法德，在动用军事力量清剿打击的同时，舆论信息的攻击始终没有停止。从世界的角度看，与恐怖势力的斗争也有一些教训：没有充分尊重和利用各国民众的仇恨开展宣传攻势、进行舆论攻心，孤立其组织、瓦解其支持力量、挤压其政治经济生存环境，还没有形成有效的合力，而且错过了一些重要的战略时机……

日本是个缺少哲学思维传统的国家，不像德国那样能反思历史、承担责任。二战失败后，这个曾挑战过中美英苏四个巨人的小国，依然野心未改，军事实力悄然增长，且国际条约无法束缚。日本今天攻击他国的能力和动机，早已暴露无遗。但其“图穷匕首见”的同时，“七寸”也非常明显：地域狭小，依赖包括中国在内的世界市场。所以利用舆论充分揭露其野心、让全世界看到其真面目，用足经济金融等制裁手段，同时以军事力量做后盾和准备，是对其有效的斗争方式。在其鼓噪钓鱼岛问题、妄图实现国有化之时，我国派出远超日本数量的海警、渔政船，适时展示军事实力，收到良好效果……

舆论信息战多是在虚拟时空中的较量，从某种意义上说，力量的构成更复杂，智力的投入更大，常常可见“小行动大支撑”，所以特别需要“硬实力”的后盾。“硬实力”不强，在战场上无法得到的，在舆论信息战中同样难以得到，即使“正义”在握。就像一个能言善辩的人，尽管话说得很有道理，但缺少实力背景，就很难让对方听进，也更难令其服膺。就如一名外交官所说：“在战场上拿不回来的东西，绝不要指望我们外交官员能够用嘴巴给拿回来。”事关利益的争议，没有相当实力依托，话说了一大堆，结果也许就是“搁置争议”、“维持现状”，不仅无法避免对手胡搅蛮缠，更难防止其铤而走险、孤注一掷。鸦片战争如此，甲午战争如此，英阿马岛战争如此，伊拉克战争等亦如此。

有一点需要注意，“软实力”并不是任何时候都完全依存于硬实力的，有时可以相对独立地发挥重要作用。比如，文明国家的影响力，宗教精神领袖的声望，优秀文化和慈善组织的作用，品行道德堪称楷模的机构和公民的感召力……

硬实力与软实力，始终处在动态变化中，并相互影响、相互作用。硬实力强大，会增加“软实力”的支撑和溢出效应；软实力增强，可以保证和促进硬实力的发展壮大。正是在这个意义上，软硬两种实力，好似鸟之双翼、车之两轮。克劳塞维斯对此阐释为：“物质力量的作用和精神力量的作用是完全融合在一起的，不可能像化学方法分析合金那样把它们分解开。”约瑟夫·奈谈到二者关系时说：“单独靠硬实力或软实力都是错误的。将它们结合起来可以称作巧实力。”

中国古代的晏婴、毛遂、苏秦、鬼谷子和张仪，以及前面提到的伊新闻部长萨哈夫等人，都是开展外交公关、打舆论信息战的高手，但在最终胜负的天平上，决定性的“砝码”并不是他们在舆论场上炉火纯青的口才、在外交领域杰出的公关能力，而是他们身后的国家和军队的实力。有的时候，“正义”与否并不是最关键的了……

甲午一役过去120多年了，而中国的悲愤情绪弥漫至今，思考也始终未停止。历史上，中国的发达曾领先世界两三千年，虽然16世纪以后“掉队”，被

“蒸汽机时代”甩下了，但直到甲午前GDP仍在世界前列，甚至占到世界的三分之一。那时，日本的经济、军事和军工实力都不及中国。中国的正规军约有35万人，日本有6万人；中国海军有军舰71艘，日本有28艘，且北洋水师的装甲厚度和火炮也是领先的。但号称“亚洲第一”舰队的北洋水师，却被“蕞尔小邦”的海军毁于无形，“亚洲霸主”被土狭民寡的小寇打得晕头转向。究其原因，关键还是在“软实力”。清政府腐朽无能、文恬武嬉；谋士溜须拍马，不善谋略；将士不思战事，军备废弛。铁甲战舰、宏伟之师，实为虚张声势、外强中干。赫德战后就说：“李鸿章所吹嘘的舰队、要塞、枪炮和人力，都已证明远非一般所期待那样厉害。”

大清的战败导致国力全面衰退。十几年后，直隶总督、北洋大臣端方感叹：中国只求一里有两个警察，年已需5万万，以全国岁入，办一警察尚复不够，何论其他！可见经济因战而衰的程度。让国人锥心刺骨、万世蒙羞的，不只是军事战败、赔了2亿两银子，还在于输掉了“心战”、输掉了精神——官府昏庸奢靡，民心如同散沙，将领变节为常，官兵不知为谁而战，中华传统“武死战文死谏”几无踪影。平壤总兵左宝贵一边指挥作战，一边派亲兵看紧上司叶志超，防止他逃跑伤及军心。将无赴死之心，士何来献身之念？连日本间谍都看透大清“兵魂销尽国魂空”，报告天皇：“中国的腐败并非只是官场独有，而是全民丧失信仰。”日人笔下《日清战争大事记》就记载：“清政府讲和提议，被拒。”没有打赢的能力，岂有讲和的资格？这也埋下了中华日后进一步遭受蹂躏的祸根。

那时上海报业较为发达，但对于事关国运的战争，除租界零星小报外，新闻媒体基本无声，有点报道也像“无头苍蝇”，并多以“朝廷内线”、“国外译电”、“特约记者”作为新闻源，甚至闹出把清军牙山之役大败说成是“大胜”的笑话。清廷对战事的信息混沌不清，不让本国记者随军采访，误入阵地的西方记者被砍了脑袋。而日本的声音占据了舆论场，清国只有被世界舆论耻笑的份儿，后来清媒发出“旅顺大屠杀”的报道竟无人相信。战后日本人到沙市，发现这个长江中部重要集市的民众，竟不知刚刚结束的大战。可见，当时社会根本没有思想发动，更不要说同仇敌忾了。如此散沙慵懒之国哪有不败之理？！梁启超20年后在《大中华》发刊词中叹息：“我国民志气消沉，至今日而极矣。”这种“极”，何曾不在甲午就出现了？

中国本是日本的“文化之母”，日本之所以能“蚂蚁吞象”，源于维新变法后的“跑步前进”。日本在丰满“羽翼”的过程中，其媒体的“国民意识”、“文野之战”、“传播光明”等宣传煽动，彻底给国民洗了脑，也给实施的侵略行径披上了合法的外衣。

甲午战争初期，西方媒体还有一些关于清军的正面报道。《泰晤士报》对“旅顺大屠杀”做了报道，特别是美国《世界报》的报道和评论影响较大，引起日本政府的恐慌。日本迅速采取了“死不认账、收买舆论”的对策。为掩饰日军的兽行，日外务大臣致电《泰晤士报》、《世界报》：逃跑的中国士兵将制服丢弃；那些在旅顺口被杀的身着平民服装的人大部分是伪装的士兵；居民在打仗前就离开了；一些留下来的人受命射击和反抗；日本军队看到日本俘虏被肢解尸体的残酷景象（有的被活活烧死，有的被钉在架子上），受到很大刺激；日本人仍然遵守纪律；旅顺口陷落时抓到大约355名中国俘虏，都受到友好的对待，并在几天内送往东京。几十年后，“南京大屠杀”刽子手的狡辩词，与此内容极为相似。

为了尽快占据舆论的主动，日军对国际媒体敞开大门，允许外国武官观战，欢迎国内外记者采访（最多时达到上千人）。日外务大臣指示驻欧美各国公使“密切关注舆论动向”，并有重点地施以“银弹”。不久，报道形势扭转，一些重要国际媒体的对日本的负面报道声音减弱甚至消音。日本在国际媒体间的“运作”终于有了回报：甲午年的国际舆论向日本“一边倒”，日本被美化成“文明之国”，日军是“文明进步之师”，掩饰罪行的表演被“叫好”，而惨遭侵略杀戮的被辱“活该”。日本首脑对此洋洋得意地说：“利用媒体公示取得舆论支持，就等于战争胜利了一半。”

“没有实力的愤怒毫无意义”，这是普京纵观历史风云悟出的结论。苏联当年面对的和平演变战略、古巴导弹危机、星球大战计划、战区导弹防御系统……无一不是“实力”的博弈。“沙漠风暴”横扫伊拉克之时，苏联尚未解体，在萨达姆恳求下，苏联向美提出“四条和平建议”和伊军撤军方案……若是在苏联强盛时期，美国也许会就此止步，苏联也会威望叠加，但美国此时根本不把病入膏肓的“北极熊”放在眼里，该怎么打就怎么打，在战场完胜的同时，把苏联的国际“话语权”地位也做了个“大扫除”……

今天的美国，尽管世界“领导地位”有所动摇，但硬实力无疑“独大”，同时有着任何国家无法相比的“软实力”：吸引的外来人才数质量世界第一，诺贝尔奖得主世界第一，每年出版的书籍数量世界第一，音乐制品的销售量是第二名的日本的2倍，特别是牢牢把握了国际话语权。周有光先生总结：“美国的自然科学领先，社会科学也领先，科学全方位平衡发展，这是美国的实力源泉。”正因为实力的差距逐渐拉大，从没有被武力战胜过的苏联，被美国操纵的舆论信息一步步诱导，在没有硝烟的战争里最终被击垮。

因为不断增强的实力，美国变得不可挑战，也更加自大。冷战后美国四届政府，将实力、目标和手段的三原则把玩得炉火纯青。赫鲁晓夫、戈尔巴乔夫、叶利钦和普京，都曾主动向美国伸出“橄榄枝”，普京还是“9·11”后第一个给小布什打“慰问电话”的国家元首。但因为实力的差距，都未能得到期望中的回报，甚至没有得到对等的“尊重”……

针对克里米亚公投后的国际舆论，普京一针见血指出：以美国为首的西方国家的指责，依据的不是国际法，而是力量。面对美国和西方的攻击和制裁，普京在不同场合通过舆论几次亮出“底牌”：别忘了俄罗斯是核大国；恫吓勒索，想想后果！俄注重增强军事实力，尤其高技术武器发展很快，同时大力加强软实力建设，“政治仗”“外交仗”越打越精。2015年庆祝卫国战争胜利70年，高调亮出“史上最强坦克”阿尔玛塔、最新型T15重型步兵战车、难予匹敌的Su-35S战机、骇人的洲际战略导弹“亚尔斯”等撒手锏装备。尽管邀请的70多国领导人只来了20多个，但这并不影响实现宣传目的：秀出“肌肉”，宣示与西方对抗的决心和信心。而今俄在世界舞台“形色暗淡”的状况有所扭转，无论是打击世界恐怖势力还是解决叙利亚危机，在国际重大问题上开始重占“主角”位置。2016年上半年，美国等西方国家多次主动靠近俄，美国首脑几次与普京会面……无疑，这些均源于俄罗斯实力的增强。

我国抗日战争与甲午战争的结局截然不同，也是因为实力对比发生的变化。中华民族意识的空前觉醒，凝聚力的极大增强，全民抗战精神的形成，是中国历史前所未有的巨大力量。就如毛泽东所说：“战争的伟力之最深厚的根源在于民众之中”。当时《大公报》载文：“今天的南北战场上，是争着死、抢着死，因为大家有绝对的信仰，知道牺牲自己是为了换取中华民族子子孙孙万代的自由，并且有把握，一定能达到。”举国付出与万众一心的结合，成就了近代以来中国抗击外侵的首次完胜，也开启了中国复兴的序幕。

抗日战争结束后，国民党能“邀请”共产党谈判，也是基于共产党领导的武装力量质的变化。毛泽东冒险赴重庆谈判也深知武力后盾的重要性。“上党战役”就是在重庆谈判期间配合谈判的重要军事行动，以歼敌11个师3.5万人的重大胜利，显示了解放区军民的力量和决心，有效支持和配合了重庆谈判。而与此同时，国民党也调整部署、整合实力，蒋介石的“小九九”体现在给胡宗南的密信中：“待国军控制所有战略要点、交通线，将寇军完全受降后，再以有利之优越军事形势与奸党做具体谈判……”

抗美援朝战争，是成就我国和平安宁时间最长的“奠基之战”“立国之战”，也是令美国人至今羞于启齿的战争。当年，我军打现代战争的经验、武器装备，都无法与以美国为首的联军相比，如果比也是“叫花子与龙王比宝”。志愿军参战之初的全部运输车辆，甚至比不过美军的一个军……美军1950年10月占领平壤后声称：“没有什么力量敢和我们较量了”。但不到一年时间美国就软了下来，忍气吞声地坐在了谈判桌前，不到三年又不得不签订停战协议。根本原因，也是“实力”对比发生的变化。如志愿军入朝时只有十几架飞机，1953年发展到3000多架，战争期间击落敌机330架，空军实力跃升世界第三。以致美军惊呼：“共产党中国几乎一夜之间就变成了世界上主要空军强国之一。”美军“不可战胜”的神话被打破。而综合实力的增强，正是我军取胜的关键。克拉克成了美国历史上第一个在没有胜利的停战协定上签字的统帅，也是最没有面子的人。朝鲜一战，新中国及军队在世界矗立起新的形象。就连国内在押的战犯，听说美国人签字停战，也改变了原有顽固不化的态度。

2015年，为纪念抗日战争暨世界反法西斯胜利70周年，中国首次举行胜利日大阅兵。这一天，世界睁大眼睛，看到了一个综合实力迅速增长的中国：这早已不是抗日战争时的中国，也不是抗美援朝战争时的中国，更不是任人宰割的近代中国；中国人民爱好和平，也并不好战，但绝不怕“战”，完全有能力保卫自己的国家……

战争是实力的比拼，物质投入巨大。《孙子兵法》记载，古时兴兵十万、出征千里“日费千金”，70万个家庭的生产生活会因之受到影响。也就是说，后方7个人，才能供一个兵在前线打仗。而今，有人比较“海湾战争”与二战、朝鲜战争、越南战争、第四次中东战争、马岛战争的消耗，增加额分别为20倍、10倍、7.5倍、4.2倍和3.5倍。越战期间，美军月均消耗炸弹7.8万吨；到了海湾战争，月均增加到35.7万吨。美军在朝鲜战争中人均日消耗保障物资29公斤，而到90年代则需200公斤。当代战争更是“烧钱”，为打伊拉克，世界“首富”也不顾面子四处凑钱，从科威特、沙特、德国和日本筹了510亿美元。而按诺贝尔经济学奖获得者斯蒂格利茨的研究，伊拉克战争总成本超过4万亿美元，如包括阿富汗战争，将增至5万亿美元。据说，这与整个二战的费用相差无几。美军轰炸IS，首日就发射150万美元/枚的战斧巡航导弹47枚，而“猛禽”F-22每小时成本6.8万美元、F-15E每小时4.19万美元。2014年8月至2015年10月间，共消耗了43亿美元。这些战场成本统计，还无法反映伤害社会的严重后果。

舆论信息战，没有铁甲雄兵、战火硝烟，但并不等于没有巨大的投入。网络空间的对抗，看似只是“动动键盘、点点鼠标”，但人才团队培养、技术研发维护、功能增加和版本更迭、基础设施建设、各种设备的投入……每一项都要大把“烧钱”，费用之巨是难以计量的。“一期之师十年之蓄积殚，一战之费累代之功尽”，古代是，当代亦是。“吞金兽”的称谓，永远不会从战争身上抹去。

二战时日本，最终败在实力和精神信仰的崩溃。这与世界反战力量长期政治攻势有关，而“小男孩”和“胖子”的致命一击起了决定性作用。直到今天，那朵最初在新墨西哥州荒原腾起的“红云”，仍象征着一个国家的核心实力，仍是军事博弈中的最大“王牌”。这也是某些小国梦寐以求、吆喝着壮胆儿、提高调门“唬人”的原因……

但武器装备再先进，也未必能壮怂人胆。海湾战争时，伊军有43个师，

5500辆坦克、2400辆装甲车、几千门大炮，但仅仅联军一记“左勾拳”地面战，且时间刚满100小时，就“无勇功”地结束了战争，结束之快如同打扫战场。伊拉克虽然打出50多枚“飞毛腿”导弹，但60%多被美军“爱国者”拦截，还有部分坠海。这反过来冲击了伊军民的心理。美军从一开打，就让伊的广播电视“闭嘴”、雷达“致盲”，600多名各国记者被“嵌入”前线部队，舆论完全被美国主导。如此设计、管制、攻击和保障能力，没有强大的实力资源是不行的，这也是伊拉克根本无法相比的。

舆论信息战依托的实力是多方面的，不仅包括军事、政治、经济、文化，还有实施中的决策、技术和人才，这些对于打赢缺一不可。以色列总人口不到千万，军队也只有10多万人。但国防体制十分先进，遇有战事，15分钟内便可播出“动员令”，72小时内军队可扩充到50万人。很多家庭都有参战保卫家园的经历，许多IT高手参加过赫赫有名的“8200”高科技信息化部队。这样的组织结构、人员素质、科技水平，能凝聚多少力量？代表了多少实力资源？仅以军队人数及装备数量，是无法说明的。

尽管美国以实力称霸世界，但对舆论信息战的投入始终没有放松，已经形成了完整的战略、战役和战术各层次的舆论心战能力。美军心战部队有十万人以上，每年训练保障经费数十亿美元。驻守世界各战区的部队中，都有心战和支援分队。著名的第四心理战大队下辖数个支援营和宣传营，有能够打击任何种族目标的语言技术专家，军官多为硕士，具备制作各种宣传品、准确投送并有效开展心战攻击的能力。部队也配有大功率广电发射、数字印刷和机动声像处理等装备。

在世界经济一体化进程中，政治、军事、经济、金融、文化、科技等交融的舆论信息战已是常态，背后的国家实力彰显无遗。近些年，我国综合实力提高，不断打出舆论信息的“组合拳”，有效提升了国家形象，增强了国际影响力。但总的看，我国“软实力”的提升，与经济发展速度还不协调，与发达国家比还有不小的差距，在一些领域的竞争能力明显不足。比如，对外稀土、铝土、焦炭、萤石和钨、钼等贸易战及舆论争锋，多以失败告终。有国内媒体斥世贸组织的裁定是“打着公平的名义谋私，滥用国际规则，奉行双重标准”。

此话虽然有一定道理，但“实力”决定的规律即是如此。确立规则之争，实质就是实力之争。实力强才能主导事关核心利益的规则，弱者只能被动地遵守规则，想变改规则也得看强者的脸色，有待自身实力的增长。不仅是国际经贸规则，美国急着建立并发展互联网“游戏规则”，道理也在于此。

世界就是这样，没有什么“绝对公平”可言。实力不强别说主导“规则”，就是完全“适应”都很难，“受制于人”也在所难免。100多年前的德国政治家和外交家、普鲁士宰相兼外交大臣奥托·冯·俾斯麦直言不讳：“真理在大炮射程之内。”那个时期的德国首脑评价到访的日中官员：日本人“谋求的是根本的改造”，中国人“只问船炮的价值”。由此认为，中国不如日本重视理论思维，只认“表”、不识“制”，由此预言：日本将兴、中国将弱。多年后，撒切尔也说：不用担心中国，中国只出口电视机而不是思想观念……

我国一些传统文化精华，被老外烂熟于心并转化成生产力，而我们许多年轻人却逐渐淡出记忆。嫦娥飞天、国宝“熊猫”、英雄“花木兰”等一大批中华经典故事，是宣传理念、传递魅力、塑造品牌的极好载体，但遗憾的是，有的经过好莱坞拍摄制作才得以传播世界。国学精华《四书五经》，至今没有国际通行版本，有的还是300多年前英法传教士翻译的。20多年来，中国当代文学在俄罗斯出版年均不到一本。而不少德国民众对于中国文学的了解，只知道莫言的《红高粱》和余华的《活着》。相比发达国家的文化产品大量涌入我国，中国文化走出国门的实在是太少！

以上这些，许多看似是理念和方式手段的问题，实质是实力的差距。对此，我们只能痛下决心，通过进一步改革开放，加快传统文化向现代的转换，充分发掘传承优秀文化基因，以创新的姿态发挥出经济和文化大国应有的影响力。

第四章

什么是当今世界最大威胁

对于一个传统社会的稳定来讲，构成主要威胁的，并非来自外国军队的侵略，而是来自外国观念的侵入，印刷品和言论比军队和坦克推进得更快、更深入。

——亨廷顿

可以毫不夸张地说，现代社会的未来及精神生活是否安定，很大程度上取决于在传播技术和个人回应能力之间是否能维持平衡。

——麦克卢汉

舆论信息充斥着世界，骇人听闻的词汇频频出现：太空武器、核武化武、航母战机、导弹与反导系统……不时吸引着人们眼球，引起了人们的重重忧虑。可是，当今国家安全和人们面对的“第一威胁”，真的就是这些价格高昂的战争杀伤性武器吗?

扑朔迷离中的“险恶”

当人类享受现代文明的时候，“风险”意识也逐渐觉醒。特别是舆论信息的大潮，裹挟着扑朔迷离的险恶而来，奔涌的潮水所至之处，都没有了“安全岛”、“避难所”。

美国学者丹尼·贝尔，是现代社会变革和发展的最早研究者之一。他在20世纪六七十年代提出“后工业社会”之说，概括了向信息时代过度的社会的特征：市场逻辑或大众消费逻辑占据主导地位；知识信息的爆炸；文化价值观的危机；复杂性的挑战。1986年，德国社会学家乌尔里希·贝克，提出了“风险社会”的概念：工业社会为人类创造了巨大财富，同时也带来了巨大风险，人类从此进入了一个以“风险”为本质特征的社会。他强调，风险社会的危险的核心概念是：有组织的不负责任，危险的社会爆发；主导西方的政治、经济和法律制度，不仅卷入了风险的制造，而且参与了对风险真相的掩盖。而著名思想家、经济学家雅克·阿塔利的“危言”更加耸听：从6.5亿年前因冰河时期引起70%物种灭绝开始，生命曾七次从地球上消失，因为生态及气候紊乱、毒品、流行病、基因滥用、致命武器与军备竞赛等威胁，“人类正面临着第八次灭亡的危险”。斯蒂芬·霍金的观点与其不谋而合：在可预见的未来，基因改造病毒、核战、全球变暖将导致毁灭性灾难，“下一个千年或万年内，这种可能性会变成‘几乎100%’”……这些有益的“警示”，正是人们通过舆论信息关注社会安全的题中之要义。

“风险”通过快速发展的媒介“发酵”。二战前一些媒体还为新闻真实性和客观性努力，从二战开始，个别大国和法西斯国家的媒体，从之前的主张和平、国际协调，嬗变为支持和煽动战争、为战争升级推波助澜。一些国家对法西斯软弱妥协，采取了姑息养奸的绥靖政策，而媒体成了“马前卒”“助力匠”。英国首相张伯伦就通过舆论绥靖德国，在纵容希特勒的同时误导英国民众，《泰晤士报》配发社论，要求捷克割让土地给德国。那时不少英国民众在舆论诱导下，分不清正义与邪恶，错误地将和平希望寄托在捷克割让土地上。

“9·18”事变爆发后，当时的中国政府荒谬地请美国主持公道。时任美国总统的胡佛根本不想得罪日本，便将祸水有意引向苏联，对媒体说：“日本为保卫日侨生命财产的安全起见，对满洲的进兵是不可避免的。”日本的战略试探获得成功，野心迅速膨胀，随即占领了我国东北三省。而美国得到的报应，是十年后的“珍珠港事件”……

二战以后，各领域的风险快速累积，并通过迅速发展的媒介放大。世界上许多人和机构组织，为了减少风险带来的灾难辛勤忙碌。但雅克·阿塔利2011年在《危机求生》一书中却认为：“大量旨在建立世界性规则的动议（无论气候合作抑或对抗贫穷），无一不遭遇失败或分崩离析。这个世界以某种方式，向着一片混沌迈进，大步流星。”

如今这种加速的“混沌”随处可见。借助舆论信息翻云覆雨，成为一些人搅乱世界的主要手段。1994年，卢旺达总统哈比亚利马纳遇空难身亡，舆论煽动，持续 3 年的内战骤然升级，100天内就有80万人丧命，成为人类最残酷的梦魇之一。联合国国际刑事法庭之后审判了 3 名卢旺达新闻媒体负责人，两名判无期徒刑，一名判27年监禁。这是继二战后纳粹出版商尤利乌斯·施特赖歇尔被判绞刑以来，媒体人士第二次因煽动种族屠杀被送上国际法庭。

2008年9月17日，一个关于银行拒绝借款的谣言，在几个小时里，引发了5500亿美元从美国货币市场中提现。如果美欧银行同时挤兑，资本制度体系就有可能瞬间崩溃。一个看似简单的信息传播，可能就是撬动世界的“杠杆”。这说明，公众的恐惧、社会的恐慌、政府的恐怖，在媒体的作用下不断显现并被放大，同时也只有依靠媒体和信息技术，才可能及时预警、制止和修复。

我国社会在改革开放前较为封闭，信息格局很长时间是“倒金字塔”形。民众处在自上而下传播或“灌输”的末梢。20世纪50年代，收音机还是“奢侈品”，笨大的“熊猫1501”，是正部级以上官员才能享用的。收音机“当家”，一直延续到20世纪80年代。电视在70年代末每百人还不到一台，全国能看到电视的人不足千万。虽然报刊种类不少，信息却十分有限。媒体说什么，民众只能信什么，一些重大事件民众根本无从知晓。唐山大地震夺走20多万人生命，民众多年后才得知。新闻报道中，主题先行、虚假浮夸、文过饰非、报喜不报忧等现象屡见不鲜。

特殊时期里“百报一面、百台一声”，对于社会稳定和治理是有益的。但是，当社会走上经济建设正轨，人们的政治参与需求的欲望越来越强烈，“舆论一律”和传播的单极化就明显不适了。今天，已经没有谁再能控制人们的多元利益、多元观念和多元取向。信息也不再是稀缺资源。如何抑制信息产能过剩，如何过滤信息、清理信息垃圾，反倒成了人们面对的严峻问题……

许多人记得1994年“千岛湖惨案”，3名罪犯导致32人死亡，其中24名是台湾游客。当时国内媒体采取“不破不报”的一贯做法，统一口径为“火灾事故”。台湾记者扮成死者家属暗访，以致境外负面舆论四起，李登辉借题发挥。一起刑事案件演变成了政治事件，善后工作非常被动。此案如发生在今天，这种现象不会出现。因为突发事件的新闻“首发权”不再归职业记者和专业媒体了，已经多由自媒体生成。报刊不说网上说、国内不说国外说、官方不说百姓说，已经是现实的存在。想掩盖公共信息徒劳无益。任何行政手段都难阻止社会抽丝剥茧、高声喧哗。曾经高不可及的“上达天听”，也不再是一件特别的奢望。

在全球化的浪潮中，我国走上经济高速发展的道路。发展是好事，但也带出诸多新问题，各种风险纷至沓来。经济发展失衡的风险、金融借贷失控的风险、生存环境恶化的风险、贫富差距扩大的风险、传统文化遗弃的风险、道德信仰迷失的风险、信用体系瓦解的风险……而且，这些风险都不是孤立存在的。

与此同时，我国快步汇入媒介世界，信息技术发展很快，与风险相伴的舆论信息海量增长。尤其是网络舆论场，各种社会思潮、价值取向，常常引发思想混乱和人际情感的疏离。曾经的主流意识、权威观念、核心价值观淡化了，社会道德水平“滑坡”，意识形态遭遇空前的挑战。2015年10月，习近平在十八届五中全会第二次全体会议上明确告诫全党：“今后五年，可能是我国发展面临的各方面风险不断累积甚至集中暴露的时期。”

2016年，美国智库在《国家利益》双月刊网站载文《中国最危险的敌人是全球舆论》，将中国崛起过程中“舆论信息威胁与风险”昭然于世。显然，“图之于未萌，虑之于未有”是有益的，反之则是最大的风险。负面舆情的叠加发展危如累卵，一旦触发民众长期隐忍的“痛点”，就随时可能造成巨大的社会伤害。人们从一次次的风波中、教训中，感受到了什么是媒介化社会、什么是风险社会、什么叫社会危机。

亨廷顿有一个著名观点：“政治秩序部分取决于政治制度的发达程度和新兴社会势力被动员起来参与政治的程度两者之间的关系。”他还总结出“政治参与/政治制度化=政治动乱”的公式，力图阐明：当政治参与要求急剧增加时，如果政治体制的制度化水平高，就能容纳参与的要求，政治体制就是稳定的。反之，当政治制度化难以承受参与程度的增长，就会引发政治稳定的危机……

苏联解体，可以说是百年来世界最为震惊的大事。1991年12月25日，有着93年历史、2000万执政党党员的政党，拥有600万人的强大军队，矗立世界74年的第一个社会主义国家，一夜间轰然坍塌、烟消云散。数千架战机、数万辆坦克，大批舰船及隐藏在深海的核潜艇，一夜间成了废铁。面对亡党亡国的惨剧，党员无语、民众叹息。有的老布尔什维克和苏联元帅，以自杀来表达梦想和追求破碎的悲痛。而叶利钦之前用500套别墅许愿的图拉空降师，在关键时刻放弃了对布尔什维克的“忠诚”，帮助政客们葬送了苏联……

一直处心积虑的美国，对此事来得如此之快、如此彻底惊讶不已。中情局长罗伯特·盖茨在苏联解体后不久来到红场，他注视着克里姆林宫尖顶那面替代了斧头镰刀红旗的沙俄三色旗，难掩自豪：“我们知道，无论施加经济压力还是军备竞赛，甚至用武力也拿不下来。只能通过内部爆炸来毁灭它。”这一年的美国家安全报告写道：“美国终于完成了打垮苏联的重大战略任务，因此，为美国人民创建了一个只有美国利益的环境……”

今天对苏联解体，人们再哀其不幸、怒其不争，不如探索“内部爆炸”之谜更有意义。这种“内部爆炸”扑朔迷离，象征着何等巨大的险恶？给世界特别是社会主义国家的执政党和政府，带来了哪些弥足珍贵的风险警示？

对此，世界舆论界、学术界众说纷纭，俄有识之士进行了痛入骨髓的反思。俄科学院院士弗拉基米尔·亚历山大罗维奇·利西奇金和研究员列昂尼德亚·历山大罗维奇·谢列平合著了《第三次世界大战——信息心理战》一书，其中讲道：一战的特征是使用骑兵的群体战斗，二战起决定作用的是坦克、飞机和大炮，宣传和意识形态影响只能起到一定作用。而“第三次世界大战”是两个世界体系、两种生活方式之间的对抗，其本质主要在于使用了新武器——信息心理武器，“这场延续了半个世纪之久的冷战，其实就是一场没有硝烟的新型战争，其矛头就是针对公众的思想意识。进攻一方借助媒体施加了强大的信息心理影响，最终控制和操纵了公众意识，并使整个社会意识屈从于攻势。”两位学者的观点意义非常。这场“新型战争”事实上也并未结束，仍在不断变幻形式激烈进行着……

2014年初，俄军事思想界的泰斗级人物、军事科学院院长加列耶夫大将发布主旨报告，阐述了俄面临的三类威胁，“颜色革命”的舆论信息被列为“第一威胁”。他认为“这类威胁尽管不具有军事性质，但敌人却能借此达成政治和战略目的，其效果甚至要大大超过军事行动。”尽管世界上多数核武器瞄准着俄罗斯，最新的太空武器和反导系统主要针对俄，但武器的重要性不能绝对化，就像苏联有强大的核武力量，却没有能阻挡解体，因此“核威胁”只是“颜色革命”之后的第二威胁，第三威胁才是“发达国家加快发展的武器系统”。当今的俄罗斯智库，无疑是清醒的。

2014年后俄出现严重经济危机，西方的经济制裁和舆论攻击进一步加剧。巨大压力之下的普京严肃指出：政府和全社会都要警惕西方借机在俄发动“颜色革命！”……

如今，对“颜色革命”尽管还未出现权威定义，但基本内容和“套路”已经明晰：利用互联网等媒体平台，抓住网民的兴趣点设置“议题”；通过非接触性的宣传诱导，以自由民主为幌子，鼓吹西方价值观，同化或分化不同的人群；歪曲历史、丑化领导人，抹黑国家历史和民族英烈，削弱和瓦解执政党党员和军民的意志，煽动对政府的不满情绪；资助对所在社会不满或与政府思想意识对抗的人开展研究或访学；利用或制造突发事件激化社会矛盾，直至推翻政府……

针对我国的“颜色革命”早已经全面展开。网络舆情变幻莫测，思想文化风云激荡，群体事件不时出现，其中总能看到“魔影”的作用……2016年日媒披露，美国国家民主基金会向中国“世维会”、“疆独”等103家有关“民主和人权”的团体，提供了总额9652万美元的巨额资金资助。这家基金会虽然是非营利组织，但大半的资金来自美国政府。

思想混乱、社会动荡、政府更迭、难民如潮……“颜色革命”的威胁和后果，已经被世界越来越多的国家及民众所认识。

舆论信息的主战场：互联网

人类文明、科学技术的重大进步，都在人际交往上体现出来。楔形文字、圣书字、汉字和玛雅文字的出现，使人类有了语言的记录；莫尔斯电报，让文字能够隔空传递；贝尔电话成就了远隔千山万水的语言直接交流。从铅与火到光与电，从光与电再到数与网，人类从没有像今天这样，身在世界任何地方，都可以通过网络“聚合”在一起，并彼此分享信息、互动交流。

马克思曾这样形容世界的变化：“工业革命后不到百年所创造的生产力，比人类过去所创造的全部还多。”而近二三十年间，互联网引发的信息革命，对人类的影响超过了以往任何发明创造。由网络催生出的新的媒体形态，也成为人类思想文化发展的巨大推动力。

科技决定着军事的发展，战争因此常常先在实验室“打响”。科学探索的触角延伸到哪里，战争形态及战斗力生成模式就相随而至。热兵器取代冷兵器不过400多年，核武器的出现和使用也才半个多世纪，而美军资助“阿帕网”距今只有40多年。一战时的“报纸战争”、二战时的“广播战争”、越战时的“电视战争”、海湾战争时的“卫星与有线电视战争”并首开“网络战”、美伊战争以来的“电视直播和国际网络战争”……无不是军人犀利的思想和目光，将信息技术引上战争前台，并不断赋予新的面貌、创造出新的奇迹。

网络舆论信息，渗透到了军事和社会领域的角角落落，影响到博弈形态变化和双方力量的对比。美《国防部新闻》特别强调：“进入21世纪，作战指挥官会发现，无论履行什么使命，他们都必须了解网络上在发生什么，何处会有风险，网络的结构和活动将对自己履行使命的能力产生什么影响。”

网络将包括个人的每一个信息节点紧紧铰链。时代因“网”而动，对抗也因“网”而变。美军紧紧抓住了这一机遇，率先展开了军事变革，搭建起基于陆海空天一体的全球数据链栅格化网络，实现了指挥、通信、计算机、情报、侦察和监视的网格化、一体化。高度聚合的信息获取、处理、传递、指挥和控制，成了新型战争的“黏合剂”和战斗力的“倍增器”。无屏不战、无网不胜，成为博弈的全新景观。越来越多的“精英战士”，手指触动的不是扳机，而是鼠标和键盘，他们能让信息“子弹”在0.3秒内绕地球2周，瞬间射攻入敌方的命穴……

2011年5月1日，24名美军海豹突击队员乘坐2架“黑鹰”，实施“海神之戟”行动，毙本·拉登于卧室。这场38分钟的跨境“微战争”，全程在白宫的可视监控下。视频前，是奥巴马和他的国家安全团队。奥巴马“咱可干掉他了！”引发欢呼之后，人们感慨和回味的，是这次突袭行动的先进理念、是10年“大海捞针”的数据分析、是国家层面万人支援保障系统、是“芯战”背后的“心战”……

行动刚结束，前防长拉姆斯菲尔德的参谋长凯斯·厄本就在网上发出信息。70分钟后，1500万条微博在网络流动，成为Facebook、Twitter的“主话题”。盖洛普民调显示：公众最高支持率的“日晕效应”出现，国会支持率、总统支持率、民众对国家的满意度都大幅提升，经济信心增加了10个百分点。十几天的舆论热浪后，国防部长盖茨出于保密考虑，指示“不再发布更多行动细节”，才缓缓打住了这波汹涌的舆论大潮。

长于“暗杀”的恐怖分子，也搭上了信息时代的“顺风车”。他们的武器相对落后，但利用舆论信息的能力比许多正规军一点也不差。他们清楚：仅凭自己打杀是不够的，杀伤有生力量不如造出恐怖效应，只有让媒体整出“动静”，才能惊天动地、实现战略目的。因此他们在《训练手册》里明示，如果CNN、BBC等大牌记者和著名主持人不到现场，行动就是失败的。今天，恐怖势力已经能轻松运用舆论诱导、舆论诈骗、舆论攻心，发动“非对称”的袭击。有国际研究机构评估他们实施恐怖活动的投入：2000年“科尔号”爆炸案花费约5万美元；2002年的巴厘岛爆炸案花费不到3.5万美元；而“9·11”事件开销不足50万美元。以此足见恐怖势力对网络认识之深、利用舆论信息手段至极、“以小换大”的理念之恐怖！这也恰恰是当今世界最大的梦魇所在。

恐怖势力越来越重视舆论心理攻势，时而爆炸恐袭，时而发出“恐怖之声”，通过世界舆论放大后，折磨得欧美国家苦不堪言。本·拉登肩扛老式枪械，却用先进的卫星电视发出一个个令西方心惊胆战的信息。其副手扎卡维领导的“网络统一圣战组织”，开启了用网络进行恐怖袭击的先河，传播极端思想、建立“网络学校”、招兵买马并传授恐袭手段……成为全球性的新的恐怖威胁。美国波士顿马拉松恐怖袭击案、美国历史上伤亡最惨重的奥兰多市枪击事件等，事后查明，肇事者都受到过这种网络传播的影响。

2013年以后，“伊拉克和伊凡特伊斯兰国”（也称IS、伊拉克和大叙利亚伊斯兰国）突起。他们与美最初出钱训练的“疥癣之疾”塔利班明显不同，控制的面积一度占叙利亚的40%，超过了英国的面积。美军重金悬赏的首领巴格达迪已不是草寇土匪，而是个经学博士，相当的“国际化”。IS被多国军队围剿还能发展，除了组织结构和实力较强外，很大程度在于，领导者精通网络、善打舆论信息战。他们构建起宗教激进主义、圣战派萨拉菲主义、前复兴主义一整套意识形态；有系统高效的宣传网络，出版制作了精良的宣传品，其中有六种语言的《达比克》杂志；还开发了手机应用、网络游戏、儿童诱导等多种程序，发布信息用上了机器人和数据可视化技术；甚至还有自己的网络安全手册，指导组织成员如何利用Twitter、如何采取保密措施……

从一则高效的征募广告，可看出IS实施舆论信息攻心的能力——“兄弟们：你还在等什么？那么多的武器等着你开火，那么多的肥羊等着你宰割，那么多的美女等着你娶回家……”“姐妹们：你还在等什么？你老公的衣服要人洗（玩笑），来了没人敢欺负你，战士个个好心肠，上了战场猛如狼，这里的孤儿想妈妈，请你快来照顾他……”

大的社交媒体也成了IS利用的平台。数以万计的Twitter用户成了IS的追随者，不少国家的青少年成了源源不断的兵源，仅2015年就有2万多人无所畏惧地前往加入。他们经“洗脑”认为，参加“圣战”能成为英雄，被捕回来更有面子，就是战死也是上天堂。IS“斩首视频”的传播，让很多国家的民众惊魂。更令人担忧的是，世界各地的恐怖组织主动接受IS领导、向IS宣誓效忠。这不能不让西方世界的领导者抓耳挠腮。奥巴马多次“头痛”地表示：这是一场更大的争夺人心的战斗，而且将是一场“几代人的斗争”……

但不管恐怖势力怎么嚣张，邪恶终归是不得人心的。就是在他们的内部，也从不敢说自己搞的是“恐怖”活动，而用“圣战”来粉饰。他们虽有一定的实力，但终究无法与世界正义力量对抗，也终将以最悲惨的结局告终。

与互联网同时诞生的“黑客”，如今早已不是独行的“幽灵”。他们成群结队，有着记者、工程师、教授等堂皇的身份。他们出没网络世界如履平地，能在各国高层的主机里“大摇大摆”。“匿名者”是世界著名黑客之一，其代言人头戴V型面具，宣布向IS发动“有史以来最大规模网络攻击”。这支看似横空出世的反恐力量，实际是有10多年历史、源于美国网络论坛的松散性组织。他们与恐怖势力为敌，但不会接受政府的管理，说不定哪天还可能成为反恐的障碍。包括澳大利亚、加拿大、朝鲜、突尼斯，以及美中情局网站等都受到过其攻击，也有多次做空中国企业的“前科”。

网络世界最高级的“黑客”“刺客”，当属APT（Advanced Persistent

Threat）。即利用最先进的攻击手段，以窃取核心资料为目的，对特定目标进行长期持续性网络攻击的攻击形式。由于绝大多数APT团伙具有政府背景，所以也属于国家级的对抗。其攻击政治、军事和高价值经济目标的长期潜伏性、目标定向性、巨大危害性，都远高于一般的黑客。人们已认识到的其感染方式主要有：鱼叉邮件、水坑攻击、U盘及网络劫持等渠道和手段。但实际却极难觉察，想分析研究更难。其木马程序配上欺骗性名称，以电子邮件发给目标人群，攻击命中率极高。如“新疆暴恐事件最新通报”、“公务员工资收入改革方案”等，都轻易获得成功、达到效果。对于一般用户来说，APT几乎防不胜防，只要你下载软件、插入U盘，恶意代码就会获得执行机会，就可能即刻跳转钓鱼网站或泄露认证口令。这种攻击演化已经扩散到智能设备，直接威胁到人身及精神文化的安全。专家认为，如果恐怖组织掌握了，可造成比自杀式袭击杀伤力更大的后果。而且这种复杂多变的对抗，将是永恒存在的。

网络世界里的“矛”总是快于“盾”，所以“防火墙”等对于高级黑客并无大碍。2015年初，《纽约时报》、合众国际社Twitter账户遭侵入，十分钟内被发布“美华盛顿航母与中国海军交战”、“第三次世界大战爆发”等影响政治军事经济大势的“重磅新闻”。五角大楼赶紧出来澄清。2016年，俄罗斯被曝在索契冬奥会上“官方”组织大规模使用兴奋剂，致使里约奥运会和残奥会俄多名运动员遭禁赛。普京愤怒表示：这明显就是“政治干涉体育”，是美国那帮西方国家从中作梗，想要抹黑和打压俄罗斯。俄黑客组织“奇异熊”潜入世界反兴奋剂组织的电脑，揭出美国等十几个国家数十名运动员服用禁药且药检呈阳性，这些人不但没有被禁赛，还被“允许”以治疗为由用药……舆论的曝光，将西方国家的阴谋和世界反兴奋剂组织的“猫腻”暴露在光天化日之下。俄“黑客”在没有硝烟的激烈博弈中，又一次大显身手。

网络信息技术越是发展，黑客的作用越是不可小觑，其不仅攻击潜力巨大，破坏后果也相当严重。有专家危言：“黑客”若真发狠，利用恶意软件，轻点鼠标可使城市断电、空地交通失控、核反应堆关机或加速，世界顷刻阴云翻滚。如果攻击是针对美国的，有可能瞬间造成数千亿美元的损失。兰德公司认为，网络战是“信息战中的核武器”，美国会为此失去“两洋”屏障……奇虎360董事长兼CEO周鸿祎也表达了看法："网络攻击是真正的'大规模杀伤性武器'，相当于网络上的'核武器'。"

网络信息化，成了社会和军事转型的巨大"推动器"。1995年，尼古拉斯·尼葛洛庞帝就在《数字化生存》一书中预测：以互联网为标志的数字革命将带给人类四个改变：权力分散、全球化、追求和谐、赋予权力。以后，托夫勒关于"计算机中的一盎司硅产生的效应，也许比一顿铀还要大"、有专家预测"云数据"将使"私有制"有可能被"获取制"替代等预言，已经变成或正在变成活生生的现实。马克·扎克伯格和同学在宿舍里玩出"Facebook.com"，当时仅被看成创业的举动，没想竟成就了意义深远的社会"话语权"大转移……2016年的美国大选，就是一次典型的"转移"。特朗普在传统主流媒体舆论不支持自己的情况下，借助了网络社交媒体的巨大力量，从不利形势下"翻盘"。这也是对所有政客的一次启迪：不会"玩"社交媒体，就少了在政坛生存、跃出的技能和机会，就像早年不懂得利用广播和电视一样……

"数字化"引致无穷的新理念新战法。英国《卫报》2011年报道：美军秘密合作研发一种新型软件，以利用伪造的用户身份发布有利于美国的网络舆论。而风靡世界的Facebook、Twitter将是"操纵"的主要目标。这意味着软件开发成功，美军人员每登陆一个网站就可拥有10个"马甲"，以冒充美国之外的所有假身份，制造有利于美国、攻击他国的言论。发言人辩称，研发这种软件是针对伊拉克的心理战，在网络上打击基地和敌对组织使用。但不难想象，这将给网络舆论场带来一种怎样的乱象？2015年IBM也宣称，正在研发的一种新的实时分析技术，这种技术能根据用户的网络偏好和习惯，为其量身定制并发送需要的信息。这不也正是舆论信息战所需的尖兵利器吗！事实上，美国防部高级研究局还几乎同时秘密开启了"社交媒体战略传播"项目，计划2016年完成。"翻墙软件"、"数字水军"、"影子网络"等研究项目在活跃进行。美国防部掌握上万个社交网站账号，并授权军方机构进入重要网站，仅陆军网站就与Facebook、Twitter等社交媒体有2000多个链接。

唯利是图的商家开发软件不缺"聪明"，有的看似"歪招"，不够光明正大甚至违法，但却为舆论信息战的"精准攻击"提供了想象和利用的空间。

如央视报道一些公司和网站，利用“Cookie”可识别每一个网络用户的证件，并把每一个人网上分散的信息都记录下来，包括年龄、身份、职业、收入、家庭、兴趣爱好和活动规律等，而且号称已掌握3亿～9亿人的用户数据，因此可轻松锁定“目标”，精准、大面积地投放广告……

美国认为：“21世纪掌握制网络权，与19世纪掌握制海权、20世纪掌握制空权一样具有决定意义”，所以最早把虚拟空间当作主战场之一，并将网络力量与陆海空军和特种部队并列，定位“网络攻击就是战争”。1993年建起培养信息战人才学院，民营机构被纳入作战体系，网络奇才被大量收编。情报信息部队于2005年整合完毕，以后又设立网军司令部统管，堪称世界最大的“黑客部队”。同年发布《信息战路线图》，战略意图十分明确。美军现有133支“国家网络任务部队”，其中有“媒体战”和专门处理“不利于美国及美军利益报道”的部队。2007年开始的“网络风暴”演习，到2010年“网络风暴3”时，作战想定已达1500种，目标是确保拥有可穿透任何网络防御系统的技术平台、确保他国无法突破美网络防御系统、在21世纪战争中保持绝对的优势。同时还明确，网络系统受到国外攻击将被视为战争行为，可以进行包括传统军事打击在内的报复。2015年，新任国防部长阿什顿·卡特宣布网络战争新战略，表示网络攻击已成为美国遏制某些敌国的重要手段，明确将“宣示政策”放在网络战争的整体行动能力的首位。2016年4月，宣布对IS发动网络战，首次公开将“网络攻击”作为军事作战任务下达，成为开人类先河的历史性事件。其后不久NBC报道，美政府指示中情局报复俄罗斯“干预美国总统大选”，准备发起史无前例的网络攻击……

对于“公开挑衅”，普京毫不示弱，并揭露说：这是美首次公开对另一国家做出的“如此高级别”的网络攻击威胁。俄罗斯尽管实力不如美国，但“双头鹰”的目光早已经放远，绝地逢生的特性在预测、应对和反击行动中不断释放。经历了格鲁吉亚、车臣、乌克兰和叙利亚等战场，俄军“新面貌”改革基本完成，也基本实现了“2015年达到苏联时期的军事实力”的目标。尤其在网络和舆论信息战方面，有过之而无不及。俄黑客在世界有极高声誉，南联盟战争期间，俄黑客为南黑客提供帮助，让美军“尼米兹”号航母计算机系统瘫痪了3个多小时……俄军给予网络信息战“第六代战争”的极高地位，具有“先机制敌、主动攻击”的理念，达到了很强的实战能力。

以色列网军经验丰富，“少年黑客帮”领袖埃胡德·特南鲍姆曾被特招，网军也曾在中东实战并取胜，某些技术超过了美军。德军建有高质量的网军“莱茵巴赫士兵”，受到世界广泛关注。英军建有运用社交媒体打心理战的“脸谱部队”第77旅，定员1500人之多；2016年调整军事条例，新征募500人，这些人无须测试体能、持有武器、驻扎海外和修剪胡须。法军在2015年，建立起一个全新的网络反恐宣传机构。日军建成“任何时间、任何地点、任何人、任何事物”都可联网的“4A”环境，设有5000人的“自卫队网络防卫队”和超级黑客加盟的“网络特攻队”，还有针对中国的“C国网客觉醒联盟”。印度网军覆盖各军种，特别是“闪光信使”、“第三只眼”项目的建成使用，进一步提升了网战优势。韩国网军1999年启建，每年国防预算5%用于“提高信息战核心技术”，在国内网络舆论及心理干预中也常常现身。朝鲜培养黑客和电子部队的“美林学校”（后更名平壤自动化大学）秘密成立于1981年，军队编制专业黑客先于很多国家。乌克兰信息政策部2015年初公开招募“网络战队”，任务明确为舆论信息攻防战……

2011年，北约曾召开“第24届北约联合高级心理战会议”，将“操控社交媒体”作为研究主题，在如何利用社交媒体，以及网络宣传的策略、技术和方法上，取得了一批重要成果。

“明天的一些最主要的战斗，将发生在舆论宣传的战场上”，托夫勒的这一预言又被言中。今天的主要对抗，已从烽火战场转到舆论信息场，“网络”成为名副其实的“主战场”。而且是全天候、全天时、全方位的不间断对抗的“最前线”。利用网络，将局部问题扩大成全局性问题，进而分裂国家、颠覆政权，是当今很多国家面对的最大威胁。最强“黑客”攻击的已经不是平台，而是人心，因为他们懂得，一个国家“精神高地”被拿下，这个国家和民族就在劫难逃……

我国对此高度重视，将“网络强国”作为一项国家战略。2016年10月，中共中央政治局专门学习研究，总书记明确讲到“加快提高网络管理水平、加快增强网络空间安全防御能力、加快用网络信息技术推进社会治理、加快提升我国对网络空间的国际话语权和规则制定权”等内容。其重要意义，在当今网络时代怎么说都不过分。

传媒技术看起来很发达了，但仍在不断刷新。速度更快、信息量更大、互动性更强的复合媒体不断出现。而每一项新技术自出现，也同时意味着开始落后，就如很多人还没弄懂传统互联网，移动互联网就出现了；3G手机还没完全会用，4G手机就来了，5G标准又要在2018年推出；还不懂什么是“WIFI”，又面临“LIFI”了；刚刚为“微博”兴奋，“微信”的活跃用户就有了几亿，成了“移动”社交软件里名副其实的“头牌”。而今“将来不需要手机了”的信息又开始流传了。有行家预测，未来的桌子、椅子，任何东西都可以作为终端使用，出门不用带手机了……多么不可思议——高技术武器从研制到形成战斗力要很多年，而信息技术开发和迭代速度远超动能武器，有的只要几个月甚至更短！

美国人马特·德拉吉1995年创办新闻网站《德拉吉报道》，初看像猎奇小报。1997年因最先发出“戴安娜遭遇车祸身亡”早于其他媒介七八分钟，让人刮目相看。第二年，《新闻周刊》记者迈克尔·艾西科夫写出克林顿绯闻稿件，却被东家封杀。经德拉吉推出后，轰动了世界。德拉吉因此被法新社评为“20世纪最具推动力和影响力的十大人物”之一。2005年伦敦地铁连环爆炸，市民亚当·斯塔西用手机拍下的照片，成为第一张被国际传媒刊发的新闻照片。“5·12”汶川地震，CCTV播放的第一段地震视屏，也是网友用手机拍摄的。2009年新疆“7·5”事件，媒介得到的最早信息来自个人微博。“石首事件”中，网民发布的信息不断更新，几乎是全程实时报道，而政府和官媒“首发权”基本旁落。

从1994年我国接入互联网至今，20多年有了长足发展。互联网普及率，截至2016年6月已经达51.7%，超过了全球3.1个百分点。今天，已经没有哪一起公共事件，不围满用手机拍摄的人、不被微博微信发布或直播。不管一次车祸还是一个道德指向，不管一次自然灾害还是一次冲突现场，自媒体都会搅得风生水起，说不准哪个机构、哪个人瞬间就会被舆论剑指。

2014年山西一警察滥权，如果不是群众拍摄现场并上网，因讨薪而死的农妇将无以申冤。2016年，雷洋的同学将其非正常死亡事件上传网络，深圳两姐妹也将警察违规执法录像上传……进而真相大白，公民对自身安全、对执法公正有了更深的关切。层出不穷的此类信息，放大着草根的力量，促发着民主意识觉醒和社会变革。国家计算机网络与信息安全管理中心有一个调查：87.9%的网民非常关注网络监督，93.3%的人遇到社会不良现象愿意选网络监督……尽管互联网还不能直接产生民主，但已经成功推动了民主，并促进社会文明的步伐加快。

网络赋予了包括战争的对抗以新的模式，实现战略目的，更多时候无须大动干戈、遍地狼烟了。舆论信息的博弈，越发神奇，越发撼天动地。这让人们脑洞大开，未来的战争、未来的舆论信息战到底是什么样？想象和探索也许是刚刚开始。但一“网”打尽天下，不但目标可期，而且为时不远……

第五章

“舆论信息战”在中国

如果我们确已认识到了真理，那么我们就应该为了传播它而发表议论，在传播真理中决不能乞灵于任何权力，而只能靠真理本身所具有的、富于理性的力量。

——罗素

光辉的战例是最好的老师。

——克劳塞维茨

据《中国兵书知见录》：中国历史上著录的兵书，现存的有3380部、23503卷……中华历史的长河绵延，经历了数千次残酷的战争，中国古哲先贤总结出的军事思想和智慧谋略也可谓卷帙浩繁。

中国军事思想内容很多，有一点比较突出，或有争议。这就是较多地讲求“和为上”、较多地强调“防守”，很少讲主动进攻，强调的多是后发制人。这与西方军事思想中重视“战为上”，更多地强调“攻取”有着明显不同。其中多少是战略和文化意义上的“消极”或“积极”因素，不是这里讨论的内容，因此不赘。但有一点无可质疑：“兼爱非攻”、“胜之不武”、“不战而屈人之兵”、“得民心者得天下”、“己所不欲，勿施于人”等思想，在人类文明发展中突显巨大价值和作用。

舆论信息战先驱的国度

中国曾是世界古代文明的五大中心区域之一。很早以前，中华民族就确立了民本、重德、贵和、正义、自强等文化根脉。但一部古代中国文明史，几乎也是一部饱经磨难的战争史。德国史学家斯宾格勒曾指出：“战争的精华，不是在胜利，而是在文化命运的展开。”这种“文化命运的展开”，在中国历史上体现得尤为明显。

中国历史有记载的舆论攻心战，可追溯到4000多年前的黄炎与蚩尤部落交锋的“涿鹿之战”。当时黄帝就注意到“师出有名”的不可或缺，以蚩尤

“不朝贡”为由开战，并命岐伯短萧饶歌，以建武扬德、激励士气。此战取得了大胜。

到了“禹伐三苗”又进了一步。禹帝专门组织战前誓师大会，阐明“苗蛮得罪上天、上天要我带你们去讨伐”，用以激励属下的战斗精神。之后的商汤，为灭夏桀发出著名的动员令《汤誓》，其中包括了兴师的原因和赏罚办法。周武王伐纣时也发出《牧誓》，历数纣王罪行，用道义鼓舞军士杀敌。《汤誓》《牧誓》都文辞简短、含义深刻，作用也极大。出师也都以胜利告终。

在中国古代军事史上，不仅“伐谋”“伐交”精彩纷呈，很早还出现了对战争行为的规范和约束。从虐杀俘虏到不杀俘虏再到优待俘虏；从攻城略地、玉石俱焚到尽量不伤及无辜、不毁坏财物……

《韩非子》记载，公元前600多年，宋襄公在“泓水之战”中坚守“规则”：不能攻击已受伤的敌人、不能擒获须发斑白的兵士、不能乘人之危、不能落井下石、不能突施袭击……宋军此战大败，宋襄公也因伤第二年死去。虽然有后人贬斥宋襄公“蠢猪式的仁义道德”，但从另一个角度反映了春秋时的战争文明，以及当时社会对“重和守信”、“和合包容”、“不战而屈人之兵”境界的贵族式追求。

古老的皇室文集《尚书》，是中国最早的史书，开篇就着重讲尧的“协和万邦”，体现了“以和为贵”的思想及对舆论攻心的思考。先秦儒家也提出了“仁战观”，把“仁义”作为判断战争性质的标准，把“王道”作为治国平天下的手段。

《左传》是先秦时期规模最宏大的史书，瑞典汉学家马悦然誉其为“世界文学中最精彩的著作之一”。书中记述的战争有483次。调集部众、鼓舞士气的鼓声曲调跃然纸上，“标举正义”、“止戈为武”、“人心向背”、“师出有名”、“取信于民”、“明耻教战”、“修德取胜”等思想熠熠生辉。人们在感受残酷战争的同时，也看到了舆论心战的威力和神奇。在“烛之武退秦师”里，郑人烛之武为挽救自己弱小的国家，围绕围攻郑国的秦晋两国利益，通过“夜哭”对秦穆公动之以情、晓之以理，最终使得秦穆公、晋文公先后撤军，化解了一场战争，促成了秦郑之盟。"郑人游于乡校"反映了一场"乡校是否该关"的争辩，子产揭示出"信息执政"的要义：制止议论就像阻塞河流一样，大决口造成的损害、伤害的人必然很多，是挽救不了的，不如开个小口导流，听取议论后当作治病的良药……

"世界第一兵书"《孙子兵法》，以及《军志》、《三十六计》、《百战奇法》、《三国志》、《武经七书》等典籍，从不同角度阐释了师出有名、崇尚正义的"义战思想"，以武力为后盾、征服精神的"全胜思想"，消除百姓顾虑、凝聚人心的"民志思想"，上下一心、同仇敌忾的"合众思想"，遵循"诡道"、惑敌视听的"谋略思想"。其中，"义战""人和"是取胜的核心，"全胜""有道"是战争的目的，"民志""合兵"则是保障和手段……这些军事思想至今光朗如新。

战国时期独领风骚的"思想家""纵横家"，称得上是"舆论信息战"实践的先驱者。在那个遥远的百家争鸣、思想竞芳的时代，对"尚和""不战"有着高度趋同——道家主张"无为"，儒家主张"仁爱"，墨家主张"非攻"，兵家强调"慎战"……

孔子、墨子、孙武、刘勰等大家的思想中，都包含有丰富而深刻的舆论攻心的组织和设计。孔子55岁之后，用10多年时间周游列国、推行儒家政治主张，实质上是一次舆论攻心的艰苦实践。他培养的弟子也都是这方面的高手，前面说到的他的得意门生子贡，为鲁国免遭齐国侵略而斡旋游说之效，被后人传诵至今。孔子因"弟子满天下，国君无不敬慕其名"。

孙膑"凡伐国之道，攻心为上，务先服其心"，管子"举之必义"，吴起"先和而遭大势"，《尉缭子》"兵者，以武为植，以文为种"及12种"文伐"手段等，都表明了中国古代军事谋略中"尚仁反战"、"重文轻武"立场，体现了"不战"、"慎战"、"正义战"的战争观，阐释了思想文化在军事博弈中的关键意义……这些被许多国家及军队孜孜以求地学习研究。

古时的"思想家""纵横家"，按今天的话说是最会"忽悠"的人。苏秦和张仪的连横之策，李斯的诸侯用间、范雎的远交近攻，以及墨子说服楚王的妙语、陆贾让南越王臣服的说辞……或将君王"忽悠"得言听计从、奉为上宾；或将敌人“忽悠”得云里雾里、不敢轻举妄动；或在“忽悠”中抚平战事、让双方重归于好；或“忽悠”着挑起战事、坐享渔翁之利……他们的才华展示着国家风采，所以他们也被视为贵宾、享受了最高礼遇，同时也成为“一人之辩，重于九鼎大吕”、“三寸之舌，强于百万甲兵”的绝好诠释。

但透过“风光”表象不难看出，他们绝不是普通的“说客”、简单的口舌之勇、“耍嘴皮子”混吃混喝。舆论信息的交锋，不仅在于智慧、思辨和技能，还在于胆识、血性和魄力。这一过程中的斗智斗勇，无异于在刀俎上舞蹈，稍有差池就会搭上身家性命。肩负的使命责任越大，风险和挑战也就越大。苏秦就屡遭他人毁谤，最终遭人暗杀身亡；郦食其在齐王听信其言时发觉“蛛丝马迹”，瞬间被烹杀。纵观历史，成也“忽悠”败也“忽悠”的，远远不止这两人！

诸葛亮躬身舆论攻心实践，赢得了一场场政治仗、文化仗、外交仗。他曾只身进入杀机四伏的孙权营垒，为刘备弃新野、走麦城、败当阳做出“大仁大义”的诠释。他沉着应对军师张昭的羞辱、武将周瑜的陷阱，用大智大勇和三寸不烂之舌，阐释目标愿景、战争伦理、治国方略和民族政策，促成了联吴抗曹的统一战线。他总结道：“夫兵者，有可见之兵，有不可见之兵”，“夫用兵之道，攻心为上，攻城次之；心战为上，兵战次之”……

古代中国此类故事传奇灿若繁星。以文学形式记载并传播的“不战而屈人之兵”的经典战例，构成了中华文明的重要内容。“草木皆兵”堪称完美的舆论攻心战。“四面楚歌”是世界上将音乐用于舆论攻心的最早的记录。韩信攻占赵国后收买民心、威慑布势，同时对燕国伐交攻心、宣扬汉威，迫使燕王不战而降。南宋将领檀道济讨伐北魏，叛将将粮草不足密报魏军，檀令兵士夜间以斗量沙、大声报数，将粮食遗撒路旁，诱导魏军放弃进攻并斩告密者……

中国古代的舆论攻心形式多样，榜、露布、揭帖、旗报、牌报、檄文、竹筹等，在当代的信息化战争中，仍然时常看到其影子。

古代中国曾是世界文明的中心、技术革新的中心，很早就重视从圣德天子、礼仪制度、中华上国三方面，塑造国家形象、向世界宣威。但近代的四五百年间，封闭的文明古国与开放的欧洲越来越不对称，思想碰撞、军事对决几无招架之力，核心传播载体“礼仪规训”失去作用，“天朝德威”在世界发展潮流中衰落了！马克思恩格斯对此作了深刻分析：“与外界完全隔绝曾是保存旧中国的首要条件，而当这种隔绝状态通过英国而为暴力所打破的时候，接踵而来的必然是解体的过程，正如小心保存在密闭棺材里的木乃伊一接触新鲜空气便必然要解体一样。”

世界上许多不大的王朝或国家迅速崛起之时，中国帝王却更加“自恋”、闭目塞听。1601年，意大利传教士利玛窦到京要见皇帝，自称来自“大西洋”。礼部右侍郎朱文恪上奏：“《大明会典》只有西洋国和西洋琐里国，而无大西洋，其真伪不可知。”1793年，乾隆对马嘎尔尼来访不愿行三叩九拜礼不爽，以及颁给英王“敕书”，成了欧洲嘲讽中国帝王无知自大的笑料。到19世纪的后期，宫廷士大夫们还在争论：“英吉利”是三个国家还是一个国家？还有记载说，西太后竟不懂“公海”与“内海”，不知道“海水是咸的”……最高统治阶层的境界和知识如此，理念落在时代潮流之后，怎么与世界打交道？靠什么吸引世界关注？更不要说在舆论对垒中争锋夺势了。

中国古代谋略思想曾有着传奇的色彩，但“重道轻武”“重仕轻技”“重谋划而轻诚信”的影响也流传甚远，以致后来“权谋术”成了一条主线，而且越来越“邪乎”，到晚清的时候已经荒唐至极。道光皇帝器重的“名将”杨芳，到广州抗英前线做副帅，使出的计谋让英国人瞠目结舌：降敌“法术”竟是女人用过的马桶，而且越脏越好。而英军“回敬”的则是排枪排炮……

在洋人的坚船利炮面前，中国民众的文化自信越来越少，西方文化及舆论信息，终于敲破了中国地理疆域和思想的藩篱……

“社会舆论帮了中共的忙”

这是蒋介石总结失败教训出自肺腑之言。“舆论宣传败给了共产党”，是蒋介石和他所有幕僚后来的共识。蒋还曾检讨说：相比于共军，自己的军队是“六无”之军……“六无”之首即是“无主义”。

近百年来，中国共产党从酝酿、诞生、发展、胜利到执政，都与传媒和舆论有着不解之缘。从某种意义上说，中国共产党就是以宣传起家、用舆论攻取天下……

清末民初，一批当时的先进知识分子，痛感国家和民族的贫弱和蛮夷戎狄的强大，其中有军事经济科技的反差，还有思想文化和传播的落后。他们认定，欲兴中华、启发“民智”，离不开学习、接纳和传播世界的先进思想。上海广学会出版的《泰西民法志》，首次出现了马克思、恩格斯的字样；江南制造局出版的《西国近事汇编》，出现“共产主义”概念。马列主义开始被中国接受……

戊戌变法时期，中国首现办报高潮。民国初年上海成为全国出版和文化的中心。1904年广州出现第一家民营通讯社“中兴通讯社”。1927年，中国最早的私人商业广播电台“上海新新公司广播电台”开播……

数百个号称追求中华民族利益的政党组织，为宣传自己的“救国方略”，拼起了舆论影响力。世纪之交，在外力的推动和刺激下，改良与革命思想的舆论大潮滚滚，对社会启蒙产生了巨大推动力。

“舆论骄子”梁启超当时有一句话：“欲觇国家之强弱，无他道焉，则于其报章多寡良否而已”。谭嗣同认为：“国愈胜者，出报必愈多。”邹容发表的《革命军》，被视为中国的“人权宣言”……

辛亥革命前，中国第二次办报高潮迭起，孙中山领导的革命派胜出一筹，在与保皇派论战大获全胜后搞起了武装斗争。正是武昌这块热土，完成了辛亥起义前最后的舆论准备，响起了推翻封建王朝的第一枪。

以后的北洋政府时期，中国历史上第一次解除了党禁、报禁。袁世凯的政治顾问里，甚至有一个英国《泰晤士报》的记者莫里森，袁对他十分赏识，一度下令将北京“王府井大街”改名为“莫里森大街”……

媒介对于中国共产党的诞生，起到了积极的促进作用。舆论宣传成为共产党事业的开篇先声。先进知识分子汲取资产阶级革命家办报的经验，各地共产主义小组积极学习并传播先进思想，推动了马克思主义与工人运动的结合。《新青年》、《每周评论》、《少年中国》等，是陈独秀、李大钊等进行舆论宣传的主阵地，《劳动界》、《先驱》、《共产党》，以及《星期评论》、《晨报》、《民国日报》副刊“觉悟”、《时事新报》副刊“学灯”等，也都出现宣传马克思主义的内容。马列著作译本在中国大地面世。

毛泽东少年离家，在进师范学校读书之前，大量涉猎世界思想家和历史地理书籍，20岁出头创办的《湘江评论》深深影响了很多青年人，被李大钊赞誉“全国最有分量、见解最深的刊物。”第一期印发4000份供不应求，第二期印了5000份。这在当时也算阅读量极高的了。也就是从那时起，毛泽东开始接受马克思主义。几乎同时，周恩来主编的《天津学生联合会报》，被舆论誉为天津的“新曙光”、全国学生联合会报之冠；同时，他还成立了“觉悟社”，主编《觉悟》杂志。

“五四运动”就是在各种思潮舆论的剧烈碰撞下爆发的。《新青年》、《每周评论》等，起到了重要的先导作用。五四运动也为中国共产党的诞生做了重要准备。运动爆发第二天，《晨报》、《京报》、《大公报》、《益世报》、《天津报》等媒体都跟进报道，影响了全国。各地的工人、城市小资产阶级纷纷加入，全国性的罢工罢市吸引了世界的目光。军阀政府慌忙压制舆论，查封媒体，逮捕了一批重要报刊的主编……

中国共产党一诞生，就承担起民族独立、人民解放的伟大使命，尽管最初的发声很微弱，却让民众看到了希望。工农运动、军事运动、学生运动随之兴起。毛泽东在湖南创办自修大学，设立新闻科，这与西方开展新闻专业教育的时间接近，开辟了共产党人领导新闻教育、培养舆论信息人才的历史。在瑞金成立的红色中华通讯社，是新华社的前身，也是中国共产党最早的新闻机构。而澎湃在广东组织的白话剧社，是党史上最早将文艺宣传与党的工作结合的实践。传播先进思想、动员民众精神、指导工农运动、推动国共合作、引领民主革命……一幕幕与反动派舆论信息博弈的“大戏”，在中国舞台上开始精彩上演。

曾经很多年里，共产党处在极为艰苦的条件下。国民党把持的国家宣传机器，将共产党丑化成红眉毛、绿眼睛，不要祖国、不孝父母，不要历史、不要文化，不敬师长、不讲道理，杀人放火、奸淫抢掠，共产共妻、人海战术，青面獠牙、十恶不赦的“恶魔”。不断编造出诸如“武豪等脱离共产党”、“匪首贺龙昨被枪毙”，以及“苏中大捷”、“华东战场势不可挡”、“中原战场乘胜追击”、“华北战场节节胜利”等无数谣言和谎言……在你死我活的军事斗争同时，共产党与敌人进行着斗智斗勇、殊死相拼的舆论信息诛杀。

《共产党》是中国共产党的第一份党刊，由李达主编。1920年11月诞生，第二年7月共产党成立后停刊。1922年，中共中央创办《向导》，这是第一份“立在舆论指导地位”的中央政治局机关刊物，由蔡和森主编。以后，又在国统区创建了地下报刊《布尔塞维克》、《红旗日报》，在根据地创办了“红色中华通讯社”及《红星报》、《青年实话》等报刊。苏区《红色中华》报、延安《解放日报》、重庆《新华日报》、延安“新华广播电台”、“新华通讯社”，都是党进行舆论宣传的中心平台。当时共产党的条件虽然艰苦，媒体多是油印或手抄报，但“声音”却有相当穿透力，在中华大地上悄然流传。国民党曾决定创办《中央日报》“延安版”，与共产党媒体对抗，但阴谋始终未能得逞。“新华广播电台”后来发展成世界四大电台之一的中国国际广播电台。《新华日报》被毛泽东称赞“抵得上党的一个方面军”。曾经创办《新华日报》“华北版”的何云牺牲后，刘伯承痛心至极，将左权和何云誉为难得的“一武一文”两员大将。《晋察冀日报》是党在敌后根据地创刊最早的党报，用8头骡子拉着设备在行军打仗中办报。为保护报社的安全，马兰村19名村民被日军屠杀。新华社和现存党报存世最长的报纸之一《大众日报》，分别出了150位、50多位烈士，可以说是世界上新闻工作者牺牲最多的通讯社和报社。

共产党的领袖在领导武装斗争的同时，常态之一就是为媒体撰文，宣传党的思想和路线方针政策。毛泽东从少年开始，胸中的激情就通过文字奔涌不断。战争年代写稿最多时一天达三四篇，被誉为“新华社首席记者”。他曾彻夜撰写出5万字的《论持久战》，发表后在国内外引起强烈而持续的反响，成为全民抗战的“指南针”“强心剂”。20世纪末，还被西方学术机构评为“影响人类历史的十大军事著作”之一。抗战胜利后，毛泽东与安娜·路易斯·斯特朗关于“一切反动派都是纸老虎”的谈话，武装了共产党人，增强了人民斗争勇气和夺取全国胜利的信心。“纸老虎”也成了一个世界流行词汇。毛泽东用毕生精力创建科学理论，《毛泽东选集》159篇文章中有112篇是在战争环境下写的，不仅造福了中华民族，还被许多国家政治家和民众视为人类的精神财富。1972年，基辛格当面告诉毛泽东，自己在哈佛大学教书时就要求学生研究毛泽东著作。邓小平主办过红军第一张中央级报纸《红星报》，这是用4只铁皮箱能装起所有设备的“红军喉舌”。他还亲笔修改过106篇《人民日报》社论。朱德率先使用“宣传战”概念，指出必须“在文化运动和宣传战中战胜日本”。周恩来长期重视舆论宣传，在“六大”前后担任党的实际领导核心时，将完整总结的井冈山斗争经验，通过中央机关报《红旗》、《政治通讯》向各根据地和红军宣传，推动了全国农村根据地创建和革命形势的发展，党内掀起了一股学习井冈山和毛泽东的热潮。“皖南事变”爆发后，他在《新华日报》被国民党扣稿的“天窗”里，愤然写下“为江南死难者致哀”悼词和“千古奇冤，江南一叶；同室操戈，相煎何急”的挽联，并带领工作人员上街分发报纸。这一“反检”壮举揭露了国民党顽固派的阴谋，赢得了民众对团结抗日的理解和支持。陈云1935年在上海期间，假托国民党被俘军医“廉臣”名义写下《随军西行见闻录》，宣传红军长征壮举。罗荣桓担任115师政委兼政治部主任时，视《战士报》“一个铅字比一颗子弹还重要”，为该报写稿成为常事。抗战中牺牲的新四军最高将领彭雪枫，在豫皖苏敌后根据地创办了《拂晓报》，并为该报撰文60多篇……

1936年2月刚刚结束长征不久，毛泽东亲率红军渡过黄河，到华北抗日前线对日作战。途经陕北清涧袁家沟时触景生情，写出了《沁园春·雪》。十年后重庆谈判期间，毛泽东重新题写此诗送给柳亚子先生。重庆《新民报晚刊》刊出后引起轰动，用美国记者的话说：“毛泽东的这首词震惊了重庆文坛，那些文化人以为他是一个从西北来的土宣传家，而看到的却是一个在哲学和文学方面都远远超过他们的人。”这首笔挟风雷的千古绝唱，掀起了一场舆论大潮。蒋介石交代中宣部和陈布雷，组织文人墨客以“唱和”的名义将其影响压下去。但最终也无法盖过毛泽东的强大“气场”，反而起到了宣传共产党及其军队的作用……

其实，在《沁园春·雪》发表前一个多月，毛与蒋还有过一次未见诸报端的、有趣的舆论交锋——

需要强调一下当时的背景。日本投降后，蒋介石一方面秘密调兵遣将准备与共产党决战，另一方面却竭力表现“和平诚意”，三次电邀毛泽东“和谈”。面对这场战略决战前的思想博弈，毛泽东挺身而出、冒险赴渝。老政敌真要来了！老蒋心里很不是滋味，不得不精心准备。毛泽东到达重庆后，蒋在官邸林园安排了一场宴会，请吃的人不多，安排的记者却不少。餐后的记者招待会，是这场“鸿门宴”的重头戏。美国记者一开始就抛出了蓄谋已久的问题：“蒋先生和毛先生都是杰出的军事家，请问，领军作战的‘精要’是什么？”之前美军顾问和幕僚已为蒋准备下论文，蒋早已烂熟于心，就等着此时露一手了。老蒋微笑着侃侃而谈，从新兵征集到军官培养，从机械化装备到后勤补养，从战略到战术，连舆论攻心都讲得头头是道，足足20多分钟。恭维的叫好声、掌声四起。蒋介石得意地邀请毛泽东，他实在想不出还能讲什么能超过自己。毛推辞不过，用浓重的湖南话娓娓道来：“刚才蒋委员长讲得很好嘛，我呢，就简单讲一下，只有3句话。第一句：在井冈山的时候，我带着两三千兵，这时我就把自己当成一个‘兵’，每次打仗，都冲在最前面。士兵们受到了鼓舞，接连打胜仗。第二句：长征的时候，我领着三五万人马，这时我就把自己当成一个‘将’，每次打仗，我都藏在队伍中间，协调各部队机动作战。第三句：抗日战争期间，我领导着几十万的军队，这时，我就把自己当成一个‘帅’，每次打仗，都躲在最后面。我整天只考虑一个问题，这些士兵中谁可以当‘将’。我用的是土办法，不过，实践证明，都很实用嘛！”话虽不多，却内涵丰富，令在场的记者、卫兵、工作人员听入了神，使劲鼓掌喝彩。蒋很不自然地苦笑道：“润之，说得不错，好……”饭后，陈诚呈送《中央日报》新闻稿让蒋把关，蒋摆摆手：“不过都是酒后戏言，而且是私宴，不必报道了。通知各家报社，都不必报道了。”这场PK虽未见报，却在社会流传开去。重庆谈判期间国共一系列舆论交锋，让听惯了国民党宣传的民众看到，共产党领袖绝非“山大王”，而是有着“武能指挥打胜仗、文能走笔著华章”的雄才伟略。

毛泽东充分利用舆论信息武器，但也很早注意到其中的“陷阱”和“双刃剑”。他指出：在与敌人的论战中，没有必要多用辩论，只要“忠实地报告我们革命工作的事实”就可以了。1929年中央《宣传工作决议案》规定：“特别要注意迅速答复一切反动的宣传”，“党的宣传不注意迅速答复敌人反动的宣传，或认为不值得辩驳答复，而任其在群众中自由传播扩大影响。这些弊病都必须加以切实纠正。党必须艰苦工作，以夺取反动势力下的群众，必须对反动派每一欺骗群众的企图均迅速地加以有力的打击，只有这样，才能使广大群众都站在党的旗帜下，与反动派奋斗。”这些思想，就是在今天仍有着十分重要的意义。

毛泽东还严厉批评过新华社太行分社、苏北分社、山东分社和晋西北分社背离党性的宣传内容，纠正过《解放日报》夸大原子弹威力、为外人制造舆论的错误做法，还要求《参考消息》对无根据地乱安文章题目，帮助美国人恐吓中国人的错误加以整顿……

需要发布信息欺骗敌人，毛泽东也非常注意时机，把握内容分寸和话风语风，以免误导群众、损害党的形象。1948年蒋介石电令傅作义派20万部队偷袭石家庄。当时国共主战场在西北和东北，中央周围的部队仅1万多人，毛泽东撰写了《紧急动员一切力量准备迎击匪军进扰》的新闻稿发出，揭露了敌人的阴谋，宣示我军已经做好了抗击的准备。傅作义看到后以为阴谋败露，慌忙撤走了重兵。危在旦夕的石家庄，因为毛泽东一篇只有470字的精彩短文而免遭战火。今天再看这篇“一纸吓退十万兵”的文章，分寸把握恰当，没有一句假话，满篇的大道至简、正义沧桑。

在主义纷呈、党派林立的环境里，在艰难困苦的战争条件下，为什么共产党的声音能深入人心？为什么只有共产党能赢得全国人民的拥护？这是曾经悬在许多人心头的问题。

斯诺亲见后记载：毛泽东的家当仅一卷铺盖、几件随身之物，周恩来和士兵一样睡着草席土炕，朱德用着马尾制成的牙刷，彭德怀穿着用降落伞改制的背心。“苏区干部好作风，自带干粮去办公。日着草鞋干革命，夜打灯笼访贫农”，以及“当官不像官”、“勇于牺牲奉献”、“用民生目标动员群众”等，都是极其重要和宝贵的经验。当时党的宣传也十分讲究艺术，形式生动活泼。傅雷亲耳聆听毛泽东讲话后在《家书》中描述：“他的马克思主义是到了化境的，随手拈来，都成妙谛，出之以极自然的态度，无形中渗透听众的心。讲话的逻辑都是隐而不露，真是艺术的高手……”

新中国成立之初，西方政客及舆论都不看好，预言共产党的天下坐不了几天。于是，一场保卫新中国、新政权的舆论信息战开打。围绕“新中国政府是代表中国人民的唯一合法政府”的宣传，让世界认识了国民党政府丧失了代表中国的法律和事实依据，唤来了世界正义力量的支持。美国国务院炮制出《美国与中国的关系》白皮书后，毛泽东亲自撰写《别了，司徒雷登》等多篇文章，揭露其政策的反动本质和欺骗性。通过抗美援朝和发展经济的宣传，新中国的形象逐步树立……联合国也不得不对中国敞开大门，美国的“封锁”政策最终告败。

60多年来，新中国在世界各地建立起数百个媒体分支机构，中国新华电视网（CNC）有了24小时环球英语电视新闻台和多语种节目，全球100多个国家可以接收到CCTV的节目，纸媒报刊有多种外语版本，短波频率是世界最多的国家之一……中国媒体的声音和影响力今非昔比，在历史上是空前的，而且伴随着国家实力的增长正在不断加强。

解放军的“两支大军”、“两种武器”

以舆论信息为重要武器，进行政治斗争、夺取军事胜利、争取民众支持、树立英武形象……伴随着解放军的诞生、成长和发展壮大，成为重要的政治优势，并彪炳于人民军队的史册。

对于外军来说，解放军简直是“百战百胜”：大规模的战斗，败仗仅10次，胜仗却超过400次。为了探个究竟，发达国家及军队用先进的技术手段进行分析，用沙盘、兵棋复盘我军历史上一次次的战役战斗……但无论如何也“推导”不出、搞不明白，这支最初只有800多人、打着农民和旧军队的胎记、在很长时间里衣衫褴褛、使用原始落后武器的军队，为什么能艰苦奋战而不溃散？

为什么能打败国内外强敌？为什么能改变中国的面貌？

在抗美援朝战场上，我军第38军装备极其落后，却超越极限连续作战14小时，以平均每小时进攻5公里之速，打垮韩第7师、土耳其旅、美25师、美骑1师、英28旅。被世界舆论赞誉：步兵从未有过的辉煌！就连只飞过几十小时战斗机的中国飞行员，面对参加过世界大战、飞过几千小时的美空军“王牌”，也敢于“空中拼刺刀”，愣是把对方击落……解放军就是这样一支神奇的军队，官兵冲锋陷阵、流血牺牲都是自觉自愿的，从没有什么“督战队”和利诱威逼。同时，这支军队还是一支世界罕见的善于做群众工作的军队，其信仰和力量，对于国家和民族精神的塑造，也起到了难以估量的巨大作用。

当访问了中国、真正了解了这支军队，二战名将蒙哥马利元帅断言：只有傻瓜，才会选择在地面上与中国军队交手。有“军神”之称的麦克阿瑟，临终前一年也留下“善言”：“谁想跟中国陆军打仗，一定有病。”……

中国人民解放军到底有什么样的文化与精神？

这可以说是“东方之谜”，也是世界之谜。一位经历过朝鲜战争和越战的美军将领说，我们美军并不怕你们中国的现代化，也不怕你们有多少尖端武器，因为不管你们发展多快，赶超美国尚需时日。我们最怕的是，你们在战争中依然运用毛泽东的战法。西点军校研究人员评论：“不堪设想，假如有一天不得不打的话，我只能祈望那时的中国军队不再有太多的毛泽东色彩。”正因为如此，不少外军军官铭记穆罕默德的名言“知识虽然远在中国，也当求之”，不懈地探访着这支“毛泽东化”军队的成长壮大之谜。

其实，这个“谜底”并不复杂。曾指挥打赢上甘岭战役的秦基伟将军解释：“上甘岭战役是一场特殊的战役，它既是敌我双方军力的较量，又是两种世界观、两种价值观、两种思想体系的较量。”毛泽东对这个“谜底”诠释得更生动形象、言简意赅：“共产党是左手拿传单、右手拿枪弹才可以打倒敌人的”；“笔杆子、枪杆子，夺取政权要靠这两杆子”。“我们有两支军队，一支是朱总司令的，一支是鲁总司令的，即手里拿枪的军队和文化的军队。”武装的军队、文化的军队，让毛泽东巧妙地融为一体、出神入化。这番话既表达了中国人民解放道路的艰辛和探索，也是对我军建设及舆论信息战的生动表述和总结。

关于解放军的思想、文化和精神，完全可以单独著述成书。以下仅对我军从诞生到新中国成立之初的“舆论信息战”，做提纲挈领的简要回顾——

坚持政治思想建军。党指挥枪、用先进理论武装官兵，是我军最大特色和政治优势所在，也是最重要的优良传统。成军不久的“古田会议”，让这支前途未卜、处在围追阻截中的弱小军队开始有了“魂”，有了坚定的信仰和追求。会议同时奠定了红军舆论宣传的基调，明确了宣传工作是红军第一个重要的工作，任务是扩大政治影响争取群众，党员干部、士兵和广大群众是先进理论和文化的传播对象。同时提出了至今仍在用的工作方式：对党员干部主要采用教育的形式；对士兵主要采用政治训练的形式；对群众主要采取宣传的形式……红一方面军长征出发时八九万人，到达陕北时减少到8000人，大致只相当于一个步兵师。而且日均跋涉74里，几乎每天都有遭遇战。在艰苦卓绝中，红军将士却乐观刚毅地用法语唱《马赛曲》，用德语背诵《共产党宣言》，宿营时跳《水兵舞》……坚定的信仰追求，使得长征成为人类历史上的一个奇迹，红军不仅完成了战略转移、冲上引领中华民族抗日作战的第一线，同时还起到了前所未有的宣言书、宣传队、播种机的作用，成功地向中国和世界传播和激扬了红军的理想信念和精神文化。

围绕中心任务宣传。红军一出现就不是单纯为打仗，在每个阶段都有明确的奋斗目标。同时把舆论宣传作为实现目标的重要手段。毛泽东始终强调，宣传工作是全党的任务、全军的任务，“我们的一切工作干部也是宣传家”。土地革命时期，上设宣传部、敌工部，下有宣传队、宣传兵，每个人都自觉当“宣传员”。群众工作是建军之初就确立的三大任务之一，也成为区别旧军队的最鲜明标志。聂荣臻元帅回忆：“试问我们的每一个红色战士，为什么要当兵，他们都会回答你：‘为了打土豪分田地，再进一步问他，他会回答你：‘为了苏维埃新中国！’‘只有苏维埃才能救中国！’更进一步问，他会回答你：‘为了实现共产主义！’”正因为政治工作始终是军队的“生命线”，宣传鼓动紧紧围绕党的目标和中心任务展开，广大官兵才懂得当兵打仗不是为了他人，而是为了自己、为了人民，从而保持了闻战则喜、舍我其谁、英勇无畏、一往无前的战斗精神。

从斗争实际出发。红军早期的舆论信息战，既无经验可循，也没有现成的教科书，只有向实践学习，在战场上创造。针对敌人和战场实际情况，灵活机动地创造出许多有效的手段、战法和战例。简短易懂、便于记忆，一直是红军宣传的基本特色。古田会议提出"宣传文字要简短，使他们顷刻能看完，要精警，使他们一看起一个印象……"领袖对此身体力行。针对工农干部对"根据地"不理解，毛泽东讲课道："我们一天到晚行军，走累了就要坐下来歇歇，而人要坐下来就得有屁股，根据地就是我们的屁股。人没有屁股就得累死，革命没有根据地也无法坚持长期斗争。"一语中的，战士们茅塞顿开。他经常说，如果只用大炮和机关枪跟敌人打，那么，我们打不过国民党。我们要注意用宣传工作跟敌人做斗争，一张张传单，一条条标语，要比机关枪和大炮厉害得多！他还手把手地教战士怎样把传单粘牢。三卷《邓小平文选》多为千字文，超万字的不到十篇。我军各时期的宣传口号，如"打土豪、分田地"；"抗战、团结、进步"，"支援前线、保卫家乡"；"打过长江去，解放全中国"；"抗美援朝，保家卫国"；"提高警惕，保卫祖国"、"丢掉幻想，准备打仗"……都是官兵和群众听得懂、容易记、能入心的大白话。

务实而高效。在前沿阵地、行军途中和宿营地，我军宣传工作十分活跃。宣传队、战斗剧社、文化大队成为传奇。《古田会议决议》将唱革命歌曲，规定为对士兵进行政治教育的方式。连队的宣传兵行军，可以不背枪、不服勤务，每到一处，就手持红旗及标语传单向群众宣传，提上木桶在墙上书写红军标语。曾任总政文化部副部长的胡可将军回忆："配合部队政治宣传，发动群众，不仅是文化活动，更是一场战斗，我们带着手榴弹上台，随时准备牺牲，这是现在无法想象的。"朱德之妻、26岁的伍若兰是红四军宣传队队长，经常手握毛笔、身背双枪，是有名的"双枪女将"，在掩护部队时被俘，惨遭敌人斩首！我军的宣传鼓动能够有"神效"，离不开这些人的精神感染力。1932年，红四方面军包围皖西苏家埠，山歌队高唱《白军兄弟好可怜》、《劝白军》，引发饥饿难耐的白军士兵哗变，苏家埠不战而得。八路军"烽火剧团"慰问国民党17路军，赵寿山将军及属下感慨：一场戏比政治课还管用！鲁南军区新建一个连队，14名骨干用12天转化了75名俘虏兵，首次参战告捷，以后又屡建奇功、英雄辈出。一名指导员改造一个起义连、几百人改造敌军几万人并不少见。我军像一个“火炉”，将无数敌军官兵“熔化”。一次忆苦思甜、一场活报剧、一首军歌，能让解放兵来不及换军装就勇敢地冲上前线，有的成为人民功臣，全军著名战斗英雄王克勤就是其中之一。在抗日战争、抗美援朝战场上，以促使敌人思家厌战、减少对抗行为、削弱战斗力为舆论攻心目标，将军官和士兵、美军黑人和波多黎各人分别对待，针对性地启发民族觉悟和反战情绪，取得了很大成功。英国传教士吉奥弗里·吉尔，在西藏因间谍罪被我军逮捕，他曾立志给中国人“洗脑”，没想却口服心服地被解放军洗了脑，后来写出一本《就是铁门也会被打开》……

手段形式多元。在我军战士手里，竹叶可以变为传单，陡峭石壁可以刻上大字，标语涂上桐油能顺江飘到敌占区，山洞地道也能发出油印小报，行军路上可以诞生歌曲、漫画和活报剧……周恩来将黄埔军校宣传队、“血花剧社”的经验运用到红军，和聂荣臻、罗荣桓、罗瑞卿等人编戏并演出。红军最早的话剧《年关斗争》是方志敏创作的。钱壮飞也写过不少剧本。红军长征离开苏区前，瞿秋白组织的告别演出成了一段悲壮军史，五个话剧在老区人民心中埋下了红色种子。红军时期宣传小报达70种以上，基层配发“红色战士读本”。抗战时，部队和根据地的报刊最多时达700多种。解放战争时，为配合东北野战军入关，我军为对太原守军“围而不打”，传单、喊话、节日宫灯和白面馍成了“武器”，半年瓦解阎军3万人，其中成建制投降的占四分之一。抗美援朝时，志愿军散发宣传品6000多万件，官兵手上有中英朝文对照的对敌宣传“代言卡”；前沿建有30多个大型广播站，部队也小型宣传站，数百名外语翻译战斗在一线；“和平信箱”“战地音乐会”“圣诞礼物”等攻心手段，都取得很好效果。1952年中秋节到圣诞节的几个月里，俘虏中四成是听喊话后投降的，大量美军士兵开小差，战斗力迅速下降。对台舆论攻势保持了多年，海峡之声广播电台是我军在全国唯一的专业对台广播。一些部队配有高空气球空飘站和传单编辑部，编制专业人员和先进的广播装备，“九头鸟”大喇叭发出的声音，成了金门守军和民众的期盼。受宣传引导，冒险以泅渡、驾机等方式投降的国民党官兵不断。曾有报道，国民党27师师长林初耀从广播中听到母亲声音和妻儿情况，思想也发生动摇，被蒋经国迅即调离前沿。

充分利用敌方舆论。1935年9月是红军最困难的时期，毛泽东经常交代先遣侦察分队，注意收集国民党的报刊资料。先遣侦查连在哈达铺找到了一批旧报纸，一份两个月前的《大公报》上有阎锡山的讲话：全陕北23个县无一不被赤化，完全赤化者8县，半赤化者10余县；陕北赤化人民70万，编为赤卫军者20万，匪军长刘志丹辖3师，枪有万余；徐海东的红二十五军北出终南山口，威逼西安……阎锡山不会料到，他的信息对中央红军的“贡献”极大。据此，中央做出了改变红军和中国前途命运的重大决策：把陕北作为长征的最终目的地。敌人的舆论宣传不仅成了我军情报的重要来源，还为官兵思想教育提供了生动的反面教材，帮助官兵认清敌人本质，不断增强必胜的信念和斗志。

高度重视外宣。红军多次组织国内外记者进入陕甘宁边区采访，通过他们打破国民党的新闻封锁，提升共产党的影响力，并建立起与世界联系的纽带。毛泽东与埃德加·斯诺的谈话，是中共第一次系统阐述国际统一战线和对外关系方针，也是第一次对世界坦陈主张并展示形象；与贝特兰的长谈，提出了“中国抗战不但为了自救，且在全世界反法西斯阵线中尽了它的伟大责任”。斯诺在伦敦出版《红星照耀中国》（即《西行漫记》），两个月再版4次，发行十几万册。罗斯福、尼克松、克林顿等人，在对华政策上都深受此书影响。同盟国记者团访问延安，国民党派员随团监控，但“中立”的外国记者通过采访几乎出现了“一边倒”。爱泼斯坦的《中国未完成的革命》、斯特朗的《人类的五分之一》、史沫特莱的《中国在反击》、海伦·斯诺的《续西行漫记》、卡尔逊的《中国双星》、贝特兰的《华北前线》、斯坦因的《红色中国的挑战》，以及《延安使命》、《美国观察组在延安》等发表后，都成为世界认识中国共产党及军队的窗口，让“未来的中国属于中共”渐入人心、逐成共识。爱泼斯坦等人甚至申请加入了中国国籍，成为中共党员。抗战时期也是海外华人媒体发展高潮期，毛泽东多次会见华侨记者黄薇，通过她卓有成效的工作，在海外华侨中营造起有利的舆论环境。党在巴黎创办的《救国时报》遍及欧美亚43个国家和地区，发行量达2万多份，《华商报》《远东通讯》等在香港和东南亚华侨中影响也很大。1944年，“中外记者西北参观团”和毛泽东会面后，现场观看了八路军和民兵在山西前线对日作战，并与伤员直接交谈……四个月的采访，形成了一批反映共产党领导的抗日战场的真实报道。美国政坛曾激辩“到底该支持中国的哪一方？”代表国民党的林语堂说：“共产党只关心吃饭问题，他们不会治理国家。”采访过延安的史沫特莱驳斥：“你听说过中国共产党人跑到美国来享福吗？你见过有一个共产党人在美国购置产业吗？”在国内外舆论宣传下，延安成了无数人向往的“圣地”。1938～1939年间，就有6万多名学者、艺术家和青年学生奔赴延安，以致800里绵延山路常现首尾相连的奇观。印度援华医疗队长爱德华惊叹：“奇迹！奇迹！简直就是20世纪中国的耶路撒冷！”1940年“百团大战”，八路军救出2个日本小姑娘，聂荣臻派人将她们安全送到日占区，并给日军官佐修书一封：“我八路军本着国际主义精神，至仁至义，有始有终，必当为中华民族之生存与人类永久和平而奋斗到底。”时隔40年，解放军报记者撰文《日本小姑娘，你在哪里》，引来小女孩之一美穗子面谢聂帅，后续报道震动了日本。曾有外国记者问中国抗战成绩，毛泽东回答了三条，其中一条是“唤起了国际舆论的同情，国际间过去鄙视中国不抵抗的，现在转变为尊敬中国的抵抗了”。

重视“点对点”攻心。早在1924年，中央扩大执委会就确定：“应当做国民党军队里的有规划的宣传，使在‘军人’手里的兵士变成真正拥护民族解放运动的战士。”古田会议提出：对白军士兵及下级官长的宣传非常之重要，以后要注意下列方法：宣传文字要简短，使他们顷刻间能看完；要将传单存储于沿路党部及群众机关手中，候敌军经过时，巧妙地传达给他们；从俘虏官兵及邮件检查中，调查敌方官兵的姓名及所属部队番号，邮寄宣传品去，或写信给他们。解放战争时，国共将领多曾相识并有旧情，或兄弟，或师生，或同窗，或故交，或乡亲。我军攻心重点放在这些人身上，晓之以理、动之以情，收到了“鲁仲连以笔为剑下聊城”般的奇效。毛泽东亲笔给国民党军政要人写策反信，有记载的就有数十人之多。包括宋庆龄、张学良、杨虎城、李宗仁等在内的国民党战略级人物，都是通过“攻心”争取而来的。新华广播电台反复播放《敦促杜聿明等投降书》，促使1.4万名国民党官兵缴械投降。国民党师长黄子华，被刘伯承、陈毅的信深深打动，随即率部众投降。徐向前感化中学同窗、国民党上将赵承绶，使其在太原战役中发挥重要作用，劝降瓦解了阎锡山的大量部队……

化敌为我所用。抗战初期毛泽东就剖析了日军心理，认为我军对其杀伤较多，而俘虏不多，主要是由于日军“过去没有打过败仗而形成的自信心，其对天皇和鬼神的迷信，其骄傲自尊，其对中国人的轻视等等特点”。他认为，日军是可以瓦解的，因为他们是不义之师，背离了民心。八路军印发了100多种300多万份宣传品，不少日军士兵偷偷收藏《日本士兵之出路》小册子，抄录我军宣传内容。日军文件记载：“因为华军的反战宣传，总觉得士兵的思想似乎起了动摇，实在难于指挥……在中国军队的宣传品中，有些话实在令人心悦诚服。”八路军办的日本工农学校、反战同盟华北联合会等，成效十分显著。不少日军被俘人员成了我军宣传战线及航校、工厂、医院建设的骨干。国民党少将徐复观曾与毛泽东、朱德和刘少奇等多次长谈，研读了大量中共文献，他在《观察报告》里直言：“如果不思改过，共产党将会夺取全面政权”。这个昔日老蒋重臣，用在延安半年的耳濡目染，影响了一大批国民党要员，后辞职移居海外。解放战争中，王耀武、范汉杰、郑洞国等原国民党将领，都通过我军广播发表讲话，动员国民党官兵认清形势、放下武器。据统计，红军初创到1931年歼敌51万人，其中近半数是投诚或俘虏的；抗战时期歼敌171万，其中起义和投诚的有70万，1942年日军向八路军投诚的占7%，1943年就达到48%；解放战争期间，有188万国民党军队官兵投诚、起义、接受改编，其中将官就有1500余名。华野的“即俘、即补、即战”的经验在全军推广。在抗美援朝战场，我军利用900多战俘的录音讲话，对联合国军及所在国施加舆论影响，引致两起美军百人以上整建制投降，以及21名美俘、1名英俘和328名韩俘拒绝遣返。美媒认为：这是对“自由世界”和“美国生活方式”的一个沉重打击……

筑牢思想防线。我军经历了无数艰难困苦和惨烈战斗的考验，同时在宣传与反宣传、渗透与反渗透、瓦解与反瓦解斗争中，磨砺出了坚强的战斗精神和刚毅的心理品质。各个年代涌现出许多英雄模范，通过各级的总结宣传，成为官兵的人生楷模和精神动力。人民心目中“最可爱的人”的形象，因此也不断增光。美国政府喉舌“美国之音”，曾用42个短波和3个中波、多民族语言策反我军官兵，台军对我心战策反始终没有停止，境外组织机构以各种形式渗透。尽管在不同时期意识形态的博弈斗争中，出现了一些让这支军队蒙羞的军贼、叛徒、蛀虫、异类和小人，但尘埃终不能掩去金子的光泽，没有什么可以改变这支军队的性质、宗旨，更没有谁能否定其历史地位、现实作用和整体形象。在十八大后“新古田会议”的指引下，经过固本培元、扶正祛邪，新一代官兵正在筑牢思想和心理防线，将优良本色和光荣传统深植心中、融入血脉……

第六章

舆论信息战不是军人的专属

我们确认到一点就是，仅仅动员人力和物力是不够的，还应该有一个舆论动员……很明显，对舆论的政府管理是大规模的现代战争无法回避的必然结果。

——拉斯维尔

网络在结构上的最大影响是分权，人和事都不再依赖一个中心彼此连接。

——埃瑟·戴森

在战争的词典里，“人民战争”有着最为丰富的内涵。人民战争自古象征着正义，也是我军制胜的根本法宝。到了媒介和信息时代，人民战争的理论没有过时，但内涵和外延都在发生着新的变化。随着信息技术的高速发展，“所有媒介参与、人人都能加入”的新鲜景观，使“人民战争”更加宏伟壮丽、丰富多彩。

新媒体令“全民皆兵”

美军新的《联合作战理论》有一句话耐人寻味：“在空中、地面、海上和太空实施全维的作战行动，以占压倒优势的力量，从每一个可以想象的方面和方向对敌发起攻击，以震撼、击溃和迅速打败敌军。”

作为未来主要战争形态的“网电战”，西方研究人员这样描绘：包括计算机辅助作战和网络攻击的网电战，没有了等级差别，力量由国家向个体迁移……而这种新形态“个体”，就是无处不在、无时不有、无所不能的全新的战斗力及战争潜力。

1994年4月20日，中国通过一条仅64千比特/秒的网线，接入了国际互联网……而22年后的今天，中国已有了全球最大的4G网络，网民超过7亿，网站数400多万家，传媒增长率近年保持在每年15%左右，远超世界5%～6%的增长率，中国成了新媒体用户世界第一大国。

网络新媒体自媒体展现着前所未有的渗透力、负载力、传播力和影响力。

从舆论信息战的视角看，这些新媒体自媒体的互动性、攻击性十分强大，“双微”（微博微信）“火力”无所不在，密集交织，所向披靡……而媒介和网民，也因此成了当代战争和各种博弈的重要资源和依托。

如果说，“烽火战场”还是机械能量的累积释放，攻击目标要受到很多限制，但网络出现后则彻底改变。网络信息的攻击，不仅可以“点对点”，还可以“点对面”、“面对面”、“面对点”，并且集约精准、不受时空的限制。这种攻击能力的多元化和多样化，是信息化战争与机械化战争的本质区别。双方战斗力很难再以简单数量比对，战场也没有了前方后方、前沿纵深之分，更无进攻防御的界限。曾经专业人士才能做的舆论信息的处理，成了全民可以参与的“游戏”。舆论信息战也不再神秘，对抗攻防也变得如影随形、易如反掌。

战争动员历来是国防的重大课题。动员力强，才有可能改变实力对比、胜券在握。在信息时代，烽火战场多被思想文化的博弈取代，这种斗争是全民参与的无国界的博弈，本质上有整体性的征服与反征服的特征。如此形势下，什么是最有效的“战争动员”？如今有了答案：网络+信息技术+舆论信息。Facebook能汇聚起13亿用户，并使得他们难以舍离。微信软件，已经让近10亿人爱不释手、难舍难弃。今天的网民，可以说都是潜在的战斗力，人人可以动起手来，将信息的“子弹”射向全球的任何地方、任何人。这种景致，是以往历朝历代想象不到的，更是做不到的。

麦克卢汉在20世纪70年代展望：“第三次世界大战将是一场信息游击战，军队和平民参与者之间的界限不复存在。”一位日本学者在《军事革命带来了什么——2020 年的战争样式》一书中断言：“战争的平民化是世纪战争的重要特点。”信息时代的“舆论信息战”，事实上已经模糊了平战之分，消弭了军民界限，让“战争”不再是军人的专属。

海湾战争前200年间的大规模战争，参与作战的承包商员工与作战人员之比是1：6～1：3。而近年来的局部战争，这种情况发生了很大变化，乌克兰危机中的非军事作战人员，与军事作战人员之比达到4:1，而且非军事人员中多是软件、技术和媒体人才。2004年，美国防科学委员会提出报告，其中写道：应当将国家政策统筹起来……在机构间、政府和私营部门间展开二战以来最为广泛的合作，运用国家力量中的所有元素打赢当前的“思想战争”。

美军方与媒体的关系不仅密切，且源远流长。“美国新闻工作者之父”李普曼，在一战时就参与制造传单。二战时期，政府将好莱坞列为“军事工业”，并为其规定了5项任务：揭示美国为何参战，反映美民众的意愿，促进美国内的工作和生产，提高美社会的道德水平，宣扬美军功绩。好莱坞为此不遗余力、不负厚望。著名的军火供应商通用、西屋分别是全国广播公司、哥伦比亚广播公司的后台老板。2015年5月，美国防部长阿什顿·卡特肯定了与火眼（FIREEYE）、云反击(CROWDSTRIKE)、惠普等私营网络安全研究企业之间的合作，称“更强劲的伙伴关系大大提高了国防部的应对能力”。

网络的特殊多维立体效应，将个体单元的作用放大，释放出以往难以想象的能量。过去战时耗尽脑汁的对敌后的打击，在网络条件下变成了人人可予的行为，而且隐蔽性、适配性很强、效果奇好。1996年，有“黑客”进入美国司法部网页，将部长照片换成了希特勒，打上了抗议口号。中情局主页也被改为“中央愚蠢局”，打上了嘲笑谩骂的语句。康奈尔大学23岁的研究生莫里斯，操控民用计算机进入了国防部网络，将蠕虫病毒大量复制，导致8500台军用计算机受害，部分军事基地、核试验室和宇航局的约6000台计算机瘫痪达24小时，让数千名专家忙得不可开交……

甚至未成年人也能用计算机和网络，向世界任何地方发动攻击。这种曾经的科幻已成现实，连超级特工都自叹不如。15岁的米特尼克是第一代“黑客”，能在北美防空指挥中心系统里“大摇大摆”，当得知正调查他，又进入联邦调查局系统，将特工档案信息乱改一通。只要他手握键盘，警察拿他也毫无办法。他的一句话让全世界黑客顶礼膜拜：“巡游五角大楼，登陆克里姆林宫，进出全球所有计算机系统，摧毁全球金融秩序和重建新的世界格局，谁也阻挡不了我们的进攻，我们才是世界的主宰。”克罗地亚的3名中学生玩得更嗨，破译五角大楼密码口令后，到战略导弹、军事卫星数据库中畅游了一番。美国咬牙切齿地要讨伐追究，克罗地亚淡淡回应：我们的法律允许。20世纪末，曾有“黑客”把美政府、国防部及军事单位的网络当成“游乐场”，美专家分析认为：“是高度有组织的、系统化的攻击，且手法相当老练。”但破案后大跌眼镜，原来是两个十几岁的男孩，他们的师傅是18岁的以色列少年埃胡德·特南鲍姆，而且师徒从未见过面。美国防部曾将一起网络攻击事件归罪于中国军队，甚至做出了反击的预案，幸好技术专家发现了真正的肇事者：几个加利福尼亚的顽皮少年。美前国防部长拉姆斯菲尔德感慨：未知的、不确定的、不可预见的和意想不到的攻击，是21世纪面临的挑战，也是难以解决的。

网络舆论信息战的正式登场，是在科索沃。美军干扰和炸毁了17处塞尔维亚的广电设施，南联盟“网络斗士”通过尚不发达的网络，冲破了西方的新闻封锁，将战争真相发布给世界。北约空袭后第7天，多名“网络斗士”向北约宣战，并发出呼吁和平、反对战争的邮件和病毒。信息洪流将北约总部对外网络通信线路阻塞。北约指挥网、美海军“尼米茨”航母和陆战队系统等，也受到网络攻击和病毒破坏。

2008年俄罗斯与格鲁吉亚冲突。俄军采取军事行动的同时动员“蜂群攻击”，网民通过下载“黑客”软件，安装后便成了“蜂群”的一员。数据包汇聚成“分布式拒绝服务攻击”，使得格方电视、金融和交通系统网站瘫痪，机场、物流和通信等网络崩溃，总统网页头像被换成希特勒，外交新闻只能通过公共博客页面发布。格方虽然组织了反击，试图阻止来自俄的数据流，但显然力不从心、技不如人。

这次“蜂拥而至”的尝试，尽管规模、技术和效果在今天看来并非十分惊人，却是人类第一次国际大规模网络战。更重要的是，这次博弈昭示出的战争新理念、新机理，引导着“网战”不断升级。2013年，“棱镜门”爆出美国和以色列共同研制袭击伊朗核计划的“震网”病毒，之前对伊朗已产生了严重影响。还有因“索尼黑客攻击事件”导致的朝鲜全境断网……美国近些年制造的病毒武器，报道披露的就有2000种以上。

2001年4月1日，中美发生“撞机事件”。在国家间政治博弈的同时，尽管网络远不像今天发达，但两国“黑客”和网民间的对抗却很精彩。20天的时间里，美国“黑客”的攻击骤增，中国大陆上百家网站遭袭。而中国“黑客”和网民也抱团发力，“五一”期间发令全面袭击美国网站。有的国家的“黑客”

也纷纷助力。开战两天，超过700家中美政府及民间网站被“攻陷”，5月4日白宫网站由于蜂拥攻击，被迫关闭2小时。尽管是旨在向对方示威并以占领首页为目标的行为，有人却形容成一场“网络世界大战”。中国“黑客”和网民能让对方屏幕飘起五星红旗、响起《义勇军进行曲》、出现王伟的遗像、亮出“当祖国需要的时候，我们将毫不犹豫地贡献一切”，绝对称得上是一场舆论信息战了！

然而，中国年轻一代继续将“打法”不断创新——2008年，清华大学几个学生看到西方媒体污蔑中国的报道：将拉萨“3·14”暴力事件中武警解救被袭民众被说成是在抓捕藏人，尼泊尔警察抓捕抗议者的画面说成是发生在西藏的事件，红十字的救护车和救援队被描述成“在拉萨的军队”。CNN（美国有线电视新闻网）等还刻意“移花接木”、编造谎言。学子们义愤填膺，随即建起反CNN网站，同时注册了anti-cnn 域名（后改名为“四月青年网”），很快，他们的正义之声传遍了世界，引起世界舆论关注，网站每天有150多个国家和地区上百万的访问量……

“帝吧网友出征Facebook!”是一起突发舆情，引起世界关注。“帝吧”是百度人气最旺的贴吧，用户达2000多万。其口号是“众人皆帝”，旨在道德伦理范围内的嘲讽、恶搞。引起这次“出征”的始因，是某艺人的爱国言行遭到台湾网民的围攻。2016年1月20日，帝吧网友相约：去Facebook与台湾网民“大规模交流”。台独三立电视台这时捏造“挪威承认台湾是一个国家”，激起了更多大陆网民的愤怒。于是，一场非政府背景、以“90后”为主的新颖“舆论信息战”开打。台湾各大媒体及一些政客的账号，出现大量“支持两岸统一”、“台湾是中国的一部分”等字样。台部分网民使出暴戾粗鄙语言，甚至使用了南京大屠杀、中国留学生在美被杀等侮辱性语言。但大陆网民十分理性，用爱国歌曲、感人诗歌、传统美食等来讲历史、陈事理、辨是非。还值得提及，这场PK组织健全，有两个总群及一个“前线部队”，每个群下又有6路纵队，职责分别为收集对方言论及图片、宣传组织、制作反台独的言论和图片、粤语和外语翻译等小组。同时，明确提出文明用语、不发侮辱性图片、只反台独不反台湾人民、如看见大陆同胞言辞不当及时帮忙道歉等要求……蜂拥而至的反台独信息，迫使三立新闻、苹果新闻及蔡英文等政客关闭了评论。挪威、瑞典驻华使馆通过微博表态：我们几十年前就与中国建交，支持一个中国，台湾是中国的一部分。这让台独势力十分难堪。两天后，剑拔弩张便趋于政治戏谑、文化交往……

“大数据”的出现，使得舆论信息战更加奇妙而精彩。海量、多样、动态的巨大价值，使得每个人手中的智能移动终端，演变成更加完美的媒介和信息的“遥控器”，能够“导调”各种形式的攻击和抵御。2016年美国大选期间，美国国土安全部和国家情报总监办，公开指责俄罗斯帮助黑客入侵美国网络，但不久美国又受到前所未有的不明网络攻击，很多公共服务、社交平台和民众网络服务几近瘫痪，但这次美国竟没有找到罪魁祸首……

更多的人把媒介和信息技术的发展，看成是促进社会公正透明、主张自身权力、声讨社会不良现象的福音和利器。湖南临武城管暴力执法时，民众围观着不知是哪一部手机发送的现场视频，事件的每一细节都置于民众的“显微镜”下。昏官雷政富的不雅视屏，被无数自媒体和终端传播，成了国内外舆论关注的新闻，任何过滤或删除都无法阻止，还促成了“63小时厅官下马”的快意传奇……

“人海战术”，在信息时代也有了新的内涵。媒介化社会，让每个人参与或主导舆论信息成为可能。过去“胆小怕事”的百姓，也不再沉默，学会了“发声”，主动地加入。舆论世界的博弈，由于网络世界无数“节点”的同频共振，形成了声势浩大的潮流涌动，也让剪草为马、撒豆成兵、呼风唤雨、驾云喷雾等中国古典文学中的浪漫想象，变成了生动多彩的现实。“全民皆兵”，展现了前所未有的景观以及无限前景！

逐渐消解的话语“特权”

“特权”是人类生活中的一种社会现象。“特权”的大小，很多时候体现在“话语权”以及对舆论信息的支配使用上。在人类历史多数时间里，媒介都是为少数人服务的，“少数人”想说什么、想说多少、想怎么说，都有着极大的自由和自主权。而多数人只有闭嘴或听话的权利。

进入现代社会，一元传播有了很大改变，极权被大大削弱了。但能利用主流媒体自由发声，仍然不是普通人能做到的，“话语权”仍然是特权的重要内容及其象征。

世界最大的话语权，来自利益集团支撑的传媒巨头。它们凭依强大的实力，根据自己的利益需要设置“议程”，通过掌控舆论进行着社会干预和引导，也左右了相当数量的受众的认知，在世界局势中也举足轻重。这种现象的背后，是西方社会正在演变的“权力架构”，由于政府权力被削弱，媒体作用达到前所未有的状态，已经出现了新的“三权分立”——财团、媒体和政权。而三者的核心是财团，媒体和政权都不得不向其倾斜……

美联社、合众国际社、路透社、法新社和BBC、CNN等各大传媒机构，几乎都受到大财团的控制影响。而这些媒体，是当今世界新闻的主要信源，影响遍及全球。仅美联社每天的新闻受众就达15亿人以上，对世界尤其是发展中国家影响很大。其报道既可以赋予各种“议题”不同程度的显著性，也可以遮断“议题”、切断社会关注，影响人们对世界的认知和判断。

近代以来，出现了这样一群人，虽然为数不多，却能直接影响社会。这就是出版商、报刊拥有者，以及受命于他们的编辑记者。1947年，美国传播学四大奠基人之一库尔特·卢因提出著名的“把关人”理念——在群体传播时，信息的流动是在一些含有“门区”的渠道里进行的，在这些渠道中，存在着一些“把关人”，只有符合规范或“把关人”价值标准的信息才能进入传播渠道。

如今，新媒体的代表人士、有影响的微博微信“版主”，也加入到了这个行列中。他们以自己的价值观和利益为准绳，对信息进行着取舍或修改。某违法涉案网站管理者就曾宣称：我们可以让网民只看到我们希望他们看到的信息。就是一直声称自己没有政治倾向的Facebook，也有一个小型编辑团队专门确定“热门话题”内容，决定插入或删除的热门新闻。同时，还常以“技术故障”为由，有重点地屏蔽一些敏感的新闻信息。包括2016年民主党的“邮件门事件”。正如库尔特·卢因指出的，是少数“把关人”，过滤和筛选了社会的信息。

“少数人”就是这样，在舆论信息场翻手为云、覆手为雨，决定着哪个可成为头条、哪些必须封杀，用无数种方法手段操纵着大众的认知和观念。因受贿被捕的新浪网编辑吴俊坦承：自己有权将视频推荐到新浪网的首页，这不需要审查。而且每条收费800～5000元不等。不少人惊叹：“未去朝天子，先来诲书手”有了现代版。

今天的门户网站，以极低成本使用各媒体的信息。为博取知名度和商业利益，有的经常使出哗众取宠的标题，源自主流媒体的严肃文章标题，因此被改得面目皆非。比如，《解放军报》“健全法规，管住切蛋糕的手”一文，被一家网站改标题为“部队申请经费要请上级吃饭 多喝一壶酒增加10万”；“台上台下一个样”一文，被改为“解放军报批‘两面政工干部’：他们是猪拱地瓜——嘴好使”……每天10亿人使用的Facebook也存在这种困扰，宣布“正在改进自动渲染技术，使得以后分享的文章能自动生成精准的标题和简介，并以此来防止新闻的误读。”

“话语权”分享——人类文明的艰辛之路，因互联网而有了前所未有的跨越。新媒体自媒体颠覆着传统的话语权，“去中心化”改变着社会架构，舆论传播趋于平民化、自主化。原NBC和PBS经理劳伦斯·K.格拉斯曼形容：“古登堡把我们所有人变成读者；广播和电视使我们成为第一手的观察者；复印件使我们都变成为出版商；而因特网使我们成为记者、广播员、栏目写作者、评论家和批评家。”

1982年，《时代》周刊评选出年度人物“计算机”，并预言“家庭电脑有朝一日会像电视和洗碗机一样普及。”2006年，“YOU”（每一个网民），又成为这家著名杂志的“年度人物”，解释是：“社会正从机构向个人过渡，个人正在成为‘新数字时代民主社会’的公民。”

网络和大数据，让“公开透明”这个社会变革最关键的“推手”，加速走上前台。如今，越来越多的人选择通过网络获取信息，不再依赖传统媒体。同时，民众也有了处理信息的充分自由，能够并敢于用信息技术挑战传统的“话语权”。温州“7·23”特大高铁事故发生，在场旅客仅用1分钟就在微博发出事故信息，网民进行了跟踪报道和深入评论，政府的处置缺陷和救援被动暴露无遗。很多传统媒体相比大失颜面。一些人恐惧地视其为“舆论失控”。这件事在中国的传播史和文明进程中，都有里程碑的意义。“习总吃包子”也是一次自媒体传播事件。党和国家主要领导人的活动历来都是记者采写、新闻主管部门发通稿。但这次却是以“网友曝”、“非官媒”的方式发出，不到1小时就出现在网络，引起社会轰动。值得注意和思考的是，七嘴八舌的自媒体，在此次传播中并没有出现低俗恶语，清新的气息也给社会和舆论界上了一次舆情大课。

不少人怀念“两报一刊”的年代。很多人下班后买份报纸，晚饭后在灯下阅读，第二天家人传看，成了那时最普遍的“精神享受”。报刊的内容，不仅是人们知识和信息的主要来源，往往还被看成“第二文件”，很少质疑其真实性和正确性。而今天，这种情况已经彻底改变，传统媒体原有的“光环”正在消失。据人民网舆情监测室的数据：20世纪80年代，官方媒体掌握了80%的话语权；而到2012年，20个网络热点事件中，非官方媒体掌握了75%的话语权。今天这个比例继续变化。网络舆论和自媒体的影响力越来越大。

今天的人们，有空就刷微信微博，享受着过去没有的特殊“快感”。但任何事物都是两方面的，不少人在看信息发评论、挑战“话语特权”的同时，也把心底的“潘多拉魔盒”激活。薛蛮子刷微博如在万人之上览“奏章”、写御批，痛快至极。虽年过花甲，却经不住虚拟世界的诱惑，看不清“双刃剑”的锋利，在快意江湖中欲望膨胀，最终身陷囹圄。入狱7个月后忏悔道：“犯罪了，悔罪了，以后再也不会了。”

历史上没有哪个时代，让民众像今天这样渴望公正、自由和民主，发声能像今天这样踊跃和自由。但消解“话语特权”的道路仍然漫长曲折，“信息贫困”的弱势群体仍然大量存在……

民心所向、大势所趋。人类社会必将不断向前发展，并逐步达到理想的境地。

非战争手段的“暴利谋取”

低成本高收益、利益最大化，不仅是资本家的目的，也是政治家、军事家的追求。一篇报道、一段广播电视，能使股市动荡、社会不稳，能获取其他行当少有的暴利。于是，一些人看到了其中的巨大商机，将“魔手”伸向了传媒业。

“话语权”从政治学的角度看，象征着“统治权”，也是国家所有主权的一部分。通过“话语权”，强势传播意识形态、思想观念和生活方式，是当今超级大国争霸的主要手段。弱小国家实力不及强国，但在舆论信息战中，也并非不能找出对方“软肋”。就像金庸书中的大侠，本事很大却无法遮掩自己的所有穴道。弱国用自己之长，利用新媒体和舆论信息，搞点“名堂”也是完全可以的。有时甚至可以当成“撒手锏”，让对方防不胜防。比如，在叙利亚内战期间，亲政府的网络力量就针对美国股民多的软肋，盗用美联社Twitter账号，发布奥巴马被炸伤的假消息，轻松让美股市标普市值瞬间蒸发1365亿美元……

二战后美国愈加重视思想文化输出。1946年通过著名的《79-584号公共法修正案》（富布赖特法案），首次立法对“文化侵略”提供保障。1948年，国会又通过进一步明确文化外交活动宗旨和任务的《美国信息与教育交流法案》，文化渗透正式成为国家战略。不仅有强势舆论开道，大批“专家”“学者”也行动起来，通过“学术和文化交流”传播美国价值观。美国前商务部长戴维·罗斯科普夫说：“对美国来说，信息时代对外政策的一个主要目标，必须是在世界的信息传播中取得胜利，像英国一度在海上居支配地位的那样支配电波。”

冷战时期，美国推出“星球大战计划”，并有意公之于世，拍成影视传播。太空防御系统，激光、电子炮、粒子束……可以拦截下飞在空中的核弹，把苏联人震惊了。因为这样就意味着核威慑将被废掉！世界也因之人心惶惶。克里姆林宫不惜勒紧百姓腰带追加军费，耗资数千亿美元应对。以致解体前军费总额达到国内生产总值的四分之一。濒临崩溃的苏联经济终于被拖垮。1993年相关资料解密：“星球大战”计划实际是个“空壳”，美国根本就没有做实质性投入，纯粹是利用强大的话语权优势，打了一场精彩绝伦的舆论信息战。而苏联则被牢牢地牵住了“鼻子”，走上了不归的“黄泉路”。

苏联解体的原因固然很多，但美官员和学界对一点很认同：很大程度归功于强势宣传的“美国价值观”。1949年，苏联家庭短波收音机有50万部，到1958年达到了2000万部，以致政府一度下令停产。冷战期间，包括国家领导人在内的苏联人一大嗜好，就是半夜爬起来，偷偷收听美国之音自由电台、英国BBC、德意志电波电台，以及日本NHK的广播……讽刺的是，赫鲁晓夫下台后，信不过亲自掌控过的苏维埃广播，而靠收听“美国之音”了解外部世界。

负有“推介美国的信念和信仰”使命的“美国之音”，终于放心地关闭了俄语、阿尔巴尼亚语、波斯尼亚语、马其顿语、塞尔维亚语和印地语的广播。2011年底停止对华广播时，美国政府宣称原因是财政预算，但事实上是因为互联网的普及，使得收听的人数迅速减少。有意思的是，“美国之音”的广播重点移向了中东、朝鲜……

美国的文化战略，毫无疑问地取得了预期的成功。当今世界300多个实力雄厚的新闻媒体，有144个属于美国。全球排名前六位的传媒集团，美国在线—时代华纳、维亚康姆、新闻集团、沃尔特·迪斯尼、贝塔斯曼、威望迪，全部都在美国。如潮的舆论信息洪流里，90%的新闻源、80%的文字和影像源、75%的电视节目生产控制在美国人手里。世界语言约有6000种，而互联网90%的信息流量是使用英语。跨国转让的每100项核心信息技术中，有84项是从发达国家流向了发展中国家。跨国流通的每100本书籍里，有85本也属于同样的情况……

美国是互联网的发源地，牢牢紧握网络核心资源和技术。互联网权力之争，本质上是服务器的控制之争。谁控制的服务器多，谁就能掌握更多的信息、关系和“话语权”。目前全球仅有的一个主根服务器在美国，辅根服务器12个中有9个在美国（另外2个在欧洲，1个在日本）。而生产计算机中央处理器的三大公司都在美国。世界所有国家军队的自动化指挥系统的中央处理器，绝大多数也是美国的产品。这意味着，核心技术都被美国掌控，只要其停止哪个国家的域名解析，那个国家的互联网就会瘫痪。美今天拥有的互联网和信息技术优势，已超过其核武的绝对垄断优势。

可以想象出来的恐怖后果，令许多国家惊恐。因此，多年来要求美交出根服务器的呼声不断。直到2014年，美国才宣布放弃控制这些服务器的ICANN公司的管理权。有人看出端倪，认为这是为洗刷“棱镜门”丑闻、应付“信任危机”的作秀。因为所谓非营利的“国际互联网中枢”仍置于美商务部监管之下，美国政府依然是“幕后老板”。就像胸有成竹的如来佛，不会让孙悟空翻出自己掌心一样，美国的话语优势、先发优势、技术优势，也绝对不会轻易地让与他人。美最早意识到信息和信息技术的重要，最清楚一切权力来自信息垄断，信息技术的“命门”一旦被打破，社会权力也将被逐一攻破……

我国已面临此类现实的威胁。据报道，2012年我国防部网和中国军网每月遭受来自境外的攻击达14.4万多次。2014年的两个月里，位于美国的2077个木马或僵尸网络控制服务器，直接控制了我国境内约118万台主机，2016个IP对我国上千个网站植入后门，涉及攻击事件5.7万次。这意味着，1900多万个.cn域名注册的上至政府机构下至家庭个人的主机，都可能遭受到监控、攻击和入侵。2015年，境外6.4万余木马和僵尸网络控制端，控制了我国境内1000多万台主机，较2014年增长五成以上，占全部控制端的六成以上……而美国的网络攻击数量始终在第一的位置。

看透世事风云的“茶寿”老人周有光先生，曾诙谐地说：“不要跟美国吵，吵不过它。它控制全世界的网络，怎么跟它打仗？”事实正是如此，信息武器的“代差”致使军事仗难打，而舆论信息仗、思想文化仗更难打！……

思想文化是一个民族和国家的魂，也是最重要的实力基础、精神源头。历史学家钱穆先生指出：“一切问题，由文化问题产生；一切问题，由文化问题解决。”文化的核心内容是价值观，通过信仰力、凝聚力、感召力来体现，并支配着人们对战争性质的判断，决定着对正义之战的信仰和追求。每个人在接受文化的影响、指引、塑造的同时，也都创造着文化因子。而一个民族或国家衰落或覆亡，也是从文化颓废开始的，被入侵的“文化”逐渐俘获或征服的。任何系统安全的漏洞，往往也是“文化”的薄弱之处。龚自珍在《古史钩沉论》里也提示人们，警惕侵略者“欲要亡其国，必先灭其史，欲灭其族，必先灭其文化。”连战争疯子希特勒也懂得，坦克大炮可以夺得江山，却无法俘获这块土地上的“文化”，所以叫嚣：“要消灭一个民族，首先要瓦解它的文化。”人类文明发展所有沉痛的教训，集中到一点：就是文化的失败比输掉一场战争可怕得多，江山失去可以夺回，国家战败可以复兴，但文化覆灭了，精神支柱没了，人的感情纽带就会撕断，这个民族将万劫不复。

古埃及、古巴比伦、古印度文明的泯灭，表面上看是因为外族入侵，其实根本上是丧失了文化的独立。万幸的是，在人类历史长河中，唯一没有干涸断流、与日赓继的文明，是中华文明！中国在几千年里，经历了无数战乱、分裂、入侵和凌辱，也曾几度“亡国”，但不管哪个民族主政，都会对中华文化俯首，并以此昭明百姓、治国安邦、亲仁善邻、协和天下。中华文明能绵延博深，除了地理位置的特殊性，根本原因在于，有凝练中华民族最深沉追求的“文化”，以及由此而生的创造力、扬弃力，借鉴吸收了人类文明的成果，符合人类文明的共性和发展的方向。所以，中华民族子孙不管走到哪里，也都将中华文化视为根脉和心理归属，并代代接续……

章太炎100多年前在《民报》撰文：“‘中华’之名词，不仅非一地域之国名，亦且非一血统之种名，乃为一文化之族名。故《春秋》之义，无论同姓之鲁卫、异姓之齐宋，非种之楚越，中国可以退为夷狄，夷狄可以进为中国，专以礼教为标准，而无有亲疏之别。其后经数千年，混杂数千百人种，而称‘中华’如故。以此言之，华之所以为华，以文化言之可决之也。”这种慎终追远，将中华文化视为中华民族的安身立命之本，可以说是深刻至极。

今天，中国面对的“文化威胁”依然没有消除。思想文化的冲击、资本强国的意识形态入侵越演越烈。中国虽然有五千多年独特之“命”、特殊之“运”，但这并不是安枕无忧的理由。如果有一天，中华文明不再弘扬光大，而被其他文化覆盖了，中华文化与中国的衰落也同样不可避免。就像植物学家形容的，花儿的美丽是在上亿年竞争中形成的，“不美”的就要被淘汰。那是一幅多么可怕的图画！威胁是否真实存在？无数的事实已有目共睹。借用法国前总统希拉克的话：“当今世界正面临着单一文化的威胁”，这是一种“新形式的殖民主义”。

二战胜利后，麦克阿瑟率盟军以战胜者的姿态进驻日本。他心里十分清楚：战胜不是完胜，实现精神文化的驾驭，才能真正征服敌人，才能实现战略目的。他乐观地认为：“从科学、艺术、宗教、文化等方面来看，我们盎格鲁撒克逊民族如果算成45岁的成年人的话，德意志民族与我们差不多。但日本人只有12岁，还有很大的成长的余地，还有实现理想的空间。”于是，他亲力亲为地导演了一场“教育改造日本人”的运动——控制引导日本媒体和舆论，大力推广美国“三S”文化（spots以棒球为主的体育，skin银屏、好莱坞的电影，sex性）。特别是“三S”，引发了日本青年喜爱的风潮。曾被美国打得最悲催的日本，由于文化侵染、战略需要，至今不得不依附于美国。但是，日本一直积极做强文化和传媒，悄悄地抵御着“原罪”与“惩罚”，尤其右翼势力的成长与猖獗，不能不说与此有着重要关联。

正因为文化渗透的结果是军事手段难以实现、难以阻挡的，所以，“文化安全”在今天特别受世界各国的重视和关注。早在20多年前，就有发达国家在国际贸易领域和本国的经营领域中，把“文化例外”作为一项“重要原则”，为保护自己国家和民族的文化安全，采取了许多超常的举措……

舆论信息是文化的“神经”、思想和文化博弈的“尖兵”，各国政府不得不格外重视。美国批判传媒学的领军人物席勒，在《大众传播与美利坚帝国》中就说：“全美国的电信系统都有一个动员机构管理，电信管理部主任被任命为应急准备局局长。”“美国之音”是世界最大的国际电台之一，也是美国新闻署麾下最大的部门，有专门机构为其提供运营经费和保障。这成了美国广播体制私企化中的“特例”。美国公共广播公司（CPB）及下设的“PBS公共电视网”，以及全国公共广播电台（NPR），也能稳定地得到政府的拨款。默氏集团在美国享受减免税费等许多优惠。布莱尔支持的“通信议案”，被认为是为默氏集团专门设立的。英国的广播事业全部由公营企业掌握，BBC在享有政府资助的同时，还收取着政府规定的电视“牌照费”。法新社也有政府变相拨款，一半以上收入来源于政府购买新闻……

管控媒体和舆论，尽管十分劳神费力，但政治家们始终热心不减，而且

“算盘”越打越精。卡特任总统时说：“安装新的发射设备对东方进行广播，要比设置导弹更为重要，也更为合算。”冷战后美为掩饰战略意图，采取“文化软着陆”方式，与公关专家和传媒公司合作，大讲“美国故事”。“美国之音”有52种以上的语言广播，合作媒体达1200多家，国际广播总发射功率超过51065千瓦，可谓全球“最强音”。舆论信息传播、思想文化渗透、对异质文化打压……凸显了西方政治文化及安全政策的意识形态特征。

马克思曾这样阐述东西方的“不平等”：“他们无法表述自己；他们必须被别人表述。”今天，这种状况并没有明显改变。贫穷和发展中国家的声音被进一步屏蔽，思想文化也进一步贫瘠。如今发达国家千人拥有报纸、收音机和电视机的数量，分别是发展中国家的4倍、4倍和3倍。而最不发达的非洲、亚洲一些地区，千人媒介拥有量比一般的发展中国家的人均水平还要低2～5倍。据国际电信联盟统计，2010年时，全球有20亿网民，发达国家占71%，发展中国家只有21%，而非洲只有9.6%的人上网。据《光明日报》的数据，全球最贫穷的48个国家，90%的人口尚未接入互联网。针对“信息鸿沟”的扩大，曼德拉曾沉重地说：“世界已被分为‘信息富国’、‘信息穷国’”……

媒介化时代，发展中国家和新兴市场国家不甘心忍受“有理声不大，说了传不开”的憋屈，更不愿忍受“话语权”的不平等和“评判权”的不公正。为了保护本国利益，无不竭力抗争“文化入侵”和“话语霸权”，并在发展和提升本国国际影响力上努力“弯道超车”。20世纪70年代，发展中国家就发出建立“国际信息与传播新秩序”的呼声，联合国教科文组织还通过了《多种声音，一个世界》的报告，西方国家则以“影响新闻传播自由”为由加以抵制。但发展中国家还是行动起来了。一些国家影响力有限，就采取“舆论联合”的方式与话语霸权抗争。联合国组织的数据说明，今天的西方国家报刊发行量在下滑，而发展中国家却逆势上升，报刊种类、广播时数和覆盖范围不断扩大，网络普及速度不平均，但发展速度总体上超过了发达国家，数字鸿沟正在逐步缩减……

普京则明确提出“打破美国人对英语媒介的垄断”目标。“今日俄罗斯”十年前在政府全额资助下开播，瞄准的就是BBC、CNN。如今的“今日俄罗斯”，以惊人的国际传播落地效率，成为俄罗斯外宣的“旗舰”，在全球拥有了100多个国家的近10亿观众。在美国黄金时间的收视率超过8500万用户，居当地众多外媒之首，是Youtube最大的新闻视频提供商，跻身于国际大媒体行列。但俄并未就此满足，2013年普京又下令解散俄新社和世界最早的广播电台“俄罗斯之声”，组建全新的“今日俄罗斯”国际通讯社，开播21种语言频道，启用长期于美国生活的80后女性任总编辑，以“更有效地向世界传递克里姆林宫的政治信息”。“今日俄罗斯”视角独特、话题尖锐、善讲故事，利用了一切可开通的新媒体链接，并致力于改变旧的宣传理念。其网站第一句话是“多一些质疑”。近几年，俄勒紧腰带加大外宣投入，每年的开支超过1.36亿美元。在重点保证“今日俄罗斯”的同时，推出新国营媒体“斯普特尼克新闻通讯社”，并在华盛顿、北京等30多个境外城市开设了新闻中心。“今日俄罗斯”所属针对国外受众的卫星社的微博订阅量，2015年超过了美联社和路透社……

如此快速发展的多极化趋势，显然引起了西方世界的恐慌。美国为“领导地位”下降忧虑不安，也更加重视 “巧实力”的提升，提出“增进美国的信誉与合法性”的媒体整合目标，加快了整合传播资源的进程，启动新型“国际信息战”。欧洲议会通过决议，谴责俄的“反欧宣传”，并视俄通讯社和电视台为“最危险的媒体”。英国巴克莱银行一度找茬冻结了“今日俄罗斯”账户。欧盟加紧探讨如何应对俄的宣传。英国宣布成立1000多人的“特种部队”，主要任务是对付IS和俄罗斯的宣传……

不仅是针对俄罗斯的更大的舆论信息战启动，大亨们凭借手中资源不断“搅动”世界，让没有战火硝烟的较量日趋激烈。“话语权”在手，就可以这么任性：索罗斯一番话，能“撬动”东南亚金融系统；美联储主席释放一点消息，就能化解“量化宽松”中的难点；世界经济不景气，西方媒体能设置议程让中国当做“替罪羊”……所以，美国尽管遇到堪比20世纪30年代的经济危机，但始终表示在“可控范围”内。这种“可控”，就是凭借世界经济、军事和舆论的“霸主”地位，随意将危机向外“转移”。而这种“转移”，通常是以媒体和舆论信息为“先头部队”……

近几年，笼罩在中国头顶的舆论风云诡谲多变。“亚投行”的设立与运营、抗战胜利大阅兵各国领导人出席问题、中国A股大股灾、人民币“连跌”、人民币纳入储备货币篮子、中国市场经济地位、南海问题和钓鱼岛争端……舆论信息战与政治战、外交战、经济战、金融战、文化战交织，时隐时现、时进时退。而看不见的硝烟背后，则是杀机四伏、“杀气”腾腾。

“混战”无时无处不在

世界多元复杂，万象竞出。舆论信息大潮奔涌，变化无常。而每一个媒介都是利益博弈的平台，每一次舆论纷争背后都有一双“利益之手”。媒体的“调门”，随着这双手的操控时隐时现、时高时低。

春秋齐国长期鼎盛，与其帝王善于利用舆论有很大关联。齐为了征服鲁梁二国，没有采取常见的军事手段，而是通过舆论引导哄抬物价，诱使着两国的百姓认为“织绨”有利可图，因此而放弃粮食生产。但随后，齐国又通过舆论号召本国民众弃绨穿帛，让绨失去市场，进而实现了击垮鲁国和梁国政治经济的战略目的。类似这种性质的战例，在现代以来出现得更多……

古时科举考试之前，市井常出现有关个别考生的传言，有时还非常热闹。事后证明，发布者都是有意为之，或为考生的吉祥和功名扩大影响，或为考生日后做官晋爵增加“神助”色彩，或为事后更改排名的“猫腻”埋下伏笔……总之，考试若能顺利，金榜题名算是巧合；如果考砸了也问题不大，谁也无法弄清之前的传言出自何处。

现代社会商业广告铺天盖地。夸张的语言、文字、画面、视频别出心裁。其中大量的虚假广告、钓鱼欺诈、金融诈骗，尤其网络中的商业信息、搜索引擎的坑蒙拐骗，已被越来越多的人所认识。20世纪70年代，烟草广告在美国大行其道，宣传费达到人均4美元，而官方教育公民“吸烟有害”的费用不足人均3美分。不少媒体为得到烟草公司的好处极尽媚态，不断增发广告，编发癌症病因的文章也设法淡化烟草的影响。《时代》周刊甚至发文，鼓动挫败“禁烟运动立法”。一些有正义感的媒体，不得不屈服于广告商的压力。类似烟草广告害人的现象，至今仍大量存在。不少国际性广告中，还蕴含“精神殖民”因素，有着很强的隐蔽性、欺骗性和诱惑性……

法国国际问题专家巴斯卡尔·博尼法斯，在《造假的知识分子：谎言专家们的媒体胜利》一书中，一针见血地写道：“有些学者置事实于不顾，肆无忌惮地攻击巴勒斯坦、伊拉克和伊朗，是因为跟随西方‘主流意见’没有风险，而且还能收获到好处。他们把复杂的国际问题简单化，再掺假掺毒进行欺骗，这些造假已经通过新媒体获得了成功……”全媒体时代信息大潮和经济大潮一起涌动，一些“专家”“学者”早没了清风傲骨，在利益面前顾不上独善其身了。就像轰动一时的“金缕玉衣”大案，人们看到无良记者和商人是如何操纵“专家”和舆论，让一件当代工艺品变成24亿元的“文物”，进而骗得银行7亿元贷款；一件产自邳州的高仿“汉代玉凳”，是如何被忽悠出2.2亿元的天价……

教育界、科技界、文学界本是斯文之地，讲究不计名利、埋头苦干、水滴石穿，可近些年来却被“官本位”、“金本位”通吃、被名利浸淫。一些人学问没多少，却学会了欺世盗名，用学术争议敏感话题吸引舆论，用曲解文化经典赚取政治经济利益，有人甚至“求骂名”作事业捷径。国家给予的“政府特贴”、“行政级别”、“医疗待遇”等，也成了炫耀自我、排挤他人的舆论弹药。宣传教育中的“功利”、“投机”、“伪善”，让许多人的人生价值取向扭曲，小孩子当科学家、当解放军的理想不再，以“官大钱多”当作人生成功。“张曙光案”的曝光，引发对院士制度更多的吐槽。学生不断抖出先生的不轨“猛料”，惹得校园鸡飞狗跳。大学为争夺排名、抢状元占“高分线”，舆论互掐。文学界的“梨花体”、“羊羔体”、“乌青体”、“啸天体”令人瞠目。而文艺批评锋芒几无，“洛阳纸贵”难以再现……

经济是社会基础、民生命脉，舆论信息战也最为常见和激烈。通过舆论实现低成本的高效营销，成了最有效的赚钱之道。传销组织者尤善舆论蛊惑，坦言“只要敢听，就一定会留下”。一些所谓的“大师”，将“厚黑学”、“潜规则”包装成“成功学”、“经营之道”、“商界智慧”，不少人被“洗脑”后抛弃良知、伤亲害友、贻害社会。

利用股市管理漏洞，散布虚假舆论信息，是一些人牟取暴利的惯用伎俩。2015年7月15日，Twitter被传言收购，虚假消息一出，Twitter股价一度跳涨8%以上。辟谣之后，股价回吐。尽管这则谣传有多处语法及别字错误，且造谣网站bloomberg.market刚刚在巴拿马注册。网爆“山西成立煤矿银行”假新闻，令煤炭股大涨，少数人瞬间获利。“两大国企将合并重组”的消息，因顺应了社会对国企现状的不满，令权重股纷纷涨停，国资委傍晚出来辟谣时，赚得盆满钵满的人早已隐匿而去。《财经》及财经网发布记者王晓璐根据道听途说杜撰的报道《证监会研究维稳资金退出方案》，股市随之异常大幅波动。我国股市畸形发展、暴涨暴跌，影响到经济和社会稳定，很大程度上是由于不良舆论信息所致。

某省一家名牌面粉被恶意举报为“毒面粉”，工商行政部门依据不合法的检测报告执法，媒体草率发布不实新闻并错报国家标准，名牌因遭“围剿”面临灭顶之灾。可怜的是，企业没有基本的媒介和舆情素养，在危机面前自乱阵脚，连喊冤的地方都找不对。虽然最终在政府部门和央媒帮助下洗清了“罪名”，但惨重损失无法挽回。

同类网站间、企业间、品牌间，“口水大战”也十分常见。有两家大型民企位于同一城市，却不去借助天时地利共赢，而是在舆论混战后，双方员工互相大打出手……为了自身利益安全，一些企业不得不委曲求全，寻求媒体的“保护”，有的不惜重金收购媒体或聘请媒体高管加盟。

“我不是为当官，而是要‘话语权’，好为百姓说话”，成了官场争权夺利的一种隐性用词。可一旦权力到手，便大肆用舆论公器以权谋私、假公济私。四川省委原副书记李春城，纵容手下在多家媒体上宣传自己的“政绩”，为个人升迁铺路搭桥。全国政协原副主席苏荣，热衷媒介作秀，当省委书记时，要求报道他的消息的篇幅及图片必须比省长的大。十八大后，八项规定深得民心，反腐斗争不断深入，但舆论场上“自我抹黑论”、“反腐误伤论”“杀伤经济论”、“为官不易论”等千奇百怪、层出不穷。有些实际就是贪官的炮制。

不法分子对媒体这个“欲望平台”和“暴利机器”，始终心怀觊觎。他们冒用新闻单位之名，假借中央和国家机关背景，盗用刊名刊号，以“维权”、“揭黑”名义敲诈勒索。还有的办起黑电台广播，非法占用波段推送广告牟取利益。仅2014年，就有128起“假媒体、假记者站、假记者”案件被查处。

一些媒体消极适应市场经济，感兴趣的是如何让“羊毛出在狗身上”，既收“开口费”也收“封口费”，既搞“有偿新闻”也搞“有偿不闻”……总之，想得最多的是如何赚钱，而不是怎样用好人民赋予的“话语权”、“监督权”。2005年河南一起矿难中，当地政府向400多名真假媒体记者发放了20万元“红包”，几乎所有来访者均因此“失语”。传统媒体“城门失守”，也使得媚俗、猎奇、求异等丑恶现象见怪不怪。2007年7月，北京电视台播出《纸做的包子》假新闻，后经执法部门彻查证实，编导者是没有上岗证的“新闻民工”，目的是为制造轰动效应牟利。而把关人又失职，直接造成了严重社会危害。

“大师”本是一个令人崇敬的文化符号，曾代表“为天地立心、为生民立命、为往圣继绝学、为万世开太平”的人们。而现在的所谓“大师”的帽子，通过媒体却戴在了“隔空取物”、“意念转移”、“发功治病”、“骗钱骗色”等非法活动的人的头上。他们中不少人还自诩“低调”，却频频借报刊广电、与高官名人合影招摇撞骗，通过舆论提高自己的身价……

舆论鼓噪喧哗之下，曾被聚焦的“7000万嫁女”新闻，主人公其实负债累累，借力媒体不过是为融资纾困。曾经的“上海首富”，在媒体最高调时也是最差钱之际。台湾一品牌面包因艺人代言炒作，让人们相信了“无化学添加物”的谎言，价格畸高却在两岸三地供不应求。经查，是违规添加9种人工香精的混合物。台湾舆论因该面包和“毒淀粉”、“毒餐盒”、“伪大米”，不得不收敛了对大陆食品安全的攻击。

媒介对于文艺圈有特殊的“构建力”，舆论“炒红”似乎成了行规铁律。争名夺利的频率最高，内容也更混乱。其背后，很难找到不是“巧取豪夺”，不是“尔虞我诈”。乱哄哄之下，曾经的“文艺战士”变成了“娱乐圈人”，文化事业变成了“文化工业”，普罗大众的精神文化生活遭到金钱的“绑架”。

国产电影近些年发展较快，但有些看似成绩斐然、票房迅长，实则不少是虚假的舆论信息。最后口碑没多少提高，反而增加了诟病。利用绯闻八卦煽情、刻意操纵舆论炒作，成了影视产业链不可缺少的环节。为求“排片”手段五花八门，甚至出现惊人“一跪”，用上网络直播。新片未上映，一些媒体及影评人就被“潜规则”，当起“吹鼓手”。观众被掏腰包后大呼上当。而在一些发达的文明国家，“影评人”被视为媒体“道德代言人”，“影评”也被看成是专栏的“王冠钻石”。由于“影评人”笔锋犀利、不恭维制片、不误导观众，因此深受大众拥趸，同时也令制片人和导演畏惧。

国人几乎没有不知道维也纳“金色大厅”的。这个爱乐乐团新年音乐会扬名之地，实际是一个门槛很低、租金不高的演出场所。一段时间，包括大妈、稚童在内的中国“艺术家”却蜂拥而至，仅2013年前8个月演出就达130多场。由于当地少有人关注，门票多是在路边赠送或门房自取，观众也多是华侨华人或是演员相互捧场。而且，大都排在非演出季的“垃圾时间”。不少老外看后，误以为“这就是中国的文化艺术！”类似的还有“幼儿艺术团引起美国轰动”等，其实都是记者不顾事实的妙笔生花。

书画界的舆论打斗前无古人。“当代百名实力画家”、“当代十大书法家”、“世界杰出艺术家”等，也通过媒体屡屡现丑。罗浮宫地下商铺批发的奖励证书，被一些“美术家”买来蒙人。常有人通过媒体宣称：传承或发明了某一书体画风，市场价位在古人之上；毛主席托梦，要我把毛体书法传下去……几千年前起义农民玩滥的把戏，在当代书坛大行其道、大有市场。事实上，除去欺世盗名、骗取财富，当代人书画水平有几个能与古人比肩、能望古人项背？！

自从有了微信，“鸡汤”泛滥，“冒牌货”屡现，各种骗局屡新。美国总统演讲、乔布斯遗言、李嘉诚讲、马云说，甚至总书记说……尽管有明显的常识和逻辑错误，也热传不息。屠呦呦领取诺奖，一篇题为“屠呦呦诺贝尔奖获奖致辞《感谢青蒿和四个人》”出现在微信，一天被疯转数十万次。记者查实，这碗感动了不少人的“鸡汤”，纯属“网络传谣”。尽管有不少善意的提醒，但很多偏于感性的受众仍不设防，茫然中接受着恶意侵权、过度营销、诱导分享、故意欺诈。这也使得一些人固执地走向了一篇“鸡汤”中描述的“悬崖”，崖旁有黄鼠狼所立的“告示”：“抛弃传统的禁锢，不勇敢地跳下去，你怎么知道自己不是一只鹰？”而黄鼠狼则静待崖下。

中国有句至理名言：“无利不起早。”“鸡汤”、“养生”……看似是无利可图，其实每篇文章都有转发及浏览后的收益。推送目的无非是吸引关注、增加点击量，以做大“粉丝经济”，赚取更多的点击提成或广告收入。因此，很多读者的点击，特别是率性随手转发，无异于是在帮助偷着乐的牟利者认真数钱。

第七章

“信息执政”的考验

我们必须把意识形态工作的领导权、管理权、话语权牢牢掌握在手中，任何时候都不能旁落，否则就要犯无可挽回的历史性错误。

——习近平

如果我们不站起来回应外国媒体的抨击，新加坡人民，尤其是记者学者们，便会相信自己的领袖不敢辩驳或辩不过人家而不尊重我们。

——李光耀

中国自古以大著称，面积辽阔、人口众多，没有几个国家能比。而信息的传递、国策的下达、下情的上传、风行的谣言等，历来也都是执政者面对的难题，也由此带来了国家治理的一系列挑战……

中国古代早有"信息执政"的萌芽。东汉时期"名士清议"有相当影响，能做到"危言深论，不隐豪强。自公卿以下，莫不畏其贬义，屣履到门"。欧阳修《新五代史·唐明宗纪》记载，为国者有六条最可怕，其中两条的内容是：毁谤和称赞失实以假乱真、直言谏诤者不听不从。这不仅切中当时国家治理的弊端，就是今天也有很现实的意义。

早期的西方，思想家柏拉图、马吉雅维利、霍布斯等人，都曾力挺媒体和舆论信息的"绝对统治功能"。到了20世纪80年代，美国未来学家阿尔文·特夫诺指出："权力掌握在信息强人手里，谁握有信息，谁就可以控制世界。"一些研究学者从人类文明史和传播史的视角，深入观察了社会的发展轨迹，总结出人类社会的三个阶段："武力执政—经济执政—信息执政（也有的称'新闻执政'）。"这样划分是否科学准确暂且不论，但反映出的舆论信息对于治国理政、定国安邦的重要性，则有着重要的警示和启迪意义。

从"武力执政"到"信息执政"

古时的封建统治者，除少数开明者外，一般都不允许异类声音存在，更不允许"话语权"旁落或分散。同时，凭借权威和武力排斥异端思想和言论，将“话语权”牢牢掌握在少数人手中。李斯“天下无异议，则安宁之术也”，道出了封建统治之本；秦始皇“焚书坑儒”，让自己“不喜欢”的思想灰飞烟灭；汉武帝“罢黜百家，独尊儒术”，使得专制思想作为主流意识形态统治中国两千多年；北宋制裁“乌台诗案”，苏轼被贬黄州，惴栗着许多文化大家和读书人的良知；清朝的“文字狱”等禁锢舆论和思想的手段，到了无所不用其极的程度……近现代以来，这种极端的情况有所减少，但仍以各种形式出现，阻碍着社会文明的进步发展。戈培尔就为了纳粹“讲坛”一家傲立，用武力让其他政党的声音“消失”。有的国家或地区，至今仍十分封闭或强化着“单向度”的舆论信息灌输，民众无法全面认识世界和自身，从而沉湎于假想的“幸福”中。

民主的萌芽很早就出现了。2500年前的古希腊城邦，实行“陶片放逐法”，谁的名字被大家写在“陶片”上，就意味着谁是不受欢迎的人。“一边倒的舆论”左右投票结果，迫使其离开城邦。被放逐的人有“草根”，也有政治家、军事家，如马拉松战役的指挥官、雅典首席执行官阿里斯泰德，政治家军事家地米斯托克，雅典政治领袖西蒙等。一个目不识丁的选民在一次会议上，请身旁的阿里斯泰德帮忙在选票上写“阿里斯泰德”。阿里斯泰德吃惊地问为什么？这个选民回答：“不为什么，我甚至不认识他。但是到处都称呼他为‘公正之士’，我实在听烦了。”可见有了“民主”的权力，却没有能力去运用，这种狭隘的民主显然不是人类文明的追求。

人类社会艰难地迈向“信息执政”。大约2000年前，造纸术和印刷术出现，为此创造了重要条件，也适应了统治阶级的需要。公元前2世纪，我国西汉出现了传知朝政信息的“告示”，也叫“邸报”、“朝报”或“条报”。15世纪大明永乐年间，我国2000多名学者编撰3亿多字的《永乐大典》时，欧洲对印刷术还一无所知。18世纪法国资产阶级启蒙运动的旗手，被誉为“法兰西思想之王”、“欧洲的良心”的伏尔泰甚至多次说：“当我们还不知道如何认字书写的时候，中国已经到处是书籍了！”

宋朝以后，手抄纸媒改为印刷发行。而此后大约140年，罗马执政官尤利乌斯·恺撒才第一次发出手写“阿尔布”，以记载元老院会议纪要和公民议事内容。这种定期张贴在古罗马广场上的"告示"，被称作"每日纪闻"。到了17世纪初，德意志的《通告报》和荷兰的《新闻纪事报》，才算是真正意义上的报纸。

最早出现并取得成功的大众化报纸，是1833年的《纽约太阳报》。法国学者加博瑞·塔尔德认为，因为报纸的发展，把原来狭隘意义的"群众"，变成了广泛的精神集合体"公众"。1835年，"哈瓦斯通讯社"诞生，成为世界上第一家通讯社。十几年后，一个叫"路透"的人为快速传递信息，租用了45只信鸽，古老的"鱼雁传书"从此商业化。"路透社"也成了世界最早的通讯社之一。此后二三十年，美国和欧洲开始出现报业垄断集团……

美国汉学家史景迁，对中国古代的"信息执政"有较深的研究。他记载，雍正时期市井街面常现这样一些人：行商与行医者、流亡的犯人、僧侣与考生、客栈经营者与算命先生。他们走街串巷，通过各种形式传递着各路信息。雍正是个勤政的皇帝，注意到这种现象，便派人去了解民间信息，并阅读书院、集市上的招贴。雍正在位13年，由于掌握了民情民意，做了一些有益社会的事情，为以后的乾隆盛世打下了基础。

人类社会进入了现代文明，迅速增多的被称为记者和编辑的人，用手中的笔和镜头，绘声绘色地描述着世界。于是，载有各种信息的报刊，出现在了家家户户。以后有了电脑、网络、手机，电子信息如潮水般涌来。人们的认知、思维越来越多地受到媒体影响和诱导，执政者也有了更多更便捷的治理国家、获取支持的方式。但同时，也都不得不面对越来越难以应付的种种舆论"利剑"。

美国第三任总统杰斐逊，视报纸为继政府、议会、法院之后的"第四部门"，由此引出了"第四权"概念。他的执政理念，受到了民众的拥护。这也是今天"美国式民主"特色的重要来源。以后的继任者一脉相承。第三十五任总统肯尼迪认为："在知情基础上做出选择的能力等所有民主政治赖以生存的假设条件，在很大程度上取决于传播。"他第一次把传播的理念，引入到处理政府与媒体和民众的关系上。这对后来世界各国的政治家，都产生了很大的影响。

政治家离不开“舆论信息”的武器了。他们深刻理解了马基雅维利所说：“君王必须从本国的民众那里得到好感和支持，否则他一旦遭遇逆境，就再也找不到补救的办法了”。以及约瑟夫·奈所说：“信息即实力。”托夫勒所说：“谁控制了信息，谁就控制了人的心理。谁控制了人的心理，谁就控制了整个世界。”今天，已经没有哪一个政党、政权和政治家不注重舆论信息“权力”，不通过媒体让民众了解自己的“魅力”和执政理念、做出政治承诺和政策解释。严肃的执政行为，在传播中表现为花样百出的“媒介政治”。

西方发达国家，较早注重从制度上完善“信息执政”。19世纪30年代，美国第七任总统杰克逊最早设立了“新闻发言人”制度，第二十七任总统塔夫脱开始定期举行“记者招待会”，第三十二任总统罗斯福设立白宫新闻办……每一任美国总统都传承了“善用媒体”的传统。尤其是富兰克林·罗斯福，因脊髓灰质炎腰部以下瘫痪，竞选中他只展示腰部以上形象，并以永不妥协的形象赢得国民信任。执政12年会见记者年均83次，仅第一个任期就召开340次记者会。他的30次“炉边谈话”，拉家常式地分析时局、解释政策，被誉为“和蔼可亲的广播总统”、“操纵现代宣传工具的头等好手”。他引导民众不再畏惧法西斯的恐吓，带领美国度过了最艰难的时期，也成为美国历史上在任时间最长、唯一连任四届（病逝于最后任期）的总统。

1960年9月，电视首次作为政治工具，在肯尼迪与尼克松的竞选辩论中使用。辩论开始前，助手为肯尼迪匆忙买来高级化妆品蜜丝佛陀乳剂面油，经过一番收拾，肯尼迪走进录播间时容光焕发、信心倍增。女性和年轻选民，瞬间被他的英俊潇洒所吸引。而之前占优势的尼克松，满脸汗渍、相形见绌。以微弱多数胜出的肯尼迪坦承，是电视的帮助才扭转不利的选举态势。他也因此被称为“电视总统”。1996年俄罗斯选举，13个财阀利用媒体支持叶利钦、阻止俄共中央主席久加诺夫当选。事后支持者说：“莫斯科的电视不是娱乐，毫无疑问是政治，如果不是电视，我们不会赢得选举。”小小银屏竟有如此魔力，一下成了“政治到达率”最大的媒体！难怪联合国秘书长安南疾呼：“要利用现代传媒工具——电视，来控制战争的发生，维护世界和平。”

从首位“电视总统”到首位“互联网总统”，中间只隔了40多年。奥巴马的选举团队，充分利用信息网络技术，几乎向每个选民发送了电子邮件，让不太关心政治的美国年轻人趋之若鹜，"草根"风向标迅速转向了奥巴马。他上台当天就公布了政府的交接网站，建立起连接本国民众和世界的平台。最新的声明、讲话，以及电邮、电话、书信、传真等联系方式，也即刻出现在该网站。他的第一封政治电邮的内容是："亲爱的朋友，我希望在未来数周内将经济刺激方案写进法律，但我需要你们的帮助！"

在普京的政治理念里，"信息资源将决定世界政治和经济的明天"。他在大抓国内媒体融合、加强外宣的同时，下令成立"国际形象委员会"，并向世界主要媒体投入重金。全球最大的广告传播集团美国公关公司凯彻姆，专门为俄制定公关战略，为普京等领导人设计国际形象，还帮助普京在《纽约时报》发表文章……

撒切尔夫人执政初期，电视发展如日中天。她敏锐地意识到，胜算在握不仅依赖决策和政策的正确，也需要利用电视传媒展示自己作为女性领导这样一个难得的优势。于是，她接受了广告商的指点，进行类似影视明星的训练——声乐、演讲、发型和着装，同时还创作剧本并扮演自己，甚至还做了牙齿正畸。

美国历史上40多位总统，每人都有公关方面的才干，或是演讲高手，或来自好莱坞，或善于利用公关团队……世界上不少政治家，如西哈努克、金大中等，还曾涉足演艺圈，深谙"政治家和演员本质上有许多相通之处"。奥巴马、布莱尔、拜登、约翰·麦凯恩、芭芭拉·鲍克瑟等，都客串过影片，显示出表演天赋……而特朗普从表面上看，一直与媒体关系紧张，常对他们公开叫板或指责辱骂。就是当选总统后，仍少见地对媒体声色俱厉、指名训斥，并拒绝白宫记者轮值随行采访的传统，漠视新闻界监督的要求。但不能据此就认为，他放弃了与媒体的合作，忽视了传媒的作用及利害。事实上他对社会和选民演讲十分用心，对网络社交媒体也极为熟悉，经常半夜上网发文，堪称"社交媒体达人"。热衷使用Twitter，使得他成为大选中的"超级网红"并出奇制胜，尽管之前他受政党支持最少。因此，这次美国大选也被称为"第一次真正意义上的社交媒体选举"。特朗普的特立独行，也给其执政未来及美国新闻舆论生态，增加了很多不确定性。

台湾的执政者和政客，都很重视利用舆论包装自己。李登辉以“继承蒋氏父子遗志”、“谦和勤政”舆论假象，掩盖了“台独”面目，骗取了国民党内部的支持。为排斥宋楚瑜参选“总统”，他宣布开除宋的国民党党籍，指使“民意代表”召开记者会举报“中兴票据案”。虽然宋事实并无侵占，但“参选”一事因舆论蛊惑功亏一篑。陈水扁更是“在意”舆论作用，胡忠信在《权力的傲慢》中记录：“如何提高曝光率，如何挤进报纸的头条，如何制造新闻话题”是陈的朝思暮想，一大早出门，要对守候的记者们丢下一句“名人语录”，以显示很有学问，陈也找到了“东山再起”的切入点。马英九则在媒体面前表现出高大英俊、廉洁诚信的形象气质，这对他的竞选和后来的执政产生了不小的正面影响。2016年初蔡英文胜选，在很大程度上，也是在利用媒体上比朱立伦更胜一筹。

日本经济发达，但历史不甚光彩。日本人也一直想通过重塑形象，扭转经济地位和政治影响的不对称。日本民众历来有摄取舆论信息的强烈欲望和自觉意识，这也成为推动经济发展的重要动力。日本广播协会 (NHK)不隶属政府，但播出的节目始终像“政府报道”。特别是侵华战争时期，其报道日军占领南京的消息不断，但大屠杀却只字不提。日媒号称不属党派，也不从军部，是独立民营，但“惟命是从”、“唯唯诺诺”却是传承的特色，很少有西方媒体的“扒粪”行为。这源于政府的管理和拨款制度，以及记者头上随时可能落下的“损害公共利益和公共秩序”大棒。这一点在发达国家并不多见。安倍上台后把控制媒体作为一项战略，在立法干预的同时，派亲信掌控NHK，加大投资“战略性外宣”，实施“酷日本”宣传政策。外务省2016年重点外宣和培养海外“知日派”总预算达7568亿日元（折合人民币405亿元）。外务省设“公关课”，统筹驻外使馆公关宣传，广建传播据点“日本屋”。日媒有意泄露“天机”：建“日本屋”重要目的之一，就是反驳中韩在领土主权、历史问题上的主张。日媒紧跟政府，尤其在钓鱼岛、南海局势问题上，假话说得“郑重其事”，“中国威胁”渲染成势，“厌华憎韩”和修宪扩军成了气候。虽然有的媒体对政府政策有不同看法，但总的看是“小骂大帮忙”……

政治家离不开媒体，“媒体人”也因此倍受重视。美国第七任总统杰克逊赢得"第一次现代选战"，新闻界立下汗马功劳。后来其著名的"厨房内阁"中，有4人就是传媒界的翘楚，70多个有记者编辑背景的人被安插进政府部门。到1830年，新闻界出身的政治家在国会中达到四分之一的比例。这在美国历史上前所未有。后来的肯尼迪，将广播新闻界"一代宗师"爱德华·莫罗，任命为自己的新闻总署署长。奥巴马团队里，有"普利策奖"获得者萨曼莎·鲍尔，任驻联合国大使；《时代》杂志前总编斯坦格尔，任负责公共外交和公共事务的国务次卿……

创建新中国的元勋，对舆论信息有着深刻的认识。毛泽东酷爱读书、广取博览是出了名的，而且十分注意通过各种渠道收集信息，委派优秀干部从事情报工作，始终联系群众掌握社会动态，创建起了党和军队的媒体体系。新中国成立后，党的媒体系统得到发展和完善，党和国家领导人坚持调查研究、通过《情况反映》、《群众反映》、《内部参考》等内部刊物，广泛了解社情民意。一个积贫积弱的半殖民地半封建的大国，在短时间内出现人民团结奋进、国家欣欣向荣的局面，与党和政府高度重视和正确利用舆论信息是分不开的。

进入信息时代，党和政府积极顺应历史潮流。十八大后，习近平进一步阐明新闻舆论的地位和意义：事关旗帜道路，事关贯彻落实党的理论和路线方针政策，事关推进党和国家各项事业，事关全党全国各族人民凝聚力和向心力，事关党和国家前途命运。党和国家领导人身体力行，自觉利用媒体和网络了解社情民意、处理政务，已成为一种工作常态。曾任总理的朱镕基说，他为看央视《焦点访谈》"晚上不敢出去吃饭"，"看完后必定打电话，不是打给部长，就是打给书记"，有些改革思路也从中而生。现任总书记习近平、总理李克强等党和国家领导人，对网络和舆论的熟悉和运用，也通过媒体让社会广为知晓。

随着信息技术的发展，"电子政务"（也称"电子政府"、"在线政务"）于20世纪末快速成熟。联合国将其界定为：政府运用网络向公众传递政府信息与服务。其最大的特点，在于政府信息的公开和公共权力的共享。"信息执政"作为新的执政理念、执政行为，越来越多地出现在人类社会生活中。我国虽然起步较晚，但也顺应了这种形势，大力发展"互联网+政务服务"，发展跨部门、跨区域、跨层级的数据集中、信息共享、协同管理和服务。2016年

6月，在线政务服务用户已达1.76亿，约占网民总数的四分之一，而且还有加快的趋势。国务院客户端APP上线，国家层面“两微一端”体系形成，强化了服务功能，促进大政策数据完善，督促着政策法规的落实，有效克服了行政“肠梗阻”。微博微信虽小，却有着大作为，在改变传播政治生态和舆论格局的同时，推动着社会管理的民主、透明、公正、公平和高效……

如今的互联网舆论，已成为社会矛盾和不良情绪的“晴雨表”、“催化剂”、“宣泄器”。同时也是解决与缓解的“助推器”。2007年百名院士提案：为厦门环境安全缓建PX（二甲苯工厂）项目。媒体报道后引起厦门民众强烈关注，而当地政府却迟迟无应。网络出现民众“散步”表达诉求的照片后，引起全国舆论聚焦，PX项目最终移址。4年后，大连也因PX项目引发网络舆论的抗议，最终以市委书记出面表态搬迁这座年产值数百亿的工厂而告终。令人后怕的是，由厦门迁至漳州的PX项目已发生了两次爆炸。2016年8月，连云港民众通过互联网和手机微信联络，反对中法合作核循环项目选址计划，一些外地网民也发声支持。市政府被迫宣布暂停。对该项目是否科学、合理、安全暂且不论，但这次事件对执政者的警示是有益的，也是信息执政中不可逆的民主进程。

H1N1病毒的流行，曾令流行病学家不安，并夜以继日地研究。但先于他们两周拿出病毒爆发预测报告的，却是谷歌的一个研发团队。这种在以前无法想象的事情，在“大数据”时代不断地通过舆论信息出现在人们眼前。舆论信息反映着世界变化，也引发着世界变化，同时促使人们生成“慧眼”来认识世界，更逼迫着执政者不断改善执政理念和思维的模式……

政党、国家和军队的“软实力”

舆论信息体现为一种力量，代表着一种趋势。有效地掌控和运用，被公认为是一种重要的“软实力”。这种“软实力”的珍贵性，在于蕴含的价值观念、文化魅力、思想浸透，而且需要多年的精心打造。

美国有今天的成就，与其对“软实力”的认识和实践分不开。400年前，当

“五月花号”从普利茅斯驰往新大陆的时候，具有启蒙运动精神的新移民，为摆脱英国统治和“冷眼”，在新大陆的荒野寻觅和抢夺财富的同时，就萌生出创建属于自己的文化、构建自己“软实力”的意识。他们终于找到一个满意的“身份认同”：“上帝的选民”。由此，这群人便宣称“天赐使命”，有“教化世界”的责任……由此逐渐培养起自己的民族观和自豪感。

斯宾塞把达尔文的生物进化论引入了社会生活，“优胜劣汰”迎合了诞生不久的美国的民众意识。从那时起，向“野蛮”世界推行自己的“价值观”，被他们看作是最正确的事。“民主、自由、人权”，成了其利益扩张的先导。看看美国历史上40多个总统的就职演讲，基本内容几乎众口一致：美国是上帝特别庇佑的最美好的国家；美国是人类的希望和榜样；美国是国际和平的卫士；美国是人类自由与正义的化身……

有学者的总结简洁而形象：古代斯巴达是一个军事国家，约翰·卡尔文时期的日内瓦是个宗教国家，19世纪中叶的英国是欧洲第一个工业国家，而当代美国是世界上第一个大众传播统治的国家。可见，在美国的建立和发展过程中，媒体和舆论信息起了多么重要的作用。

18世纪起，推动经济的美国“第四驾马车”扬鞭而起。那时没有人向印刷业发营业执照，也没有人要求报刊进行注册，人们不知保证金为何物。就是荒野的居民定居点，甚至拓荒者，也能享受到有人驾着公共马车定时扔在路边的报刊。这些现象在当时的世界极为少见。英国一位旅行家1875年游历美国西部后记录：“宣传在那里是生存所需。而依靠广告报纸就可以生存。”可见当时美国媒体的普及程度。有人把这种现象比喻为迅速提高民众启蒙水平的“魔法”。

兴办媒体的获利大大超过了预期，让美国的初创者们兴奋不已。一些人疯狂地创办或收购报纸，各政党组织也争相利用报纸，就像当时激烈地争夺牧场一样。到1900年，美国的日报的发行量达到了1510万份，也就是户均1份的惊人水平。

1828年，杰克逊打赢了美国历史上第一场媒体发挥重要作用的选战，成功当选第七任总统。他发动舆论揭露约翰·昆西·亚当斯和亨利·克莱在大选中的舞弊行为，也赢得了“人民的候选人”、“新奥尔良的英雄”等美誉，成了实现“普通美国人的梦”的典型。从此，也诞生了今天的民主党。舆论塑造起的民族认同感和自豪感，推动着美国开拓扩张。其步伐之大，在20世纪初一直比较轻松，直到在珍珠港挨了小日本的痛打，才感到阻力和威胁。而“9·11”事件最令美国痛入骨髓……

如果说“争鸣”是这个国家军事理论的特征，“揭丑”则是其媒体的一个重要特色。这也与两大政党之争有关。在较长的时间里，“扒粪者”和“丑闻报道”很活跃，现实主义新闻报道和社会批判的风气也很流行，媒体常现与政府“不和谐”的声音。事实说明，这未必全是坏事——南北战争前对奴隶制的攻击，成了奴隶解放的福音；对政界黑幕的揭露和抨击，令政客们不得不夹紧“尾巴”；二战期间渲染“美国衰退论”，促使美国参战和应对苏联的挑战；对朝鲜战争失败的指责，促成了美国安全机制的大转型；夸大苏联“赶超”的恐惧，促进了美国向太空和空天的进取；冷战后批判唯我独大、歌舞升平，帮助决策者认识了世界多元化之危；抵制对伊拉克二次动武，引导民众认识了中俄和欧盟的崛起；渲染经济危机，促进了经济和社会制度不断完善……在宪法体制下的弹性空间里，舆论鞭策着执政者自我认识和纠错。美国也在这种“不和谐”的声音中一天天强大，保持着“总比任何潜在对手超前几步”的优势。而曾经强大的对手威廉德国、日本帝国和苏联，则在“自我陶醉”和“幸灾乐祸”中，实力一天天散褪至尽。

克林顿时期的军事战略专家托马斯·巴尼特，曾记下五角大楼墙上一则有趣的“招聘敌人”的启示：成熟的北美超级大国寻求有敌意的合作者以进行军备竞赛、第三世界冲突和一般性对抗。候选者必须有足够威胁，以说服国会满足军事需要。具备核战能力者优先，但如果拥有重要生化武器资源，非核候选人也可考虑。这从一个角度，诠释了为什么“实力老大”总在喊“狼来了”，总要不断地寻找“问题国家”，总认为选“对手”比选“朋友”重要……

自觉保持忧患意识的国家和民族，才可能是强盛的。善于警醒的军队，才会是有战斗力的。警钟长鸣、远离懈怠安乐和声色犬马，时刻让“对手迎立”。持有如此的“清醒剂”、“磨刀石”，何不是一个国家、民族和军队的重要“实力”！

“9·11”以后，布什政府一度偏重军事实力的作用，引起国内“没有动用足够的软实力”的批评。曾热衷对外动武的布热津斯基，伊战后也有了新的反思：就因为在全球力量中，“文化统治”没有受到足够重视，冷战后美国由胜利走向新的被动。联邦通信委员会前主席牛顿·弥诺批评政府：“我们在炮弹上每花100块钱的同时，再花一块钱用来传播思想，那么我们在公共外交上的预算将达到目前的4倍……”

“话语权”无疑十分重要，但未必是制胜的充分必要条件，而且可以随着实力的调整变更其主人。当年国民党有着绝对的话语权，但被共产党逐渐夺了过来，也助共产党最终赢得了胜利。1964年，虚假的“马多克斯”号巡洋舰被袭的“北部湾事件”，在美国强势渲染下引发越战，导致了5.6万人死亡，30多万人伤残、被俘和失踪。而反战力量的兴起，使美国丧失了战争“话语权”，越战也成为美国历史的耻辱。多少年来，“越南综合征”深深刺痛着美国人的心。学者丹尼尔·贝尔指出：“许多美国人认为，即使这场战争没有令人满腹狐疑，在道义上它也是稀里糊涂的。在战争进程的过程中，产生了政府是否讲究信誉这样一个关键问题，它直接威胁着总统宝座的合法性。”

美国终于迎来了摆脱越战心理阴影的重要机遇——海湾战争。当时的美国国内宣传让民众信心满满。虽然美军使用的精确制导武器只占装备的8%，但由于“话语权”强势并首次使用“网络战”，战争尚未开启伊军就草木皆兵。多国部队还利用现代声光电技术，制造出深夜魔幻的牧师祈祷和教堂钟声，给战争蒙上了神秘的色彩。伊军没有遇到多少军事打击，在舆论信息战面前就溃不成军。整个战争过程，美军阵亡仅148人，战斗伤458人，非战斗亡138人，非战斗伤2978人；其他多国部队阵亡192人，伤318人。而伊军2万人死亡，被俘达8.6万人。悬殊之大成为战争史的奇观。布什在电视讲话中难掩兴奋：“美国终于从越战的阴影里走出来了！”曾经举国的“心理阴影”、长期困扰决策者的心病，仅用42天得以解决。

美伊战争，舆论信息战又跃上新的高度。尽管伊军和装备数量上并不少于联军，很多还是先进装备，但美军上百颗通信卫星、EC—130心战飞机、空军193特种作战联队和陆军第4心理战大队的心理攻势，令伊军政要员惶惶不可终日。老百姓打开广播电视就是联军的节目，处处是联军的“魔影”，而阿拉伯国家像对待瘟疫一样躲避伊拉克。不少军官为了保命，按照美军邮件的指令，将装备整齐地停在基地外，然后匆匆逃离。有的开战前数小时给部属“放了假”。战前包括中国许多“专家”都预言伊将誓死血战，但美军所到之处如入无人之境，伊军不战而降。这次，美军和媒体都汲取了越战“互掐”俱伤的教训，配合得十分默契。媒体因此得到很多“自由”，1500多份新闻稿只有5份送到白宫审查。

不仅战时，美国掌控的舆论传媒在世界时时发挥着重要影响力。1992年宣传“杀婴案”，让伊拉克国家形象一落千丈；1999年渲染“侵犯阿族人权”、“拉察克村屠杀事件”，摧毁了南联盟政权的形象；“9·11”后出于战略需要，有计划地修复一些阿拉伯国家的形象，实现了把美国民众对基地组织的憎恨与阿拉伯民众区分开的目的。《波士顿环球报》记者约翰·耶曼写道：“美国的全球政治、军事势力范围实际上是有限的，但由于美国文化在世界各地占有支配地位，使这个世界以一种更深刻、更基本和更持久的方式日益美国化，结果就是，美国利用军事和经济力量没有达到的目的，却利用软实力就轻易达到了。”美国民众对自己国家及“美国梦”的认同，同样源于长期的舆论宣传引导、意识形态的坚守和“公民教育体系”的建设。

我国有着世界最多的人口和最长的文明史，理应在国际社会拥有更多的“话语权”，发挥出更大的影响力。改革开放以来，我国经济总量跃居世界前列，综合实力不断增强，日报期刊发行总量居世界首位，成为世界最大的传媒国家。20多年来，英语新词汇中“中文借用词”数量居首。中国在国际组织中的话语权也越来越多，中国的声音受到重视。我国央视在世界的观众数以亿计，在美国就超过4000万。“全球十强”互联网公司中国占了4家。中央媒体的一批网站进入国际排名前100，与西方一些老牌网站难分伯仲。我国新媒介快速增长，媒体生态格局发生结构性改变。文化有效输出增加，民间文化在欧美大有遍地开花之势。舆论博弈的底气越来越足，针对安倍参拜靖国神社、修改教科书、钓鱼岛、南海等问题，我国舆论频频“亮剑”，用世界听得进、听得懂的语言密集发声，赢得了国际舆论的支持，也让“保守”“软弱”“空泛”等被动印象开始改变。近几年，在“主场外交”重大国际会议上，国家领导人用世界乐于接受的方式和易于理解的语言，讲了一系列“中国故事”，“亚太梦想”的蓝图逐渐被世界认识和接受。特别是“一带一路”，堪称最生动传奇的“中国故事”，其中的发展理念、合作诚意、战略眼光、大国气度，让越来越多的国家有了真切感受和美好愿景。

但也应该看到，我国虽然是舆论信息大国了，但还称不上舆论信息强国，对外宣传依然是“短板”。报业市场竞争力还不强，千人日报63份的拥有量，远低于发达国家千人250份的水平，甚至低于世界千人96份的平均水平。在国际话语体系中的影响力还不强，虽然在有些问题上影响到国际舆论，但还未达到“引导”的作用和目标。新闻报道很少能成为国际采用的主流信源，更难影响世界舆论的走向，与经济大国的地位、与世界想听中国声音的需求很不相称。一些媒体缺少如何让世界读懂中国的能力，费劲不少，但由于对外宣对象深入研究不够，对人家想什么、关注什么缺乏透彻分析，有的宣传像在K歌房自娱自乐，处于“不知谁看”、“不知谁信”的尴尬。有调查显示，对于中国的了解，国际受众68%的信息来自西方媒体，而通过中国媒体了解的只占22%。而且客观上，国际舆论绝大多数是质疑性的、偏负面的报道。而我们常常只能斥其“抱有偏见”、“戴有色眼镜”，很难以媒体的实力回答质疑、澄清事实。

我国文化产业竞争力也比较弱。2010年，美国文化产业比重占世界的43%，我国则不到4%。美国文化产业占整个GDP的25%，日本占20%，中国仅为2.5%。2013年中国货物进出口总额4.16万亿美元，服务进出口总额达5396.4亿美元，而文化产品进出口总额不足总量的1%，文化服务进出口额不足总量的2%……世界公认的顶级文化大奖：诺贝尔奖、普利策奖、艾美奖、奥斯卡奖、金球奖、世界杯、普利茨克建筑奖等，很少能收入囊中，不少还难望其项背。

我国历史文明遗产丰厚，还未转化成能跨越时空、体现实际价值的影响力。柏拉图说：“谁会讲故事，谁就控制世界，谁就拥有整个世界。”哈尔珀也有名言：“打赢如今的战争靠的不是最好的武器，而是最好的叙述方式。”这两个不同时代的人，或许是在各自的语境中讲述某件事，但却共同阐述了一个深刻道理：话语权在操控主体方面是“非强制”的，只有通过传播、扩散并被受众接受，才产生出效力。

一个国家或民族向世界展示自己，可以有很多途径。而“讲故事”，是一个最佳传播手段。谁的话语叙事能力强，能打动人，有吸引力和穿透力，谁在竞争中就可能赢得优势和胜算。事实上，文化强国不仅是文化产业发达、开放包容度高，也一定是话语体系强、“故事”讲得好的国家。约瑟夫·奈把“讲故事的能力”看成21世纪衡量一个国家国力的重要标准：“传统上，胜负取决于哪个国家的军事实力更强。然而，在一个全球信息时代，胜负还取决于哪个国家更会讲故事。”未来学家丹尼尔·平克提出：“未来的六种技能：设计感、讲故事的能力、共情能力，还有你需要会玩，你需要找到意义感。”这的确值得人们回味！今天，如果连“我是谁”还说不清楚，对人家关注什么、喜欢什么也不了解，面对误读、歪曲、偏见和捏造怎么去澄清纠正？怎么可能用自己的价值观影响他人和世界？文化底蕴再深厚，怎么能让人家喜爱、信服并埋单？

通过外援传播并塑造国家形象，是大国外交的重要内容。但不善表达也难以收到预期的效果。2004年印尼海啸，我国援助了大量食品，就因为食品标识是中文，对方民众竟不知是谁送的；因为没有采用国际标准印上过期日期而不是生产日期，以致出现“食品是过期的”等负面舆论。我国商务部领导感叹：“好心办坏事，这就是软实力的差距，就对外传播国家的形象而言，效果并不好。”2015年12月，全国人大常委、外事委员会主任委员傅莹说：“在与世界的交往过程中，中国面临如何让世界更好地了解自己的难题，目前的沟通还是很不够的。世界现在很想听中国故事，窗口已经打开，我们需要提高这方面的意识和能力。归根结底要靠我们自己向世界讲清楚国家的抱负和人民的梦想。”

美国是世界最大的文化输出国，文化产业冠全球之首。好莱坞占据国际电影市场总销售额的70%，影视剧出口在世界遥遥领先。最畅销电影品牌的影响力，也造就了“美国梦想”的国际垄断和意识形态的扩张，美国电影协会也成了“准政府”机构。法国一位前外长就说过，美国之所以强大，是因为它能“激起人的梦想和渴望，这要归功于其散布在全球的影视形象，正是因为这些原因，大批学生纷纷从其他国家奔赴美国求学深造”。看过影片《拯救大兵瑞恩》的观众有印象，电影一开始星条旗就飘扬了一分钟……这种意识形态灌输的效果无须言表。除此，迪士尼、麦当劳、可口可乐、NBA等，都在不断创造巨大利益的同时，有效地守护和传播着美国的价值观。

《学习时报》刊登过一个故事：1955年，美国一家公司在报上刊发广告，鼓励孩子们“给圣诞老人打电话”。由于印刷失误，号码成了北美大陆防空司令部指挥中心的电话。接到第一个电话的是值班上校哈里，他对打来电话的孩子没有斥责，更没有粗暴地挂掉电话，而是安抚说：“让我看看雷达……”几十年过去了，这家军事机构演变成北美联合防空司令部，但有远见且眼光独到的军人们将错就错、因势利导，“追踪圣诞老人行动”一年年地延续至今。对于美军，这件事既没有成为负担，也没有因此“泄密”，收获的却是正面的形象，是有互联网后的10亿次的访问量，是强大监测能力的全球展示，是体现美军“软实力”的平台……

2012年，“鸟叔”及《江南style》风靡全球，这既是韩国文化输出的典范，也是半美半韩的文化的符号。全球最大的视频网站YouTube因播放量达23亿次，不得不对系统进行升级改造。据2015年5月《光明日报》报道，韩国已有72.45%的热播综艺节目被引进中国，其综艺节目在中国银屏占比高达43.27%。可见，曾经的弱国小国，一样可以将文化产业做大，一样可以制造出对世界的冲击力。

面对新“韩流”的大举入侵，我国领导人提出了问题：“韩剧为什么能占领中国？为什么漂洋过海，影响了美国、甚至欧洲？”一位韩剧大师音乐家的看法或许是一种回答：韩剧的成功是儒家价值观的胜利，韩剧受儒家思想影响很深，符合亚洲人的价值观，这不是宗教而是文化，其中表现的亲情高于一切，男大当婚女大当嫁等，都遵守了道德伦理标准……而这些，正是偏离文化传统、缺少创新、低俗滥制、铜臭四溢的文化市场缺少的。

前几年，当世界舆论热议中国经济总量何时超过美国的时候，澳大利亚一家报纸却提出了另外三个问题：什么时候全球大多数国家的精英愿意把自己的孩子送到中国来留学？什么时候才能使全球绝大多数人特别是年轻人喜欢看中国电影、听中国音乐、读中国书籍？什么时候全球的消费者选购产品时会首选中国品牌？这些，句句问到了“软实力”上！但不知能不能对国内盲目乐观、头脑发胀的人们，起到清醒和警示的作用……

执政面对的“大考”

“权杖”看似极其威严、体面，实际却是一支无比沉重的“应考之笔”。每一个执政者，都逃不脱必须面对的诸多“大考”。而舆论信息的大考，就是其中一项经常的、极为重要的内容。

进入现代社会，舆论信息成为社会活动展开的前提。而每一个舆情事件的出现和演变，也都是各种社会矛盾交织碰撞的产物。所以，每一次应对处理，也都有着很强的政策性，同时还兼有现实性和前瞻性。

认知领域有一个特征和规律，就是其矛盾及其运动，不管是良性的争执还是尖锐的对抗，都只能在认知领域里解决，而不能用行政的手段逼迫就范。用行政手段解决思想问题，难以取得好的效果。这也反映了应对和处理舆情信息的特殊性和复杂性。在这一过程中，执政党和政府的能力水平、科学性甚至合法性，始终直面着艰难的大考、历史的诘问。

在如潮的舆论信息面前，执政党和政府如何识辨、抵御、处理负面和虚假的内容，可以说是最艰难的考题之一。因为其经常体现出严重性、紧迫性，若不及时正确处置，或以不真实的舆论信息作为决策的参考依据、社会长期在虚假或负面信息的基础上运行，都将是十分危险的……

尧舜在几千年前就意识到了这个问题。他们在殿堂外和交通要道矗起“诽谤木”，鼓励人们在上面刻字，评时议政、抒发己见。这比一般了解社情民意，显然要高了一个层次。那时的“诽谤”与现代汉语“无中生有，说人坏话，毁人名誉”截然不同，“诽”是私下表达不满，“谤”是公开表达不满。“诽谤”为指责缺失、议论是非，也有“进谏”之意。现在天安门内外竖立的“华表”，就是从“诽谤木”演变而来的，华表上方还雕有怪兽“犼”，天安门里朝北的犼叫“望君出”，是希望皇帝经常外出体察民情；天安门外朝南的犼叫“望君归”，是希望皇帝不要常在外游乐，以免延误国事。

夏商时期，始现君王派遒人（邮差）“拿木铎，循于路，求路遥之言”。春秋齐国，已能汇聚百家之言，稷下贤士最多时达上千人，齐国因此达到鼎盛。秦国统一后，则设“诽谤妖言罪”并施以酷刑，囚禁了思想和言论。到汉文帝时，下诏废掉这一罪名，强调百姓诅咒上位之人不能认作是“大逆罪”，不过是小民的愚昧无知，进而鼓励臣民直言上谏。明代内阁首辅张居正总结道：诽谤和妖言的治罪，让秦的统治很快灭亡，而汉文帝因解除了这一罪名而成为一代贤君。他认为，国家兴亡治乱的先兆，就在于言路的畅通与阻塞之间。

当年珍珠港被袭后，日本成了美国仇敌。罗斯福下令将11万日裔美国人“禁闭”。其中有一个叫松的人，状告政府的行为违反了司法程序。舆论也为其加油。这给执政者出了一道不小的难题。后来几十年里，支持松的舆论始终未断。政府最终给予了幸存者以经济补偿，克林顿还特别给松颁发“总统自由奖章”。政府这样处理，扭转了多年的舆论失利，挽回了不良影响，也摆脱了道义上的被动。

苏联曾对传播马克思主义做出过突出贡献，有过舆论宣传活跃而辉煌的时期，取得过引导本国建设以及世界共运的成功经验。但列宁之后的执政者，却在舆论“大考”中屡屡考砸：教条和僵化地宣传马列主义、一味粉饰太平、忽视人民的利益和呼声、鼓吹个人崇拜、凡对党和现行政策不利的新闻一概不报道，把宣传思想工作等同于强迫灌输和政治说教……而相关的大事件，如对捷克斯洛伐克改革的镇压、苏军在阿富汗的伤亡等，民众无从了解。以致社会流传着“《真理报》上无真理，《消息报》上无消息”等调侃。人民无从满足信息需求，正确分析判断形势，何谈行使国家主人的权利?

1986年切尔诺贝利发生核事故，放射微尘超过了广岛原子弹400倍。由于正常信息渠道阻断，事实真相被隐瞒，公众知情权被剥夺，“火灾”的谎言占了上风。辐射最重的前15天，附近民众不知大难降临，农舍里依然飘出婚礼的乐声。而《真理报》登出的大幅标题是“国家不会抛弃那些困难中的人民”。同样受到蒙骗的戈尔巴乔夫出现在电视屏幕：“不要着急，同志们，局势已经得到了控制，没有发生任何不好的事情。人们还在那里继续工作和生活……”人类首次看到的“大面积放射释放”的彩云，很快飘到欧洲大部分地区。美国侦察机抓到了直接证据，欧洲广播做了报道，瑞典政府发来信息，莫斯科才意识到问题的严重。塔斯社67个小时后才做出报道，承认发生泄漏事故。直接后果是：当年8000人丧生，数百万人身体受到伤害，近万平方公里的土地被污染，物质损失相当于建设上百个相当规模的核电站。民众对政府的信任彻底丧失。戈尔巴乔夫以后承认，这次事故成为“压倒苏联的最后一根稻草”。而苏联的“考砸”，也引发了东欧国家“多米诺骨牌”效应……

洞察民众思想的变化和诉求，是执政者和政府每天都要面对的。当民众的权利和利益诉求长期得不到满足，或难以表达真实意愿并纠正被错误代表的意愿，自然会离心离德、形同散沙，甚至很多人行若无赖。党和国家的亡灭，殷鉴则不远矣。

古希腊、纳粹德国、苏联……都曾以“民主自由”著称。希腊城邦“公民法庭”宣判坚持真理的苏格拉底死刑，从而让初级的民主走向了严酷的专制。恶魔希特勒疯狂的虚假民主，引导着德国民众丧失了正常理智。苏联后期对思想文化的“管控”，造成人民民主的遗失，使党和国家分崩离析。有人说，如果互联网早出现20年，苏联也解体不了！此言不无道理。人民的耳目被长期阻塞，不良舆论又长驱直入，思想文化阵地拱手相送，执政党、政府和国家岂有不亡之理？！

1949年3月23日，毛泽东率中共中央从西柏坡向北平开进。春暖花开的时节，又是离开那个只有85户人家的小山村，迈向辉煌执政的美好时刻，毛泽东却没有一点兴高采烈。就如他后来所说，当时就像一个进京赶考的学生，认真地准备着各种答卷。那时他与周恩来一段诙谐而深沉忧虑的对话，令人久久回味——

毛泽东：“进京赶考去！”

周恩来：“我们应当都能考试及格，不要退回来。”

毛泽东：“退回来就失败了，我们绝不当李自成。我们都希望考个好成绩……”

“李自成”当然只是个象征性的说法。这个来自黄土高原的汉子，也曾有过远大理想，并在“赶考”之初夸下海口：“三年不征，一民不杀。……”但他自住进了紫禁城武英殿开始，便沉浸在朝歌夜弦之中，很快变成“性猜忍，日杀人剖足剖心为戏”的魔鬼。当初的“誓言”统统抛在脑后，“历史考卷”也被胡乱涂了鸦。

不仅是与周恩来的“赶考对”，毛泽东与黄炎培的“窑洞对”、与郭沫若的“甲申对”……以及他在后来各种重要会议上反复讲到这个问题，都能清晰地理出他心中对“大考”的深深思虑：共产党从哪条路上来？为何而来？向着哪里去？应当怎样去？

1949年四五月间，毛泽东进京之后，在京沪线上的小城丹阳，解放军南下干部正在做进军上海前的集训，陈毅语重心长：“进入上海是中国革命的最后一个难关，是一个伟大的考验……”可见，如何“迎考”，成了共产党和军队的领袖都在思考的前瞻性、战略性的重大问题。

承平日久，硝烟弹雨变成了杏花春雨。“历史，往往在经历过时间的沉淀后可以看得更加清晰。”习近平2014年在古田讲的这句话，引导着人们深刻反思：在国际形势和国家安全环境深刻变化之下，经历过各种艰难曲折考验的党，面对着灯红酒绿、清音疏影，还能记住自己来去的方向吗？还能不忘初心把持看家本领吗？还能坚守住自己的精神高地吗？……“考官是天下老百姓，考场是征程万里长。”《西柏坡组歌》里一句词说在了点儿上。

不少人常常思考：处在信息时代，新的“赶考”路上，中国会不会成为曾经的苏联……

用兵之法，贵在不复。没有哪一个善战之师，会不顾客观实际，固守陈旧落后理念，使用一成不变的战略战法。信息时代也没有哪一场博弈，可以照搬照抄为下一场对抗的范本。事实证明，中国不是苏联，中共也不是苏共，毛泽东缔造的中国共产党以坚定的信念和使命担当，以特有的方式自我调节、加强建设，在没有硝烟的战场没被击垮，反而打败了形形色色的敌人，一步步发展壮大。西方势力让中国改变颜色的阴谋企图，也一次次以失败和失望告终。

在西柏坡这个共产党“立规矩的地方”，新任总书记深思熟虑地说：“当年党中央离开西柏坡时，毛泽东同志说是‘进京赶考’。60多年过去了，我们取得了巨大进步，中国人民站起来了，富起来了，但我们面临的挑战和问题依然严峻复杂，应该说，党面临的‘赶考’远未结束……”在庆祝中国共产党成立95周年大会上，他又告诫全党：“一切向前走，都不能忘记走过的路；走得再远，走到再光辉的未来，也不能忘记走过的过去，不能忘记为什么出发。”

为什么出发、不忘初心——成了新的提问、新的大考……在国家由大变强、最接近也最有能力实现中华民族宏伟目标的时候，执政党及其领导核心能不断深刻认识新的“大考”的存在、艰巨和严酷，也正是人民的希望和福祉所在。

新的科技革命和产业变革，正促使原有的全球政治形成新的均衡。曾经武力对过手、舆论交过锋的国际战略策略，都能在“大数据”下一目了然了。尼克松在《1999，不战而胜》中写道：“从长期看，我们可以鼓励苏联内部的和平演变”，并且“我们将获胜，而且是不战而胜”。克林顿曾表示：美国不是通过武力而是通过信息、国际交流以及类似的软手段来破坏中国的制度，在中国任何对此持异议的人，都无法阻止它，正如柏林墙最终还是倒塌了一样，我认为，那是不可避免的。奥巴马政府强调使用“巧实力”，以“政治转基因”、“颜色革命”等方式对付“目标国”。前国务卿奥尔布莱特说：“中国不会拒绝互联网这种技术。因为，它要现代化。这是我们的可乘之机。我们要利用互联网把美国的价值观送到中国去。”原美国驻华大使洪博培在2012年讲得更具象：“我们应该联合我们的盟友和中国国内的支持者，他们是被称为互联网一代的年轻人。中国有5亿互联网用户，8000万博主。他们将带来变化，类似的变化将扳倒中国。”西方政界和媒体不停地鼓噪“中国崩溃论”，主要论据之一，就是“互联网是中共唯一控制不了的舆论工具”，中国难以承受“互联网舆论”之重。

境外敌对势力与我意识形态之战始终没有停止，舆论攻击、心战策反、多方渗透也一直严峻复杂。对此，不能丝毫放松警惕。但同时也要清醒地认识：党面对的最大威胁是来自“国外敌对势力”还是自身建设的缺失？当前国际竞争中的主要矛盾是什么？思想意识形态长期乱象的主因是什么？干扰正确思想舆论导向的根源何在？……这些都是十分现实而严峻的问题。只有正确地认识，才有可能正确地防范。

回望历史，“生存一天就要为中国呼喊一天”的方志敏，在狱中描绘《可爱的中国》，让敌人看到了一个共产党人是怎样“冥顽不化、见佛灭佛。劝导者昂然而进，颓然而归，更有为之倾倒者。狱卒争相为之奔走”；为建立抗日统一战线，红军改编为八路军，贺龙的一席话“我们的外表是白的，但我们的心却是红的，永远是红的”，引导着红军将士极不情愿地换上国民党军装，撤销了政委和政治部，蒋介石瓦解红军的阴谋始终未能得逞；50年前，刊登雷锋事迹的《中国青年》杂志洛阳纸贵，发行800万份还供不应求……

但今天，许多民众已经不相信正面宣传了。因为看到了太多的管灵魂的出卖灵魂、讲信仰的没有信仰、喊艰苦奋斗的贪图享乐、管法纪的带头违反法纪。十八大后仅两三年，数百名省部以上干部、将军落马，不少地方领导班子屡现“窝案”。2016年查处辽宁省十二届人大选举45名当选的全国人大代表拉票贿选，523名省人大代表涉案；省人大常委会62名组成人员，38名被终止代表资格，以致因不足半数无法召开常委会履职……这些触及党执政底线的系统性蜕变触目惊心，在新中国历史上前所未有。钱学森曾指出，导致系统性坍塌的往往取决于结构中关键支点的改变。引用到社会意识形态领域，“信仰”就堪称社会的“关键支点”。

在信息时代，博弈双方战术层面的精神、意志和技术十分重要，但战略层次的视野、思维、判断和决策，才是改变国际关系、破解各种困境、战胜强敌的关键所在。而战略对抗比拼的，是信仰追求、思想境界、精神文化、智慧经略和能力作风……没有“政治品德”这个第一位的先决条件，没有义薄云天、吞天吐地、压倒对方的境界和高度，怎么可能站上军事、政治和精神博弈的最终“胜利高地”？

在军事变革的研究中，多数意见倾向“把过多的权力赋予一个人或机构”，以便理顺指挥关系。对于这种极高的要求，“老虎”们有何德何能担当？他们贪婪日炽、作威作福、弹冠相庆，哪来时间和心思深研马列、引导舆论、谋略天下？他们的“高度”和优势，只在“官本位”、“金本位”而已。有点小聪明，也是鬼谷子所指：机心是术，若无道心统御，术越高，行越偏。

先秦军事思想著作《六韬》里讲：“将与士卒共寒暑、劳苦、饥饱，故三军之众，闻鼓则喜，闻金声则怒。”拿破仑在滑铁卢一役败北后悟到：“好久没有和士兵一起喝汤了！”而郭伯雄、徐才厚等“老虎”们，早没了身先士卒、生死与共的良心与良知。他们对党和军队传统的背弃、对官兵心灵的戳害，无异于自废武功、自毁长城、自掘根基。他们费尽心机把自己扮成“党的化身”，“高大上”地指责“敌对势力”，但事实上却是党、国家和军队的“超级黑”、敌对势力的“真打手”，卖力地做着敌对势力梦寐以求、想做而不能做到的事情。如真像军中传言的那样，徐才厚几十年里没有提过一个“反对意见”，自述“几十年没讲过一句真话”，那他们指挥信息化战争、继续打造井冈山走来的人民军队，将是一个什么样的结局？！

思想家雅克·阿塔利曾在2011年描述：“今天的精英们，无法预见未来，无力保护人民，完全辜负了使命。他们以不确定性为荣，从中渔利，并把他们自己的罪行合法化、理论化；他们像享用奢侈品般，在不接受限制的自由中生活，取之尽锱铢，用之如泥沙。”而今天的“老虎”们，正是这样一些曾被某些人视为的所谓“精英”……

毋庸置疑，国内外敌对势力的颠覆和破坏一直存在，特别是“舆论信息攻心”、“颜色革命”等，以各种各样的形式不断出现。对此，政治和思想的警惕性任何时候都不能放松，也必须从思想、言行、法制和国家安全等各层面加以抵制和斗争。但同时，也要防止别有用心之人的转移视线、浑水摸鱼。毛泽东早就指出，社会主义国家的“和平演变”，既有外部条件，也有内部因素，但总的来说，内部因素是占主导地位的。所以，主要危险来自党内，特别是各级领导层。乔石也指出：“苏联巨变有很复杂的原因，有内因和外因，但内因是主要的。有帝国主义推行‘和平演变’的因素，但我看主要是苏联内部的原因……”这些体现着辩证唯物主义基本原理的精辟理论，今天仍有着十分重要的指导意义。如果把党的领导和内部建设搞坚强了，还怕什么妖魔魍魉、阴谋诡计？！

有两个美国人，一个是经济学教授，一个是常驻莫斯科的媒体人，合著了一本书《来自上层的革命——苏联体制的终结》，以独到视角和数据分析，揭示苏联解体的原因：它的体制“被它自己的大多数精英抛弃了”，“当许多原苏联党—国精英最终认识到不值得为这一政权制度奋斗并且放弃奋斗的时候，这一政权制度也就倒台了”。该书1997年面世，开始很少人赞同其中的观点，后来接受的人越来越多。因为人们在痛苦经历中，逐渐认清了戈尔巴乔夫及他钦定的主管舆论宣传的雅科夫列夫的所作所为。雅科夫列夫早就被苏联安全部门认定是美策反人员，其自我标榜“坚定的马克思列宁主义者”、“最爱祖国”则欺骗了无数人，并不断青云直上……

另外两个俄罗斯学者的《第三次世界大战——信息心理战》，也分析道：“第五纵队行动起来的时候，不仅没有批判现存体制，反而表现为‘超级爱国主义者’或‘超级共产主义者’，表现出对现有制度的无比忠诚，对帝国主义则大加抨击……在他们所采用的各种手法中，最有效的方法之一就是逐渐将理想及口号引向荒谬，从而在社会意识中败坏现存制度。”这些，称得上真知灼见、警世危言。

我国特有的制度架构，使得位高权重者的一言一行有着明显的“风向标”作用。网络大大拓宽了群众的视界，同时让上位者的言行矜伪难长、盖虚不久。人民眼睁睁地看着，过去的一些年里，“老虎”们及把持的部门，歪念马列理论，大搞空洞说教和言行不一，让敌对势力拿到口实、钻了空子，党风社风军风悄然巨变，许多干部蜕化变质，几代人受到侵蚀……

新的中央领导集体力挽狂澜，党的建设、军队建设、各项改革和反腐败斗争等，都在不断深入和加强，党和国家的形势近几年发生了重大转变。“忽报人间曾伏虎，泪飞顿作倾盆雨”，如果老一辈革命家在天有灵，感应到这一切，一定会喜极而泣！……

“善除害者察其本，善理疾者绝其源”，今天强调党建和意识形态阵地的“前提性”、“关键性”，重塑共产党人的信仰和形象，强化党的纯洁性和先进性，比以往任何时候都更为必要和急迫。

前面提到的110岁老人周有光先生，他的许多思想观点精辟至极。关于科学真理，他写道：“真理可以今天批判它、否定它，明天还可以批判它、否定它，在不断被批判被否定当中能站得住，那才是真理。如果不许批评，那怎么是真理呢？”但同时他又指出：“有一点是非常清楚的，意识形态是不许批评的，意识形态是用来信仰的。只能信仰，不能批评，所以意识形态不能跟社会科学混起来讲。”后来他又多次讲到这个问题，认为俄罗斯学者进行了“很有水平的”深刻的批判，“现在的俄罗斯已经把社会科学跟意识形态分开了”。《现代汉语规范词典》这样解释“意识形态”：“社会上层建筑的重要组成部分，是自觉、直接反映社会经济形态和政治制度的思想体系，包括政治、法律、思想、道德、哲学、艺术、宗教等意识形式。在阶级社会里意识形态有鲜明的阶级性。”周老的思想与典籍释义基本一致。从被信仰、被捍卫的特征看，意识形态属于“软权力”，是政治统治权的前提和基础，只能建设性地改进和完善，而不能销蚀性地瓦解或和摧毁。比如在宗教国家和西方社会，宗教信仰是批评不得的，否则后果会十分严重。对于这一点，没有哪个政客不清楚。法律也是被信仰的，如果不被信仰，它就形同虚设。从这个意义上说，周老的思想观点振聋发聩、催人警醒，值得人们特别是各级领导干部深入解读。

在新的历史时期，与舆论信息相关的“大考”课题之多、内容之深、标准之高、意义之重，在中国历史上都是空前的——

如何认识中国国情、尊重舆论信息运行规律，防止和避免虚假负面信息的影响，正确运用舆论信息科学地治国理政？

如何建设良性的舆论生态环境，发挥舆论监督的作用，反映人民的愿景和诉求，打造阳光政府和公务员队伍？

如何树牢网络时代的“主权意识”、“高地意识”，始终坚持正确的舆论导向，增强党和政府“声音”的传播力和影响力？

如何认识和区分马克思主义理论研究及其传播的不同特点，紧密中国实际和人民群众的切身利益，将马克思主义民族化、大众化，开展好生动活泼的宣传教育？

如何在“剑不如人”、“敌强我弱”的形势下，扬我之长克敌之短，发动人民群众的力量，打赢捍卫国家和民族利益的舆论信息战？

如何认识和把握以经济建设为中心与牢牢掌握意识形态的关系，找准宣传思想工作的切入点和着力点？

如何开发利用新媒体，加快媒体融合的机制建设和创新发展，增进“两个舆论场”（以国家舆论公器为代表的主流媒体舆论场、以互联网“自媒体”为代表的民间舆论场）的交集和共识？

如何摒弃落后于时代的做法和习惯性思维，运用以人为本的思维、系统和传播的思维、民主与法制的手段，不断创新方法手段，应对舆情危机、化解社会矛盾？

如何发挥主流媒体的传统优势，增强主导话语体系的思想穿透力和道义感召力，解决舆论引导公信力和凝聚力下降的问题，改变失信于民、软弱无力的现象？

如何统筹传播资源、创新叙事方式、设置国际议题、提升话语阐释能力、国际传播能力，在讲好中国故事、传播好中国声音中提升党、国家和民族的形象？

……

"大考"的内容很多，不是这样几条能表述清楚、概括完全的。诸多课题知易行难、考好更难。"大考"合格，是国家和人民之幸；反之，将是无尽的人祸灾难。

"舆论监督"，最难的考题

在人民民主的国家里，体现人民权力的一个重要方面，就是对执政党和政府的"监督"。而"舆论监督"是主要的形式和基本手段之一。一个社会是不是法治社会，不是看颁布的法律条文有多少，而是公共权力是不是受到了包括舆论监督在内的各种有效制约，以及法律的执行和落实。

我国关于"舆论监督"一词，是在1987年党的十三大政治报告正式提出的。基本涵义是，人民的利益愿望、意志和情绪、意见和批评，通过舆论反映，并受到党和政府的重视和解决；同时，舆论监督也是舆论自由的必要保证，实质是人民监督，主体是人民群众……从十三大到十八大，"舆论监督"连续6次出现在政治报告，也说明党对舆论监督的重视和深化。

舆论监督与组织监督、行政监督、司法监督一样，都是国家社会治理的重要手段，标志着一个国家的民主化、法制化水平。舆论监督在各国说法不一，但含义基本相近。本无“实权”的媒体，因为发出的舆论信息能左右人心，才有了无以替代的重要影响力和监督力。在西方社会，由于媒体有与总统、国会和最高法院一般的制衡能力，所以被称为独立的、超党派的“无冕之王”或“第四权”。

权力必须受到监督，这种必要性早就被先贤所认识。孟德斯鸠有名言：“一切有权力的人都容易滥用权力，这是万古不易的一条经验。有权力的人们使用权力一直到遇有界限的地方才停止。”权力的“天然腐败”，迫使着人们不懈地寻觅着约束它限制它的“灵丹妙药”。从公元前的西塞罗，到几百年前的孟德斯鸠，再到当代的思想家政治家，对于权力的监督有过太多的研究和论述，但权力的滥用并没有实质性的改变。而舆论监督，迄今仍是相对最有效的方法之一。

古时的尧舜，曾设置具有舆论监督意义的“谏鼓”、“诽谤木”。西周专设“环人”官职，负责掌致师、查军匿、环四方……特别是唐宋的“谏议制度”、“风闻言事”制度，取得了很好的效果。民间舆论能通过“言官”（也称谏官）上奏皇帝。“言官”品级不很高，但多是从科考进士选拔的，因其能上达天听、弹劾官员，所以地位举足轻重。

这一制度的高明，还体现在谏官不仅能充分晋言，还能得到保护。有人举报主持贡试的李昉作弊录取低才，宋太祖便亲自殿试，弄清情况后严厉责罚了李昉。宋太祖甚至将“不得杀士大夫及上书言事人”刻在了碑上。唐宋大诗人中就有不少任过谏官，他们敢怒敢言，热衷进谏，毫无顾忌。用今人的眼光看，北宋“君臣共政”也算是较先进的民主政治了，为变革弊政，宋仁宗特开天章阁，命文臣士大夫“毋或有所顾避，其当世急务有可建明者，悉为朕陈之”，说得对的，“悉用其说”。八大家之一的苏辙，在策试中撰文批仁宗“宫中美女数以千计，终日饮酒歌舞纸醉金迷，皇帝坐朝不问国家大事，不关心百姓疾苦。”他事后承认信源是道听途说，但仁宗不但未责罚他，还表示：我设立科举考试，就是欢迎敢言之士，苏辙指责我的过错，刚正不阿，出于爱君之心。苏辙未获罪，还受嘉奖、当了官。苏轼感慨：“秦、汉以及五代，因为进谏而死的，有几百人。而宋朝建国以来，还没有人因言获罪，即使当时稍有责难，不久也会升职。”

“言官”有权，却能砥节砺行、不敢任性而为，因为有严格的约束。对其制度之严格，甚至连宰相也不能“私见”，所以真正起到了“正人主”、“绳百僚”、“讽议左右，以匡人君”的作用。有人统计，唐代近300年中，大约有171起向皇上进谏事件，除3次结果不明外，未能进谏者54次，纳谏者114次，成功率为68%；宋朝上谏的成功率也达60%以上……庙堂有君臣争辩是非、江湖有书生指点江山，不能不说是“盛唐”得以形成、宋朝成为世界首富的重要原因。谏议和风闻言事的制度延续了多年，到明朝时达到了顶峰。

西方经济学家对此有“跨界”研究。诺贝尔经济学奖获得者阿马蒂亚·森说，在任何一个独立、民主、拥有相对新闻自由的国家里，从来没有发生过重大的饥馑。也就是说，媒体对社会最底层的需求（尤其是生存的需求）是敏感的，由此产生的报道会形成压力，从而通过其他中介手段促使社会资源重新分布。美国政治学家巴查赫和巴热兹在《权力的两方面》一文中也举例说，甲城市污染严重，但政府和民众很少讨论污染问题；乙城市情况好得多，不过当地政府与民众十分重视如何减少污染。究其原因，甲城市强大的利益集体操控着舆论，千方百计地阻止媒体设置并报道相关议程……

19世纪末20世纪初，美国的经济和城市化发展迅速，官员腐败的问题也随之突显。当时也有敢于仗义执言、揭黑揭腐的记者，著名的斯蒂芬斯就是其中之一。他抨击了20多名参议员，让他们失去了选举席位，为促成包括宪法在内的一系列的立法进程做出了贡献。《纽约时报》和《华盛顿邮报》等主要媒体的文章，一直被政客关注。美国一个议员的助手曾公开说，国会首先研究的问题有90%是来自这些媒体的头版，议员对此依赖也很强，不断引用报道来佐证自己，以引起国会的关注……

西方媒体的从业人员慑于法律，不敢随意侵犯民众的隐私，但对包括总统在内的官员的不法、不雅言行，则视为最具猛料的“A1级”信息。这其中有媒体“揭黑”的传统，也有追求“轰动”的新闻理念。记者的这种紧盯官员政治与廉洁的角色行为，也被称作“看门狗”。美国副总统阿格纽受贿和偷税漏税、尼克松水门事件、英国贸易和工业大臣帕金森婚外恋、日本首相竹下登涉嫌股票受贿案、美国家情报总监办公室主任约翰·菲尔宾新闻发布会造假等，都因为媒体的揭露和穷追不舍，有的身败名裂，有的被判刑入狱……

“看门狗”不能光盯着他人，自己屁股不干净也不行。2003年《纽约时报》记者布莱尔炮制假新闻东窗事发，总编辑和执行主任都不得不辞职。2013年，因涉嫌造假和散布谣言“菲劳买便当遭拒”，台湾《立报》记者和《四方报》总编辑先后辞职……

由于媒体的“吹毛求疵”，官员不敢不检点，不得不谨慎。而一旦事发，最好的办法是“走为上”，避开舆论的锋芒。这时，媒体也会止步，不再穷追猛打，因为下面的事有司法去做了。媒体关注转为对“虎落平阳”后的人格保护、对司法公正的跟踪监督……西方媒体有其虚伪的一面，但这种监督显然对社会有益，能让权力的神经紧绷，所以在有些国家，舆论监督被誉为“公民生活的王冠”、“民主社会的助产士”、“制约权力的检察官”。

海伦·托马斯是90多岁高龄的白宫女记者。当年，时任总统的肯尼迪接见后来成为总统的小男孩比尔·克林顿，她就在一旁见证。她的职业生涯很传奇，报道过从肯尼迪到奥巴马10任总统，并以提问的尖刻著称。她坐在白宫为她特制的镶着铜牌的椅子上，盯着那个“君临天下”的人：“听好了，总统先生！”犀利之眼和舌枪唇剑常令对方冒汗。海伦对此解释：“多年来，我总有机会质问这个国家最有权力的公仆——美国总统。我承认，对这个职位我抱有敬畏，可并不是对占据这一职位的那个人，因为我们的职责不是去敬仰一个领导人多么德高望重，而是不时地把他们搁在聚光灯下，看看他们是否有负民众信赖。”奥巴马无奈却钦佩地说：“她成功地使10任总统，包括我在内忙个不停。”海伦式的监督及总统的“无奈”，从一个角度说明，完善的制度才可能打造出有效的舆论监督，而优秀的政府及领导者需要舆论监督造就……

法国是少数几个将核燃料循环设施集中在本国领土上的国家之一，对核燃料安全较为成功的舆论监督，是重要原因之一。在这点上可以说是世界典范。2006年颁布的《核电安全与信息透明法》明确，任何个人都有权向核电站运营商要求提供有关核安全和核辐射的信息。如果地方信息委员会有要求，核电运营商必须在8个工作日内答复。

2010年，英国石油公司（BP）事故引发“墨西哥湾漏油事件”，造成美国历史上最严重的环境灾难和数百亿美元的损失。媒体对BP抓住不放，同时对政府施压，从而促成了政府的妥善处理，BP不得不拿出200亿美元赔偿了事。

2013年，美媒评选年度“政界十大谎言”，总统奥巴马“关于保留医保项目”榜上有名。这让世界上很多人感到惊讶。事实上，这种情况在欧美并非罕见，越是高官越难逃舆论的监督。更有意思的是，奥巴马也坦诚：“办砸了！”

2014年，澳大利亚G20峰会前，有媒体扒出政府预算的巨额费用，如平摊到加长一张会议桌就要3.6万澳元（约人民币19万元），引起了民众和反对党的愤怒声讨。时任总理阿伯特不得不更改前任总理的计划，大幅削减在购买领导人豪华轿车、改造五星酒店等方面的预算……

虽然西方媒体时刻打着自己利益的“小算盘”，但对涉及国家根本利益、影响到体制根基的报道，谁都不敢唯利是图了，更不敢丝毫任性而为，都必须老老实实做出应有的抉择。之所以这样，在于媒体与政府已经形成了稳定的互动关系：“维护现存体制”基本前提下的共生和依存；政府利用媒体，媒体监督政府。

社会主义国家的性质，决定了舆论监督有最广泛的社会基础。在现有条件下，民众实施“舆论监督”一般是通过媒体表达意见和愿望的。朱镕基曾肯定《焦点访谈》：“舆论监督，群众喉舌，政府镜鉴，改革尖兵。”并说：“各级领导和社会各方面都要支持舆论监督。我也接受你们的监督。”绝大多数记者编辑认真履职，新华社内蒙古分社记者汤计写出了大量揭露巨骗贪官的内参和报道，尤其是关于呼格吉勒图案的5份内参，直接推动了这一重大冤案的昭雪。聂树斌案的平反昭雪，也与良心媒体人的多年坚持采访报道密切相关……而促使舆论监督不断前进的最大的也是更深层次的动力，在于人民群众的期盼和推动。当然，舆论监督能不能起作用，媒体敢不敢监督和挑战权威，有赖于特定的历史条件和社会环境，也取决于政策制度和决策者。这一点哪个国家都概莫能外。

遗憾的是，在社会主义制度下，有时候舆论监督难以战胜资本的力量，一些西方的丑恶现象也会出现。人民不满有些舆论公器充斥了过多的市场因素，给钱的手能操纵媒体的声音，媒体没有发挥应有的舆论监督效用。2016年五一期间，魏则西成了“名人”。这个患上罕见绝症的大学生，受网络信息和无良医院欺骗，花光了所借巨款后去世。莆田系及原罪再度进入人们的视野。其实，舆论对“莆田系”的揭批上世纪末就有，有的媒体因此受到恐吓威胁。2006年，新华社《瞭望东方》的两篇报道，可谓最有深度、传播最广的报道。俞敏洪、郎咸平等“大V”也通过舆论指责过。但“舆论监督”并没起作用，莆田系更加猖獗、发展更快，甚至把中国最大搜索引擎“百度”当成了自己宣传主阵地。十年前媒体报道担心的问题终成现实。而采写报道的两位记者，也惜别了新闻职业，做起了出版社编辑，或隐居山林养猪为生。舆论监督败给的对手很明确：“资本”。

社会越是发展，民众越需要舆论监督和表达诉求。不能不承认，实现愿景并非易事。一段时间里，有些媒体不仅基本失去监督、监测和预警的功能，还成了“假大空”的始作俑者。当民众需要代言时，媒体常常是缺位、失语。而对“老虎”们“高大上”的夸夸其谈，媒体忙不迭地迎合宣传，如果能对他们台下的“本真”稍微聚焦，也多少拉他们一把，不至于滑得那么深。

网络媒体的兴起，使舆论监督得到前所未有的技术助力。2003年一段时间，“非典”对社会形成严重威胁，而当时的报道是：“北京只有12例，死亡3例”，“北京是安全的”……解放军总医院蒋彦勇医生利用电子邮件向媒体披露了事实。之后的巨大舆论风波引起了国家的重视，推动了全民抗击非典。也就是这一年，新华社首次报道了中央对网络的重视，促进了突发事件报道管理办法的改革。因此，人称2003年为“中国公共危机传播元年”。

舆论监督与司法审判的关系，也是常常会遇到的。舆论要满足大众的知情权、表达权和监督权；司法则需要秉持中立、被动等执业戒律，客观上排斥煽情的舆论。二者的矛盾显而易见。尽管普通人很难看到舆论监督和司法审判的内在关系，但公平正义共同目标下的良性互动逐渐增多，其前景值得期待……

2003年，年轻小伙孙志刚因为没有《暂住证》，被当成“三无”人员在救治站里被野蛮殴打致死。《南方都市报》报道后，几个小时网络跟帖上万条，这在当时也算海量了。最终13名犯罪分子被法办，渎职人员受处理。此事件引发法律界人士上书全国人大，进而促进了《城市流浪乞讨人员收容遣送办法》的废止。网络舆论在中国的威力，可以说由此事件发轫。以后湖南"黄静裸死案"等在网络引发全国性喧哗，司法遭遇信任危机，司法鉴定机制等改革也因此加快。2016年出现的"魏泽西"、"雷洋"等，虽然年轻的生命无法挽救，但他们引出的舆论之剑，刺开了一个个巨大的"脓包"，促进了改革深入和社会的文明进步。

还是2003年，在网民一天留言30万条、质疑审判公正及量刑合理性的舆论风暴下，前一年被铁岭中院判处死刑又被辽宁省高院改判死缓的黑社会头目刘涌，终于被最高法院改判死刑，立即执行。该案是在舆论监督下得到公正处理的典型案例，民众呼声起了重要的作用，正义终于回归民意。

在今天的民众的眼里，大到政改、医改、教改和国企改革，小到网速、收费及街区村落的民生事宜，都可以到网络舆论场发表意见、进行抽丝剥茧的分析评论。尽管自媒体的声音显得杂乱无序，有些还很"外行"、"幼稚"，事后证明也并非准确无误。但自媒体发声只要不是出于恶意，就属于公民的权利，是"弱者"手中最后的舆论武器。这种崭新、值得呵护并完善的新型舆论监督，对于执政党和政府工作来说利大于弊，是一种建设性行为，是推动社会公平、公正、透明的巨大力量。

通过网络舆论监督，引发广泛关注的事情越来越多。在特殊场合微笑的"表哥"、猥亵女童还出言不逊的海事局书记、酒桌上骂群众不要脸的镇党委书记、抽天价烟的房管局长、拥有22套房产的"房叔"、16名警力劝不动的违章停车公务员夫妻、徒弟打伤记者助威"打了就打了"的艺人、醉酒后便溺发飙踢保安的奥运冠军、挖地洞挖漏了京城大街的人大代表、操纵冒名顶替上大学的责任人、将超出本科线考生志愿锁在抽屉里的"招生办"……都是被网络舆论曝光后，才得到妥善处理的。

舆论监督的不断加强，使得滥权和腐败行为受到震慑。广东佛山公路局违法"治超"，被披露后又敷衍应付社会，直到现场录像曝光后不得不认错。上海闵行交通执法大队"钓鱼执法"，无辜司机砍断拇指以证自身清白，而区政府却想敷衍了事、息事宁人。社会舆论加压后，市联合调查组还原了真相，区政府不得不做出道歉。某市委书记拿旧日历纸写讲稿赢来一片赞扬，网民却曝光主席台上的矿泉水是“奢侈品”，舆论指向顿时逆转……

舆论监督之难，也与多年“因言获罪”的恐惧有关。“反右”、“文革”过去多年，很多人仍记忆未褪、心存余悸。尽管政治环境发生了很大变化，但一些地方的舆论生态仍不正常，发批评帖被跨省追捕、上网讽刺某案被劳教、讽刺某领导被追究的事情时有发生。伦敦大学教授奥兰多·费吉斯《耳语者：斯大林时代苏联的私人生活》一书，让许多人看到“耳语”这种人类基本的交流方式，在特定的环境里成了“奢侈”的生活，“闭嘴”也成了最好的生存之道。恐惧导致“沉默”，沉默又进一步加深恐惧。长期沉默的社会，还导致“发声功能”的病态和退化。不难理解，为什么很多人在现实中用真名说假话，在网络里却用假名说真话。

列宁曾以新闻宣传经历自豪：“我一生做得最多的事情，是给报刊写文章，所以，我的职业是新闻记者。”他开创的社会主义媒体、办报办刊思想，特别是倡导的“黑榜”舆论监督模式，今天仍有着重要的意义。

如何把舆论监督落在实处？人民对权力的监督怎样真正实现？不仅是重大的理论问题，更是现阶段非常现实、亟待解决的重大课题。从法律层面说，“人民”是一个抽象的集合概念，无法承担主体义务和责任。就像现实中，人民的意愿只能通过政府工作来实现一样，人民的诉求多数时间只能通过媒体表达，舆论监督也主要通过媒体来实现。近年的许多案件说明，由于缺少舆论监督，一些官员滥权愈演愈烈，媒体的监督、监测和预警功能打了不少折扣，没有发挥出应有的作用。民众对舆论监督的认识不足，很多是从央视最初的《焦点访谈》才了解什么是“舆论监督”。而近几年新媒体的出现，使得舆论监督多元，促进了群众监督作用发挥，党风政风得以迅速好转。

社会学教授大卫·里昂研究认为：“信息社会本质上是一个实施监控的社会。”在新形势下，网民成为舆论监督的主要力量。但在一段时间，网民的意见没有受到应有的重视，甚至被视为另类，受到打压封堵。看看几个大贪官在任时的憎恨——南京市委原书记杨卫泽：“网络比大字报险恶，敌对媒体比侵华日军更残酷！”北京原交管局长宋建国：“在网上批评党的人都是邪教，都要抓起来。"原铁道部长刘志军等人，当众对网络舆论监督破口大骂……这种恨由心生，根源在于执政理念错位。激浊扬清、针砭时弊，成了人们对媒体的深切期待。荀子把"口行善，身行恶"的人称作"国妖"，如果媒体能经常把"国妖"放在"阳光"下晒晒，两面人也就不会有市场了。

在网络时代，上网感受人类新的"精神家园"，成了在信息和媒介社会生存的一种基本能力。通过网络走群众路线，也是信息社会政治领导不可缺少的基本功和看家本领。可是一些干部习惯于传统媒体，不敢或不愿面对网络世界，常现出畏惧、偷窥、屏蔽、躲猫猫、闭目塞听……习近平在2016年指出："网民来自老百姓，老百姓上了网，民意也就上了网。群众在哪儿，领导干部就要到哪儿去。各级党政机关和领导干部要学会通过网络走群众路线，经常上网看看，了解群众所思所愿，收集好想法好建议，积极回应网民关切、解疑释惑。""各级领导干部要学网、懂网、用网……"让总书记告知新时期的领导干部"群众在哪里"，并教授具体的工作方法，这不能不令人扼腕沉思。

中国网民已有7亿多，由于了解的信息、看问题的视角不同，意见难免有偏颇，诉求也未必合理，有的甚至是在发泄情绪……这些，对于各级领导干部的工作指导思想和能力水平，包括包容心和耐心，都是很现实的考验。如果长期忽视网民意见或置之不理，不仅会脱离群众，网民的无奈也会转化为嬉笑怒骂，演变成一个个负面舆情，信息执政、舆论监督也就成了空谈，执政党和政府也会面对越来越多的风险和困境。

主流媒体代表人民进行舆论监督，既是职责所系，也是对党和人民负责的体现。解决好舆论监督失之于常、失之于软的问题任重道远，媒体负有重要责任，同时也有待改革的持续深化……

舆论监督离不开法律的保障。开展监督如是，接受监督亦是。卢梭说：一切法律中最重要的法律，既不是刻在大理石上，也不是刻在铜表上，而是镌刻在公民的心里。换句话就是，法律需要严格地执行和遵守，同时也需要整个社会的推崇和尊重。

我国舆论监督相关法律的研究与落实，相对还比较滞后。特别是正常批评和恶意诽谤，因界限不清常导致思想混乱，近几年才开始改善。2010年，最高人民检察院《关于严格依法办理侮辱诽谤案件的通知》强调：“要准确把握诽谤罪和非罪的界限，不能把对个别领导干部的批评、指责乃至过激的言语当作诽谤罪来办。”2013年，国办《关于进一步加强政府信息公开回应社会关切提升政府公信力的意见》提出：“着力建设基于新媒体的政务信息与公众互动交流的新渠道；回应公众关切要以事实说话；完善主动发布机制、建立专家解读机制，让群众看得到、听得懂、能监督。”2014年，最高人民法院《关于审理利用信息网络侵害人身权益民事纠纷案件适用法律若干问题的规定》，首次明确了个人信息保护的范围，加大了被侵权人的司法保护力度，从民事责任角度对非法删帖、网络水军等作出规制，明确了利用自媒体等转载网络信息行为的过错及程度认定。近两年，法律审判了一些案件，在处理违法行为的同时，加强了对正常舆论监督的保护，这有利于营造良好的舆论监督环境和氛围。

说真话报实情，听民声察民意，接受舆论监督，是党和政府工作的基本要求，也应是公务人员内心深植的道德律令。列宁说过：“一个国家的力量在于群众的觉悟，只有当群众知道一切，能判断一切，并自觉地从事一切的时候，国家才有力量。”毛泽东指出：“让人讲话，天不会塌下来，自己也不会垮台。不让人讲话呢？那就难免有一天要垮台。”这些论述不仅点到了舆论监督的要害，也揭示了为谁执政的根本问题。但至今，仍有不少官员把群众的知情权、表达权和监督权看成是多余和可怕的事情，当成了一大忌讳。这种思想、立场及情绪的隔阂与对立，已成为影响舆论监督、诱发负面舆情的主要因素。

“舆论管控”难以拿捏

舆论管控，也被称作舆论监管或舆论干预。

公元前手抄传播时期，柏拉图就注意到媒介可能对社会带来的不良影响，提出了“诗禁”的主张，倡导执政者对媒介严管。15世纪古登堡改进印刷术及产业化以来，西方国家的“舆论管控”大体经历了四个阶段：一是集权下的严管。即用教会等垄断的力量，对不合规的内容严厉追责，惩罚措施包括火刑、革除教籍、焚书等高压手段。二是较为自由的机制。即经过资产阶级民主革命，报刊监管开始尊重自由市场的原则，逐渐形成侧重监管内容的基本制度。三是实行间接控制。即实行以国家干预为主导，间接控制媒体和公民自由表达的机制。四是以法律和自律为主导。即强调“内容自由与社会责任的统一”，减少行政干预，主要靠政策法规、社会投诉和业界自律，以及技术手段“过滤”。四个阶段的划分未必准确，每个国家的历史、特征和现状也不尽相同，这样大致划分，有利于认识舆论管控发展的复杂性和曲折性。

拿破仑时期不容对立报纸存在，唯有“官报”主导舆论，所以传播界认为法国传播业基本没有过繁荣时期。德国19世纪出台《帝国新闻法》，对记者限制减少，但言论自由不受法律保护，国会简单多数就能干预或废除新闻出版自由。英国掌握宣传艺术最早，相关法律制度形成也早，相对比较完备，对违规的惩罚较为严厉。BBC著名主持人歧视阿拉伯人，节目会被勒令停播；儿童节目观众造假，也会遭处罚或停播。法国允许不同风格，如《查理周刊》的讽刺风格，并给予政策的支持。但在美国行不通，涉及种族、信仰和性别歧视会招致行政干预，媒体很难支撑下去。日本有“记者俱乐部”、“报道协定”等制度，牢牢钳制了媒体的信源，自由和监督被淡化。“记者无国界组织”发布的2016年新闻自由排行榜，日本位居第72位。

对于舆论掌控，许多国家有着自己的独特制度和办法。如岛国新加坡，不仅有严格的《新闻记者法》，还规定任何人不能持有报刊股份超过3%。就是“管理股”，也须出自本国四大银行。这与政府当股东几乎没有区别。这意味着，谁有钱也不能对媒体颐指气使。媒体可以批评政府、反映民意，却从不说“舆论监督”这个词。报刊审查制度很严，对威胁国家安全的言论坚决打击，涉及内政会被限制发行。《时代》周刊曾刊登新反对党议员的新闻，李光耀不满了，《时代》自恃牌大不予理睬，但在新的销量从1.8万本被骤砍到2000本，半年后不得不登出答复信。《华尔街日报》也曾犯“忌”，发行量从5000份被砍到400份。国际传媒和大国发言人对新加坡几乎都选择了沉默。所以，新国内的谣言较少，反对派形不成威胁。因此有舆论认为，新加坡“有民主无自由”。这些情况与新加坡地理位置特殊、依赖强国在世界夹缝生存的国情、执政者的精明都有关系。

上述说明，一个国家哪种舆论管控方式好，要看是否对这个国家的发展有利。就像中国老话讲的，鞋子合不合脚，只有自己知道。国情历史不同，制度规则不同，文化背景不同，适合本国的才是最好的。国家健康发展才是硬道理。生搬硬套、盲目引进，难免会水土不服。

苏联曾长时间严控舆论，戈尔巴乔夫上台后实行新闻“改革”、推行“公开性原则”、倡导和支持的“新闻自由”，很快使舆论失控，造成严重的社会思想混乱。普京上台后采取很多举措扭转这一被动局面，包括寡头控制的、攻击政府的独立电视台等多家媒体，以清查经济问题为由，迫使其让出股份，进而夺回对媒体的控制权。混乱无序的“民主”、“新闻自由”，转变到“政府可控”的状态……

社会越是发展，舆论管控面对的问题也就越多。如何保护言论和新闻自由？什么情况下该加强舆论的管控和干预？如何做到话语权和监督权不被滥用？……对于监管者常常是头痛的事情。美国传媒大师斯拉姆感慨道：“在民主范围内施加什么样的限制才算不违反自由原则呢？不幸，至今还没有形成一种有助于解决这些问题的一般性原则。”美网络司令部总指挥兼国家安全局（NSA）局长罗杰斯也说：在信息越来越成为可致命武器的今天，“在保护公民隐私权和保障公民安全之间找到恰当平衡并非易事”。

我国古代很早就有新闻信息管控。宋朝的官方舆论工具是“邸报”，由于“定本”审查制度，很多内容受限，社会对新闻信息的需要得不到满足。《宋史·吕溱传》记载：“侬智高寇岭南，诏奏邸毋得辄报。溱言，一方有警，使诸道闻之，共得为备。今欲人不知，此意何也？”这段话反映了当时对战场新闻控制的情况，以及社会的不满情绪。林语堂认为，吕溱的作用，是他在中国历史上第一次反对了对战地新闻的封锁。宋哲宗时进一步规定：“凡议时政得失，边事军机文字，不得写录传布。”对舆论的钳制，同时促使了突破限禁的民营小报、假冒“朝报”出现……

世界战时新闻管控，大约出现在我国宋朝三四百年之后的15世纪。到19世纪的克里米亚战争，开始形成制度并加以完善。那时就有了这样的规定：摄影报道只能是反映战争积极一面的图片，不允许拍摄阵亡者的镜头。这距法国人达盖尔发明摄影术，不过才十几年的时间。新闻业也由此逐渐形成文明的共识：报道尽量避免直接反映血腥惨烈的场面。

一战时期，英国一宣战即派人砍断德国最重要的5条大西洋海底电缆，破坏掉其信息传输；对敌宣传本部“克尔之家”，发挥了巨大作用；实施好坏信息混搭发布，被称为“英国绅士办法”。德国“作战新闻局”控制舆论十分严厉，即使是最高文职官员也无法了解战争真相；民众对战争盲目乐观，以致对战败毫无思想准备。美国参战不到一周，就成立首个宣传机构“公共信息委员会”，在国内外十分活跃，有15万以上人为之服务；还颁布《煽动条例》、《谍报条例》等，对违规媒体严厉处罚。法国颁布制裁“战争期间涉密的新闻机构”法令；陆军部“新闻检查局”审查稿件苛刻；不允许记者上前线采访，以致民众很长时间无法得知战争真相。

二战期间，各国舆论管控进一步严格。美国整合外宣机构成立“战争信息办公室”，颁布《报刊战时行为准则》，新闻检查局负责发布战争消息、引导舆论，同时用1.4万人对邮件、电报和无线电通讯进行检查。德国设“帝国新闻处”等管控舆论的机构，每占领一地立即接管当地媒体。英国成立“文讯检查局”，广播和报刊的内容都要过审，BBC播音室里始终有人监控，甚至有时把手指放在播出按键上，以防止广播员“信口开河”。

中国旧军阀时期，舆论管制严厉。当时最有名的报人邵飘萍、林白水以敢讲真话著称，且不为军阀和“封口费”所动。张作霖抓了二人，不经审判当天枪毙。国民党统治下，控言“法规”名目繁多，经常以国家安全、军事秘密为借口，删除或限制国内外记者的电讯稿，涉及共产党的内容审查控制更严。1931年南京发生军警镇压学生抗日游行的“珍珠桥”惨案，《申报》如实报道并高度评价学生义举，蒋介石愤怒下令对该报“禁邮”35天，同时找总经理史量才谈话：“把我搞火了，我手下有100万兵！”史是报业大王，有名言“国有国格，报有报格，人有人格”，回道：“我手下也有100万读者！”1934年，军统将其乱枪暗杀。国民党对外媒关照有加，但也难减西方记者的不满情绪，以致冲突不断。美国记者白修德揭露河南灾情和赈灾贪腐，触怒宋美龄，蒋介石手令：外国记者赴外地采访，须经军委会批准，最后决定权在本人……

文明社会在发展，但民众、媒体和官员，对舆论管控和干预却难有一致的认识。官员一般都认为，舆论自由度够大了。民众却觉得“不过瘾”。媒体减少行政干预的呼声始终不断。这似乎成了难以调和的矛盾。用什么形式管控舆论最好？“拿捏”到什么程度最佳？让决策者伤透了脑筋，也让其智慧经受着考验。而不少视新闻事业至高无上、追求“言论和新闻自由”的记者编辑，依然我行我素、在“底线”上下游走……

1983年10月25日凌晨，美军不宣而战入侵小国格林纳达，并屠杀了几十名居民和抵抗者。数小时后，里根才在白宫记者会上宣布。而享有“新闻自由”的美国媒体，事前竟毫无觉察，感觉像受到了一次羞辱。于是，400多名记者争相前往战地，但只能降落在距目的地160英里外的巴巴多斯机场。面对美军强硬的不合作态度，有记者悄悄雇用小船，千辛万苦地接近了目标，就在以为可以采访到独家新闻的时候，美军机突降并强势警告，记者无功而返。而先前在格林纳达的几名记者受到“优待”，落在了“关岛”号航母上。但“幸运”的记者很快发现：自己被“囚禁”了，根本没有发稿条件。在媒体的抗议和国会的干预下，3天后记者才被准予进入格林纳达，并在军方指定的范围内采访。严管之下，媒体老老实实按白宫的“口径”发声：这是一次救援行动，是为了帮助在圣乔治医学院就读的美国学生摆脱困境。谁也没想到，白宫的威信不降反升，社会对政府教训了媒体的傲气给予好评。而媒体也没有再敢喊冤。之所以这样，是因为特殊时期的舆论管控，看似有违“新闻自由”，却能给社会安全感。里根卸任后，被媒体誉为“公关技巧最高超”的总统。

老牌的英国广播公司BBC，是世界最大的新闻机构之一，属于“公有公营”，经费主要靠政府拨款，高层人事由政府管控。但常因为报道的独立性，与“东家”过不去。丘吉尔刚上台，就以战争需要为名试图控制BBC，因遭抵制不了了之。马岛战争时，BBC报道用词不当，引起铁娘子强烈不满。2003年，记者吉利根爆料：首相府为说服国会和民众支持伊战，迫使情报机构编造假情报。政府对此非常恼火，和BBC打起官司。虽然事后查出了国防部的泄密者，但BBC也不得不公开道歉，董事会主席、总裁和吉利根辞职。最令英政府难堪的是申办2018年世界杯，竟被BBC 搅黄了。2010年11月，BBC记者詹宁斯爆出经10年调查的"国际足联腐败案"。此时，申办团队即将投票，英"拉票"5年已花去1500万英镑……首相卡梅伦指责BBC"不爱国"。22张选票最终英仅得到2票，其中还包括自己投的一票。英代表团首席执行官愤愤不平："我们的媒体杀死了我们，BBC毁掉了申办！"后来《卫报》调查"是否支持'BBC不爱国'的说法？"81.2%的调查对象选择了"否"。卡梅伦尽管很尴尬，但说出的一句话令人回味："我们是一个自由的国家，我觉得国际足联方面会懂得。"多年的风风雨雨，BBC始终没有俯首帖耳，政府也没有用极端手段打压。政府和媒体在不断的"较量"中"平衡"，英国的政治制度也趋于完善……

信息时代的新闻舆论管控，出现了许多新特征。一次不大不起眼的行动，出于政治的需要，必须要利用舆论快速传播、广为传播，成为世界眼中"重要的战争"，如"海神之戟"等；而真正的战争，尽管惊天动地，但出于种种考虑，则必须捂得严严实实，成为人们"看不见的战争"，如美军阿富汗反恐战争的内幕等。很多还有待于人们进一步认识、分析与总结。

总的看，战时舆论管控更加严格。英国规定，战争状态下政府有权取消新闻自由，实行军事管制。阿富汗战争中，美军实行新闻"封锁"，禁止西方记者进入战区。北约在科索沃战争期间，规定相关新闻都要审查，CNN和BBC报道时间要让位于北约需要。曾有美国记者辛普森坚持"中立报道"，既报道塞尔维亚族的控诉，又反映支持米洛舍维奇的内容，被英指责为"塞族人的工具"。英首相新闻秘书还曾致电意大利政府表示对有关报道不满，迫使节目主持人离岗。美军在近几次战争期间，规定记者：不准问伤亡，不准问目前军事行动，不准问与今后军事行动计划有关问题……一切报道必须与白宫和五角大楼口径一致。"9·11"事件后，"美国之音"不顾禁令，播出塔利班精神领袖奥马尔4分钟的讲话，"美国之音"台长及国际广播局长受到撤职处分。伊拉克战争中，凤凰卫视闾静等因拍摄"不合适的图像"，被取消采访资格、没收拍摄素材；美国2名知名记者也因"不听话"分别被开除、取消随军报道资格；葡萄牙2名反战的国家电视台记者被拘留……2003年美国防部《战场条令》，细化出19类可能影响军队部署和安全的不可以报道的内容、14类可以报道的内容。《新闻管制条例》提出：“在未来战场上，军队必须战胜两个敌人，一个是军事战场上的敌人，一个是舆论战场上的敌人，后者包括本国和西方国家以及一切亲西方的无冕之王们。”

媒体内部管控也趋于严格。美联社是世界最大的通讯社之一，在这方面对员工管理越来越严。2013年波士顿马拉松赛爆炸案发生后，又一次重新修订员工使用社交媒体的守则，其中强调：在确保社交媒体的信息真实性之前，员工不得对相关信息进行转发，即使其他记者或新闻机构已经进行了相关报道。BBC的《编辑手册》有专门章节，详细规定需要“商议和请示”的情况，涉及宗教、民族、国家安全、个人隐私、运用隐蔽采访手段等，并且要求“越早请示越主动”。所以记者编辑很少有擅自越位、自作主张的……

2009年伊朗大选期间，伊朗政府实行了最严厉的舆论管控。为阻止反对派利用网络舆论造势，暂停了手机短信服务、阻断聊天工具使用、切断国外网站访问渠道……但这一切并没有达到预期，网民们“翻墙”传播反对政府的信息。更为严重的是，政府的“严控”措施成了国外势力插手的借口……这也成了社交媒体在国家安全领域的第一次亮相，展示了舆论信息战在社会政治变革中的巨大作用和潜能。

美国及其军队近些年舆论管控出现不少失误，给了敌方可乘之机，以致经常出现被动的情况。美国境内有一个“保护记者委员会”，历来都是指责美国以外的国家的舆论管控，2013年首次将矛头对准美国政府，在其发布的报告中，详述了由于美加大舆论管控力度，新闻透明度降低、媒体的心理压力加大……

网络舆论无疑有许多负面的东西，尤其在群体喧哗之时，常出现负面舆情。社会心理学家勒庞早就指出，智力在群体中有时是不起作用的，它会处于无意识的情绪支配下。一个受过良好教育的人，在群体里，可能会做出非常粗暴的行为，而自己都不自知，也不会意识到自己不正常。他还打比方：“群体很容易做出刽子手的行动，也很容易听人的号召义无反顾地慷慨就义。”他在《乌合之众》一书中，对这种现象做了深入剖析。他分析的现象，在我国“文革”期间，在一些城市“反日游行”中、在现实中，都大量存在，不良的“从众效应”、“群体效应”，已经对社会造成严重损害。所以在加强舆论引导的同时，对于目无法制、任性撒欢的网络言行必须依法管束。

不可否认，网络舆论正面因素也很多，而且是大大多于负面，网民的理性程度在不断进步。特别是，有一种“自纠自净”的现象也在不断增加，就如污秽的地方总有人主动出来清扫一样，从相对较长的时间看，网络也有相对平衡的“张力”。这符合《道德经》中“无为而治”的观点。但“无为”并非“不为”，更不是“妄为”，而是顺应规律而为。网络的未来，这也许是最高境界。这符合当代社会学的“崔克坦法则”，即“凡事并非管理得越严格越好”。韩国曾发起一个“善意回帖”的国民运动，参与人数占到总人口一成以上，语言暴力现象受到抵制，网络舆论环境得到改善。马航航班失联、长江沉船等重大事件发生后，虽然网上有一些不良的虚假的舆论信息，但总的看，恶性言论较以往出现重大事故时明显减少。不少网民主动善意提示：不要轻信未经权威机构证实的信息。女孩“弯弯”在如家酒店遇袭后，引起社会关注，有人在网上提出对她“人肉”，许多网友主动站出来呼吁保护她的隐私，并提出“谁喊人肉弯弯，就先人肉这个喊口号的人”。可见，网民的理性、警惕性和鉴别力都在提高。杨秀宇获刑时反思：“社交网络的发达，让虚假新闻很难再大规模爆发。”

网络需要网站和网民的“自净”、“自纠正”，但离不开网管部门依法监督、主流媒体正确引导。尤其在现阶段，在互联网“自组织行为”和“自净化功能”还很弱的情况下，虽然可以期待并需要为之努力，但绝不能消极等待或盲目依赖。

态度和行动决定“考绩”

中国虽然有过辉煌历史，但也有过不堪回首的挨打和屈辱的经历。一个穷困、落后且昏睡的人，尽管是庞然大物，能有谁去关注他、倾听他？不要说话语权，连平等“发声”的资格也没有……

改革开放让中国开始富裕，逐渐积累了一定的实力，同时也被推到了国际舆论的风口浪尖。世界从没有像今天这样关注和重视中国，也没有像今天这样离不开中国的声音。

唯利是图的默多克早早嗅到了这个变化，他发出感悟：“报纸要畅销，就把中国放在头版。”他的新闻集团，多年来都心怀觊觎、跃跃欲试进军中国的传媒领域。而好莱坞也流传着一句话：“一部电影里要没点中国元素，都不好意思来圈钱！”

社会在迅速发展，但不是每个领导者都能跟上趟的。“电话”横空出世的时候，英国议会质询邮政部总工：“咱们如何应对？”总工老爷的回答是：“英国有的是邮差，我们不需要电话。”之后，英国工业革命由盛转衰。一战时英国人发明并使用了坦克，但直到战争结束，也没有认真找到战术运用的途径，所以也就搁置。二战前，法国坦克的数质量均居世界首位，戴高乐的坦克战思想很新潮，却在本国没有“市场”。而德国拿去了，因此大受其益，烽烟初起就让英法败得一塌糊涂，以后又演变出助力德军一路猛进的“三号突击炮”。苏联人也许更懊悔，苏军总参谋长奥加尔科夫早就提出以信息化为标志的“新的军事技术革命”理念，但决策者没有当回事，却引起美军及西方军队的重视，化为了引领世界新军事革命变革的思想和实践……

早在我国明朝，就有子民创造出当时世界最先进的武器：一次可发射28个弹丸的火枪。但后来由于发明者的一个荒诞的怪梦“乃惧而止”。德国传教士汤若望来到中国，警示明朝君臣：“西洋大铳，其精工尖利，命中致远，猛烈无敌……”可君臣们却不屑一顾：“堂堂中国，若用小技以御敌，岂不贻笑？”

到了大清更荒唐。清军用3万骑兵PK数千法国火枪手，被打得一败涂地、尸横遍野。洋务派也曾建议尝试电报，被认为碍风水、不忠孝。就是有了火车和一条轨线，为避免火车震动吓着祖宗，便使用骡马拉着火车走……

当西方工业革命蓬勃兴起之时，中国90%的学问人却在埋头文字学、训诂学和经学。那时中国研究最透彻的，是“儒学”。马克思后来深刻分析道：“一个人口几乎占人类三分之一的大帝国，不顾时势，安于现状，人为地隔绝于世并因此竭力以尽善尽美的幻象自欺。这样的一个帝国注定要在一场殊死的决斗中被打垮。”

观念落后的领导者至今不乏其人。科技发展一日千里、信息大潮汹涌澎湃，一些领导干部却满脑子“官本位”、“金本位”，唯上不唯实、唯官不唯民，依赖着“二手舆情”研判形势、开展工作。有的把网络建设看作“面子”、“政绩”，或视为“定时炸弹”，或当作休闲娱乐的工具。在舆情到来之时，“公仆”不躬身服务、不倾心引导，反而指责群众不识“大体”、不顾“大局”、不懂“感恩”；明知民众思想困惑，出现舆情危机苗头，却不去释疑解惑，而是默认“杂音”，甘当“鸵鸟”。明知新媒体千变万化，也不去学习利用，还自夸不受干扰、抵御诱惑；明知群众讨厌“八股”、“假大空”，却不愿改变，得过且过；明知负面舆情误国害民，不能简单应对，却捂、堵、删、避，直到将小事拖大、大事拖“炸”……

美国学者马克·波斯特曾从政治、科技的视角分析：“技术已经到了公然蔑视现代政府权力特性这一步。”这种真知，同时引出了对待及引导网络舆论的问题。当今，微信已覆盖了90%以上的智能手机，占据了舆情传播中心的位置，介入了所有人群和公共事件。它一改传统媒体及“微博”喷发式、直线式的传播模式，变成“窃窃私议”式、网状式、裂变式的思潮涌动，在复杂交错的舆论环境下，说不定哪一条信息就会引发舆情危机、社会危机……

习近平指出：“一个政权的瓦解往往是从思想领域开始的，政治动荡、政权更迭可能在一夜之间发生，但思想演变是个长期过程。思想防线被攻破了，其他防线就很难守住。”这的确不是耸听的危言了！

当代青年常处在“价值判断与选择的矛盾性和模糊性”之中。这种矛盾中的困惑，也常在他们“最喜爱的地方”（如网络世界）表现出来。当看到那么多年轻人，因网络诈骗、非法传销和卖淫涉黄等，成群结队地被带上警车，谁不为他们的成长痛心、为教育的失败扼腕呢？显然，思想引导的必要性紧迫性没有因为媒体的发达而减少，反而因为舆论信息的杂沓而突显。事实也说明，没有不需要被引导的人，只有不合格的引导者。舆论引导需要统一的组织领导，需要各级各部门的齐心协力、沟通配合。如果视而不见、放任自流、不认真作为，都是失职的和不可饶恕的……

舆论引导并非什么人都可以作为，吸引和影响也不是主观臆想就能做到的。古话说，其身正，桃李不言下自成蹊；其身不正，舌灿莲花虽令不从。最佳的思想引导、最有效的吸引感召，是讲自己信的、做自己说的；言教不失真、身教不失范。宣传引导的境界，是不显痕迹地让人心服口服。其中，人格的魅力、真理的诠释、真情的感染、真实的生动、贴心朴实的表达，一项都不能少。但遗憾的是，党和军队很多好的传统被遗弃了，有些领导干部刚张嘴，群众就认为要说谎了；刚做事，百姓就觉得要作秀了……台上天花乱坠，媒体妙笔生花，群众心中却满是不屑、故意拧巴。这已是不少地方的现实的舆情。

当年，几个红军小战士因为朴实可信，呼几个口号，就能引走一群民众。许多国民党兵因为看到“共产党的官不像官”，道理能讲到心坎上，才投诚并掉转了枪口。而今，有些党员干部早已没有了应有的样子，言在九天之上、行在九地之下，说着一套做着另一套。如此，怎能不收获失效、失礼、失败！

合格的领导者不仅要自身正直、善于引导，还应该敢于直面不理性的民众，与错误的舆论信息叫板。丘吉尔深受英国民众拥戴，是他为选民付出“血水、苦水、泪水、汗水”的同时，对于短视的“民意”也敢恨敢批。一战后，《凡尔赛和约》要德国赔款10亿英镑，德国没有钱未能执行，反从英美得到10.5亿的“复兴资本”。协约国总司令费迪南·福煦的“这不是和平，不过是20年的休战”预言终成现实。丘吉尔对此直言：“群众始终不了解这种最简单的经济事实，而一心想取得选票的领袖们又不敢向他们说清楚。报纸和领袖们一样，反映和强调流行的见解。各国当权者没有人能超越或摆脱公众的愚昧之见，向选民宣布这种基本的、无情的事实……”

每一个国家社会的特殊时期，类似这种思想混乱、愚见泛滥的情况都难免大量存在。事实证明，“民意”重要，但科学的真理更为重要，对此只能由领袖、执政党和政府去“导航”、“把向”、“定弦”，这时思想舆论引导的重要性显而易见、至为关键。

“文革”刚结束时，意识形态领域风云激荡。《关于建国以来党的若干历史问题的决议》、《实践是检验真理的唯一标准》等，起到了拨乱反正、统一思想认识的作用。《坚持四项基本原则》的发表，为改革开放奠定了重要的思想和舆论基础。十八大以后，习近平关于反腐败斗争、关于深化改革开放、关于坚持基本经济制度的讲话，以及在“新古田会议”、在文艺座谈会、在新闻舆论工作座谈会上的讲话……对于加强党、国家和军队的建设，扭转混乱和被动局面，起到了非常重要的作用。

不能正确认识网络舆论，不敢、不会、不愿面对媒体，是不少公务人员的通病，有的到了严重的程度。2010年江西省防汛办副主任接受央视采访，因无关百姓安全的“废话”过多，被主持人两次打断。尽管如此，在后面3分多钟里，仍坚持把当地5个高官的姓名、“重要指示”一一道出。其中提到省委书记3次、省长2次、部长和厅长各一次，可见其精力所系。网民评论：除了百姓生死，此官大局观明晰，唯上立场坚定，说得面面俱到，八股味道十足，“官念”猛于水灾。经历扫黄风波的东莞市长，视媒体如刀山火海，两会期间的记者提问并不出格，却择路而逃和以“嘿嘿”作答……诸此应对媒体的表现，央媒分析归类：无可奉告型、大包大揽型、照本宣科型、自我辩护型、报喜不报忧型、恼羞成怒型、感情错位型。

我国如今微博账号数亿，仅新浪和腾讯平台的媒体微博就有3.7万个，主流媒体和政务微博发布的信息量最多。但事实上，转发评论的数量和影响力却是“大V”居榜首，而“官微”和官员排名靠后。人民论坛杂志曾调查显示，近五成县处级党政干部有“网络恐惧症”，尤其是宣传部长和县委书记。有的省市的调查结果更令人不安。舆论引导不力、主流媒体声音不强，不能不说是意识形态阵地失守的重要原因之一。习近平针对性地指出：“政治工作过不了网络关就过不了时代关。”

值得欣慰的是，这种情况正在发生转变。2014年“两会”，外媒对全国政协发言人提出了有关周永康的“敏感”问题，发言人举重若轻，没有推诿躲避，回答态度鲜明、幽默有度、分寸得当，得到了舆论好评。2015年，首次5位官员同时出席被称为“最豪华”阵容的“中央纪委发布会”。5名官员对国内外关注的反腐败焦点问题，进行了全面解答，没有回避推诿，说理充分、举证明确、数据清晰。而且此次发布会是中央纪委主动要求召开的。发布会没结束，不少国内外媒体就表示：满意、解渴。2016年“两会”首开“部长通道”。总理要求国务院各部长、直属机构主要负责人，不能记者一发问就拱拱手一走了之，要把嘴巴张开，直截了当地回答问题。省部一把手不回避媒体，不少人自揭“家丑”，爆出许多“猛料”，成了这年“两会”一大亮点。几年来，从领导干部“回避”、“逃跑”、“被保护”，媒体小心谨慎有限度地报道，到主动、“透明”、多形式融合传播，标志着中国社会进步的步伐在加快。

近几年，通过媒体，政府与民众的“互动”不断加深。微信的广泛使用，政务信息的送达率达90%，远高于微博的10%。但是，政务双微还不成熟，“内容不谈政、久不更新、发布很任性、实用性不强”等问题，在一些地方还明显存在。部分基层政府网站沦为“僵尸”、“空壳”，日访问量仅有个位数，成了民众眼中可有可无的摆设。2016年国办抽查一季度全国746个各级政府网站，不合格率为15%，其中77%的问题网站集中在县级以下……

信息技术使得话语机会多了，并不等于“话语权”就平等了，更不能说执政的能力和社会管理水平就进步了。2016年“两会”，一个撂狠话“抓记者”的领导干部委员，没想成了威胁媒体的“名人”，发出远比“无可奉告”骇人的“答记者问”。这显然与党和国家的要求、与传递民主开放声音的中国步伐，没有形成应有的“同频共振”。同时反映出，“扩大民主、监督权力”任重道远，执政“大考”正在进行……

第八章

舆论信息是一把“双刃剑”

大众媒介是一种可以为善服务，也可以为恶服务的强大工具，而总的说来，如果不加以适当控制，它为恶服务的可能性更大。

——拉姆斯菲尔德

埋怨和非议现存政府的自由，是社会动荡不安和革命频生的根源。

——约翰·基恩

如同任何事物都有两面性一样，舆论信息也是如此。全媒体时代，人类获取舆论信息前所未有地方便快捷，眼界因之空前开阔，但媒介的消极效应也同时突显出来。它既像战场利器，所向披靡的同时，有着自伤的危险；还像一只渡船，善用则能致远，误用则可倾覆……

关于媒介及舆论信息的正面功能，美国学者拉斯维尔、施拉姆总结为“五大功能”：监视环境、协调关系、传承文化、提供娱乐和商业经济。今天人们体会最多的，是为学习成长提供的广阔视野、为交流提供的巨大平台、为精神世界带来的宣导和抚慰、为社会发展和治理提供的良好渠道。

至于负面功能，美国学者拉姆斯菲尔德与莫顿的研究结论是：过于依赖则丧失辨别力或盲目地顺从；大众审美鉴赏力的退化和文化水平下降；以低廉的代价占用或剥夺人们的时间；麻醉民众精神，使其沉浸在虚幻的满足进而剥夺行动能力。熟悉硅谷、网络技术和商业运作的美国作家安德鲁·基恩说：“Web2.0革命真正带给我们的是一些毫无价值的文化、不可信赖的新闻和充斥着无用信息的混乱世界。在这个新的数字时代，我们每天面对的是混乱和困惑并丧失真理的冰冷世界。”

显然，舆论信息大潮滚滚之中，赞歌与危言同存，攻心与守心同在，载舟与覆舟同行。谁利用舆论信息扬名获利，也同样可能因此亮丑失利。享受舆论信息的种种好处，也必须承受可能带来的种种危害和后果。

舆论信息攻守中的"自刎自伤"

打舆论信息战与打军事仗一样，激烈的交锋中你死我活，只是形式有所不同罢了。孙子兵法中说：不可胜在己，可胜在敌。意思是，使自己不被战胜，其主动权掌握在自己手中；敌人能否被战胜，在于敌人是否给我们以可乘之机。在舆论信息这把"双刃剑"面前，双方都时刻面对和经受着这种考验……

"治心"自古是将帅素养的核心。"为将之道，当先治心，泰山崩于前而色不变，麋鹿兴于左而目不瞬，然后可以制利害，可以待敌。"将帅也好，兵士也好，没有守心的自觉意识，信仰迷惘、精神迷失，就不可能目标坚定、充满信心地去征服敌人。毛泽东回忆最初在北平最困难的时候说："在公园和故宫的旧址我看到了北国的早春，在坚冰还盖着北海的时候，我看到了怒放的梅花。"没有平时的信念，也不会有战时的坚强。军事斗争准备中最重要的，也首先是思想准备。防御敌人，首要的也是思想防御。守心是攻心的前提，攻心者必须先要善于守心。

攻心的目标是"摧魂"，守心的根本是"筑魂"。这首先对将帅提出了极高要求。坚守信仰、内心强大，才能有战略定力、超凡智慧，才能引导和影响部属"守心"，带动部属去有效"攻心"。

"凡观物有疑，中心不定，则外物不清。吾虑不清，则未可定然否也。"不管从宏观还是微观上讲，"守心"与"攻心"都同等重要，都是大学问。但怎么来守，用什么来守？怎么去攻，用什么去攻？认识和实践的差异，会带来截然不同的结果。

甲午战争中，倭寇在旅顺疯狂宣泄兽性。看到血流成河，下令的第二军司令大山岩想到了舆论，内心恐惧了，对手下千叮咛万嘱咐："今后非不得已，不要对外讲……"甲午战争以及珍珠港之战，让日军一时顶上了"胜利的光环"，但其侵略行径、丑恶心理最终暴露在阳光下，也注定了难以卸去的历史耻辱。

德国1870年打败法国后，民族情绪高涨，以剧作家恩斯特·利骚为代表的一些作家，用文学作品狂热地煽动“为祖国而战”，把战争解释为能振奋人民力量的“洗礼”。这种民粹主义的宣传很见效，应和了希特勒的战争蛊惑，对民族心理影响极大。“德国独好”、“德国独大”的观念深入民心，战争机器因此开足了马力。这非但没有提升德国的地位，反而酿成了德意志民族一场世纪性巨大灾难。

二战时，“东京玫瑰”户栗郁子通过无线电波，用娇柔的女声告诉美国大兵：你们的妻子在家“红杏出墙”。这样做并没有得到预期的攻心效果，反而给大兵们添了乐子。几十年后伊拉克沿用了这个老套路，“巴格达玫瑰”告诉美国大兵：你们在远离家乡，但你们的妻子、女友正在与明星幽会。这成了美军官兵的笑柄。萨哈夫和伊广播宣称的“战绩”，不仅没有触动美军心理，反而搞晕了自己人，闹出政府给已被消灭的部队下命令的笑话。

类似情况，在辽沈战役和抗美援朝战场上也出现过。国民党38师政战队，拉上一群妓女到前沿阵前唱色情歌曲、喊淫荡口号，企图瓦解我军斗志。没想到，却送给了官兵活生生的反面教材。他们更加看清国民党的腐朽没落本质。在朝鲜战场，美军时常空投花花绿绿的传单，图上有苏联红军在我东北施暴的场景，有身穿旗袍怀抱小孩的光鲜女人照片，旁注唐诗“可怜无定河边骨，尤是春闺梦里人”。不了解中国国情且拙劣的内容，让志愿军看了厌恶至极，不少战士骂道：“这是哪个地主家的婆娘！”宣传乱象导致美军的负面舆论不断，让白宫大光其火。战场和舆论的双重失利，令美军不得不降低预期，把在“三八线”停战作为联军“大胜”的标志。

越战历时八年，最终的失败成了战后美国挥之不去的心病。而对于失败原因，美军方认为不在军队，而在政府和媒体。因为没有操控好媒体，美军在越南屠杀的内容不时出现在新闻报道，以致战争后期国内反战情绪高涨，连明星简·芳达都跑到越南慰劳“敌军”、鼓动本国大兵放下武器。特别是记者西摩·赫什的报道《在美莱，我们疯了》，讲述了一支美军连队在越南广义省美莱村强奸妇女、枪杀幼童，109名村民无一幸免。他笔下的一句话“美国人无法接受他们的孩子在一个遥远的地方变得和纳粹一样凶残！”引起了美国民众的强烈共鸣。此文促进了越战终结，获得1970年普利策国际报道奖。而沃尔特·克朗凯现场报道的“这是一场无用战争”，标志着新闻节目主持人宣布一场战争结束，在美国历史上是第一次。越战“出师之名”最终被舆论打翻，约翰逊政府也因此被断送。

海湾战争中，美军对寺庙、古迹周围的伊军不敢轻举妄动，生怕损害宗教文物遭世界舆论攻击。但在阿富汗，却发生士兵焚烧《古兰经》并枪杀村民的事件，导致了民众的强烈不满，塔利班也乘机添乱。伊斯兰会议组织声明：不能不使人怀疑美军对和解的价值、对宗教和文化的尊重。一系列负面舆论让美阿富汗战略严重被动。奥巴马最后不得不屈尊写信，向卡尔扎伊表示道歉。

英籍印度裔作家拉什迪写了一部小说《撒旦诗篇》，用西方主流观点的笔触，讥讽了穆罕默德和《古兰经》。小说1989年发表后，很快受到伊朗精神领袖霍梅尼的指责，他号召全球穆斯林追杀作者，并悬赏600万美元。伊朗与英国为此断交，日本的译者被杀……世界舆论议论纷纷。拉什迪成了惊弓之鸟，最后虽然公开道了歉，但不得不过起了每年保护费高达160万美元的“地下生活”。

科索沃战争前，北约组织西方媒体为阿族辩护，指责塞族，妖魔米洛舍维奇搞“种族灭绝”杀掉30多万人。战后美国专家组和前南问题国际法庭进行了一系列实地勘察，确认死亡数是2215人，其中还不能断定都是被杀的无辜民众。南电视台用一系列平民伤亡的残酷画面拆穿西方谎言，让曾经相信北约的媒体“头大”，记者会也开不下去了。特别是北约轰炸南联盟广电设施和我驻南使馆，杀害我3名记者，激起世界舆论的声讨。科索沃战争一周年时，不少西方记者忏悔“我们被利用了”、“北约操纵了新闻”……

塔利班曾受一些宗教国家和民众追捧，与其大力策划舆论宣传是分不开。塔利班杀人越货的罪恶罄竹难书，2001年还实施“灭佛运动”，有着1500多年历史的世界文化遗产、世界最高石雕立佛——阿富汗巴米扬佛像，以及阿境内的佛像被全部摧毁。多行不义的塔利班反噬了自己的安全，国际社会的愤怒和世界舆论的群起指责，并和宣示正义的军事打击一起，迅速挤压着塔利班赖以生存的空间。

日本20世纪的外宣，常以“正”和“清流”的面孔出现，言必称

“信”“东亚共荣”，但实际是在掩饰最卑鄙的阴谋和惨绝人寰的杀戮。1945年7月26日《波茨坦公告》发表，敦促日本投降，两天后杜鲁门从广播中得知，日本拒绝接受《波茨坦公告》、军方故意拖延时间要战斗到最后一个人。他决定使用原子弹，并发出一句名言：“对兽类就要像对待兽那样。”遭受原子弹惩罚的日本，竭力对民众隐瞒真相，《朝日新闻》用“烧夷弹爆弹”、“新型炸弹”等词报道。几十年后，安倍出任首相，继续开打颠倒黑白、混淆是非的“舆论信息战”：质疑“东京大审判”、抛出“侵略定义未定论”，登“731战机”，参拜“靖国神社”， 推动“解禁集体自卫权”……他启用的防卫大臣稻田彭美，美化侵略历史、坚持修宪的政治理念同属一丘之貉。稻田曾出版《我要守护日本》一书批判战胜国对日的惩罚，还狂妄地宣称“拥核”，“改自卫队为自卫军”。日本经过“修宪”、“钓鱼岛”、“火控雷达照射”、“南海”等事件的宣传，引导民众心理调整、举国重整武备，向着新军国主义加速迈进。

“守心”的原理，说到底是构建信仰认同、价值认同。思想对信仰和价值认同了，行动上才能自觉主动地去践行。认同感强，忠诚度才能高，进而由“心胜”到打赢。“认同”在战场上，就是凝聚力和战斗力。认同战争性质和出师之名，官兵才能义无反顾地冲锋陷阵；认同指挥员的信念、能力和人格，下属才能接受指挥，心甘情愿地赴汤蹈火。

“正能量”的激励作用自然容易理解，但战争史上也有许多利用人性的弱点，行非正义的“负激励”的战例。尽管这种激励一时也能增加多巴胺和肾上腺素，取一战之捷、短期之胜，但从长远看，终会因失去道义人心而惨败。

罗马帝国的奠基者恺撒大帝认为，士兵的贪婪本性能激励他们作战更加英勇。他也因此有过骄傲的资本，但他意想不到自己最终会被贪婪的人们残杀。日本曾令“神风敢死队”数千名青少年歇斯底里，让他们视死为“至高光荣”、“向神之境界升华”、“可以入靖国神社”……也是负激励的结果。一些日本军人在天皇宣布投降后，还在皇宫门前谢恩剖腹自杀，愚忠愚昧中尽显负激励长期之效。日军所行“慰安妇”等劳军之措，也是用负激励手段让无辜妇女上当受骗的。而日本国最终收获的，是人类大耻、历史大辱。

美中央情报局前身美国战略情报局（OSS），也用过不少相近的“损招”。1944年夏天，在意大利的德国官兵从军邮系统收到一种德文信件，告知从罗马火车站的酒吧、咖啡馆的玻璃，撕下一个粘贴纸图案贴在自己身上，便可以享受到“寂寞战争女人协会”提供的性服务，以为“英勇斗争”鼓劲。文尾还特别注明：军人无须为此感到内疚，因为你们在家乡的妻子和姐妹也在为战争做出类似的牺牲……

2004年9月1日，俄罗斯北奥塞梯发生劫持学生的恐怖事件。俄政府用行政手段干预新闻发布，而且搞得很乱，开始宣布人质为354人，几天后又说是1200人；对外公布的遇难人数是338人，与医院提供的数字明显不符。舆论乱象影响了政府形象，给事件处理造成严重被动。事后调查表明，民众只有7%的人相信新闻发布和权威媒体报道，政府的公信力大大下降。这与政府之前的政治考量和预期大相径庭。

美国以“藏有大规模杀伤性武器并支持恐怖分子”为由发动伊战，舆论引导着70%的民众、95%的军人支持动武，小布什的支持率一度飙升到90%以上。可战争开打后“假新闻”不断，美国人开始怀疑了。伊拉克裔美国人出镜并兴奋地说：“谢谢你，布什。谢谢你，美国……”；拯救女兵杰西的“美式英雄”和“人道主义”等，一时鼓舞了美国民众，股市也因此上涨。但媒体曝光“新闻造假”、“虐俘内幕”后，美军一夜间成了“邪恶”的代名词。在谴责浪潮中，布什和国防部长出面向阿拉伯世界道歉，“虐俘案”在众目睽睽之下接受了审判。美国民众被激怒，战争合法性也因此受到怀疑。国际舆论朝着不利于美国的方向迅速发展。特别是十年后，花了3万亿美元，仍没有找到“大规模杀伤性武器”证据，民众和军队对战争的支持率跌至谷底，政府和共和党的困境至今难以摆脱，反恐也陷入“越反越恐”、“越反越乱”的尴尬境地。曾经得意的战争直播，虽然炫耀了实力，但也让血腥重创了大兵和国民的心理，令不少人“悲伤、羞耻和失望”，还有10万人患上了精神疾病。

“守心”需要长期的思想、文化和道德培育。守护并传承国家核心价值观、民族心灵的根脉、精神的图腾和行为文化母体，既要长期不懈，更离不开全民的努力。可是，一段时间以来歪风邪气盛行，酒场段子、灰色段子、戏说历史等乌烟瘴气。“呲必英模”、“呲必军史”、“呲必中国”到了无以复加的程度。一些领导干部、党校教员、社科研究者，也在公共场合发牢骚、讲怪话，宣传“历史虚无主义”，传播资本主义价值观念，对党和国家大政方针妄加议论，客观上起到了为民众困惑迷茫“火上加油”、为敌对势力污蔑党和政府提供口实的作用。而一些长期宣传党的路线方针政策的干部，却遭到了负面舆论的猛烈攻击……这些问题累积演变的后果，将会十分严重。支撑人们道德和信仰的人文偶像、文化符号将逐渐消解，中华民族历史将被解构，中华文化传统将被颠覆，中国革命和党的领导的必然性、正当性，也将遭到无情的否定。

200年前的克劳塞维茨，这样看军事对抗的奥秘：防御这种作战形式绝不是单纯的盾牌，而是由巧妙的打击组成的盾牌。到了当代，美参联会副主席卡特赖特说：“历史告诉我们，采取纯粹的防御态式将带来极大的风险。”美空军参谋长特别助理拉尼·卡斯说得更直接：“网络空间，作为一个新的作战领域，当然是进攻优先。如果仍然采取守势，则为时太晚。”“守心”正是如此。在思想文化和舆论信息的博弈中，守与攻的界限是模糊的，攻中有守、守中有攻，在一定时空有不同侧重。积极的思想心理防御，是抵御错误思想的过程，是不断校正“锚定信息”的过程，也是向错误思想文化进击的过程。一味消极防守，不主动“出击”，不仅难以有效“守心”，还会丧失已有的“精神高地”。

中国有老话：“破山中贼易，破心中贼难。”《圣经》里也讲：“攻克己心，强如攻城。”“守心”最重要的是认识自我、战胜自我、完善自我。十八大之后，中国共产党大力加强自身建设、清除沉疴积弊，中央政治局及委员们，以“向我看齐”的姿态，高标准，严要求，为全党全军和全国人民树起表率。中纪委坚持对典型问题通报曝光，各级纪检监察机关也加强了通报曝光……这些，都起到了巨大的“守心”作用。反之，如果不这样做，领导者继续站位失当、形象不佳、引导不力，就会导致“守心”的彻底失效失败。

“守心”固然需要技术支持，但不能过于依赖。物理隔离的局域网，曾被认为是远离互联网侵扰的最安全办法。但事实上，网络技术已让“离线攻击”、“跨网入侵”成为轻松之举。2007年以色列实施的“果园行动”，就是一次“破网”实战，叙利亚雷达成了瞎子，先进的“道尔”防空系统没有发挥出任何作用。美军早已兴致盎然地研究起优于“舒特”系统的新一代“离线攻击”武器。随着移动互联网、云技术的发展，网络的边界正在消失，物理隔离内外网的传统办法也因此失灵。

哪里有绝对的“言论自由”

“自由”是社会的最高价值所在，也是人类永恒的追求、最美的体验。重度残疾、身陷轮椅的富兰克林·罗斯福曾提出著名的“人类四大基本自由”——言论自由、信仰自由、免于贫困的自由、免于恐惧的自由。可见，言论自由是人类最基本的自由，而这种自由嗣后被引申为新闻自由、舆论自由。

三百年前的英国政治家、作家约翰·弥尔顿，有一系列论著，其中《论出版自由》最为出名，对欧洲乃至世界都有重要影响。他的名言“让我有自由来认识、抒发己见，并根据良心做自由的讨论，这才是一切自由中最重要的自由”一直在流传着。

欧洲王权鼎盛时期，视言论出版自由为洪水猛兽，管制和惩罚措施异常严厉。历史上象征封建社会的符号，都离不开“焚书坑儒”、“文字狱”、“一言堂”……而勇敢挑战的思想者、正义传播者，也往往都成了悲剧性的人物。

但人们对言论自由的追求始终没有停止。18世纪的时候，欧洲民主思想的传播、铅体活字印刷的广泛使用，使得那时路边或咖啡馆里的英国人，手里几乎都有印刷精美的小册子或内容丰富的报刊。世界最早的新闻自由理念也发端于英国。在马克思、恩格斯眼里，“报刊就其使命来说，是社会的捍卫者，是无处不在的眼睛，是热情维护自己自由的人民精神的无处不在的喉舌”。他们著作里提到的当时的报刊有上千种之多。他们亲自主编与编辑的报刊也有10来家，同时还为60多家报刊撰文多达2000多万字。这也能看出当时欧洲传媒业的繁荣。报刊数量的不断增多，体现着人类文明的发展及对言论自由的不懈追求。

西方社会追求言论和出版自由，也推动了产业革命前进。而东方的情形却大不相同。顺治五年（1648年），清政府刚刚执政，就在全国的府学县学立下卧碑，铭刻三大禁令：“生员不得言事；不得立盟结社；不得刊刻文字。”思想的禁锢与压制越演越烈。几十年后，法国思想家孟德斯鸠写道：“中国是一个专制的国家，专制的原则是恐怖，专制的目的是平静。”

马克思、恩格斯对中国历史也有相当的研究。在1956年至1986年出全的《马克思恩格斯全集》中文第一版50卷中，提到中国的地方就有800多处，其中就有用“欧洲的中国”，来形容德国言论出版检查的繁多……

这个时期的李鸿章，参加了尼古拉二世加冕典礼，遇到一个惨剧事件：霍登广场发生踩踏死伤上千人。李鸿章坐在贵宾席上，得知主办者要将此事如实上报给沙皇，便对身边的俄财政大臣维特说：“你们这些大臣没经验。我任直隶总督，鼠疫死了数万人，而我在向皇帝写奏章时，都说我们这里太平无事……我干吗要说我们那里死了人让他苦恼呢？要是我担任你们的官员，就一切都瞒着他，何必让可怜的皇帝苦恼？”这番话从一个侧面，反映了封建中国是如何限制新闻和言论的。维特后来在回忆录中感叹：“在这次谈话以后我想：我们毕竟走在中国前头了……”

说到言论自由，人们会自然记起托马斯·杰斐逊。尽管他在政党报刊时期愤愤地说：“如今报纸上的东西，没有一样是可以相信的”，“从来不看报纸的人，比看报纸的人更加消息灵通”。但他也有不少名言被广为传诵：“人可以靠理性和真理来治理。所以我们的第一个目标是向他开放一切通往真理的道路。迄今为止所发现的最有效的道路便是新闻自由。”“由于我们政府的基础是人民的舆论，首先就应当使舆论保持正确；如果让我来决定，到底应该有政府而没有报纸，还是应该有报纸而没有政府，我将毫不犹豫地选择后者。”受其影响，美国联邦宪法第一修正案规定，国会不得制定任何法律限制言论自由。这一法案至今被美国人看作是言论自由的浓荫绿盖。在很长的时间里，这些观点被认为是权力的“对立物”，但最终成为社会的共识。

在文明和民主的进程中，“新闻自由”的边界和责任何在？一直是个难题。18世纪新闻业最发达的英国，大法官布莱克斯做出如下认识——“新闻自由的确是自由国家的一个重要性质，但它是指出版物在出版之前不受限制，而不是指已发表的含有犯罪信息的内容可以逃避新闻检查。每个自由人都拥有一项毋庸置疑的权利：想对公众发表什么观点就可以发表什么观点，禁止这项权利就是破坏新闻自由。但是，如果这个人发表的言论是不正当的、有害的或者违法的，他必须为自己鲁莽的行为后果承担责任……因此，个人的意志仍是自由的，只有滥用自由意志才会受到法律的惩罚。思考和质疑的自由不会受到任何限制，私人感情仍有自由的空间，散布和公开有害于社会目标的观点才是社会要纠正的行为。”这篇经典审判名言，影响了西方新闻舆论学界。美国社会流传一句联邦最高法院的名言：“绝不会保护任何人在戏院中诳呼起火引起恐慌的自由。”世界逐渐形成基本共识：自由与责任是对等的，责任追究应在事后而不是事前。但为此事的争论也一直喋喋不休。以杰斐逊观点代表的“限制派”与汉密尔顿观点的“保护派”的争论，几乎贯穿了整个20世纪，美国相关政策也在两派之间摇摆。但总的看，西方国家媒体与政治的契合，是发展的基本趋势；经历自由放任之后，政府加强了对媒体的管控，但方式在不断改进……

自由本来是简单美好的问题，却被一些人搞得复杂不堪。其中原因很多，有出于某种动机设定概念混淆是非，或者把“自由”与“无拘无束”和“放纵”混为一谈。尽管“自由”在不同的环境下有不同的内涵，但都不是不顾一切地任性而为，前提也都离不开“责任”和“约束”。放弃个人的一部分“自由”，才能获取更多的自由。侵犯了他人的自由，不是真正的自由。正如卢梭在两百多年前说的：“人生而自由，但是却无往不在枷锁之中。”

上百年前，西方研究者就发现，盲目信任传媒自由、放任“意见的自由市场”，将危及社会制度安全，便开始强调媒介的社会责任。杰斐逊是报刊自由主义理论的创始人，但后来也对报刊的无节制、无制约失去了耐心。事实上，只有无政府主义者，才会主张“绝对的自由”。一生近乎疯狂追求“自由”的萨特，最终也悟出：世界上没有绝对的自由，个人好了还不是真自由，只有大家都好了自己才能好。

中华民族对“自由”一直有着美好的向往和追求。庄子的《逍遥游》中，就有大鹏“御风而行”，扶摇直上九万里的内容。那是一种多么大的自由啊！但庄子对此不满足，因为那样还要依赖并有待于“风”。他追求的实质，是无限的自由，是心灵的自由……

我国文化经典《西游记》，也讲了孙悟空追求“自由”的故事。因为在“五指山”下毫无自由，悟空从石缝蹦出。但花果山屁大点地方，几个猴哥猴弟，他很快又感到不自由了。通过寻仙问道，一个跟头能翻出十万八千里了，但还是觉得不自由。因为他看到老猴终将病老死去。于是闯进阎王殿，把自己名字从生死簿上抹掉。这时的悟空有了精神追求，有别于其他猴子了。他嫌弼马温官小想做“皇帝”，故取名“齐天大圣”。但由于违反了“规则”，必须接受“修理”，否则只能“消失”。悟空终于明白：心可以自由，但言不能任性，行不能逾矩，如来佛的手心谁也逃不脱。于是，不得不戴上“紧箍咒”，跟着唐僧上西天取经了。漫漫长路，正是悟空收心敛性的过程。而唐僧，虽有管束悟空的权力，但也要受悟空画的“圈子”限制，而“不自由”换来的是避免妖魔的侵害。能写出这一点，体现了吴承恩的高明，既有对“自由”的深刻认识，也有对追求“绝对自由”的心灵劝诫。正是“两难”伴随着每个人终老，达到“从心所欲而不逾矩”的境界。

明太祖朱元璋与手下大臣万钢，对这个问题的问答，似乎更直接、更简单明了。朱问诸臣：天下谁人最快活？众说纷纭中唯有万钢的回答让他满意：“畏法度者最快活。”因为正和了朱元璋思想：自由快乐属于敬畏法度之人、严于律己之人。到了当代，被称为史上最高效、最具有远见并改变了几十亿人生活的商业领袖史蒂夫·乔布斯，说出一句箴言：“自由从何而来？从自信来，而自信则是从自律来。”对于自由与自律的关系，可谓言简意赅。

美国著名传播学者梅里尔曾困惑于“自由”的问题，后来是从孔子的学说中，找到了自己苦苦追索的答案：“自由的基础（或者说自由的限制）是善行，人应该选择善，而不是恶。如果恶盛行，自由将可能消失。于是，从一个道德的角度观照，我们应该只允许选择善的自由，而不允许选择恶的自由。”

中国历史上，无数志士仁人为了争取自由前赴后继，做出巨大牺牲。舆论自由度自1840年是不断上升的趋势，到1900年达到一个高峰期。毛泽东曾评价说，那时的资产阶级革命家办报纸，都是不怕坐牢、不怕杀头的。章太炎1903年在《苏报》上连续发文，推介邹容抨击清政府的《革命军》。特别是以《驳康有为论革命书》为代表的“政见书”，剑指封建君主专制，言辞十分激烈。《苏报》因此遭到镇压。章太炎面对拿着“黑名单”的警察挺身担责，后被判刑3年。邹容听说老师被捕，毅然自行投案，被判刑2年，20岁时病死狱中。他们震动了当时的中国。同盟会等革命团体乘势蓬勃而起……

进入现代以来，世界追求言论自由的潮流滚滚向前。日本著名记者和政治家，曾任内阁总理大臣的石桥湛山，也是中国人民老朋友，他剖析了日本军国主义的发展，在《真正的爱国之道——保障言论自由》写道：“如果说存在力挽狂澜的方法的话，那就只可能是言论自由的力量。如果言论自由被压倒，完全窒息了话，国家一定不会有前途。”继《联合国宪章》《世界人权宣言》后，2009年《公民权利与政治权利国际公约》进一步重申：“人人有自由发表意见的权利；此项权利包括寻求、接受和传递各种消息和思想的自由，而不论国界，也不论口头的、书写的、印刷的、采取艺术形式的，或通过他所选择的任何其他传媒……”

人类文明快速发展，但在很多地方，言论自由仍是一个梦想。联合国公布的数据中，有一组数字冰冷血寒：2013年有81名、2014年有130多名、2015年至少有96名记者和媒体工作者，在工作中遇害。他们鲜活的生命倒在了追求真相和新闻自由的道路上。

“言论自由”作为一个不错的招牌，成为西方国家美化自身和打压别国的工具。谁要是价值取向与其不一致，都可能被扣上“压制言论自由”的帽子。美国冷战时期对苏联的瓦解，向发展中国家文化渗透和侵略，很多时候都是以此为借口。日本右翼分子在这个幌子下著书撰文，为日本侵略战争辩护，否认侵华战争历史。战后被判为文化战犯的右翼分子林房雄，在《大东亚战争肯定论》中道出一段秘密：“所谓‘东亚百年战争’实际上并不是由政府和军部策划、‘共同谋议’并加以实行的，而是被称为‘右翼’思想家和行动家们促进、推进和准备的。”

看起来西方有较大的言论空间，常有人举例：美国媒体津津乐道小布什的智商，小时候的酗酒、吸毒、当逃兵、2次被捕、4次交通处罚等；年轻记者德甘披露邓文迪如何为获得绿卡拆散美国家庭，如何通过上床从卑微女生变成全球最大传媒集团之一的“第一夫人”，默多克也没能阻止稿件发出，德甘还成了《华尔街日报》新闻编辑；允许中国关于南海主题的宣传片在美播出，而且还是在影响较大的纽约时报广场大屏滚动播放……但这类事例再多，也不能充分证明西方社会的“言论自由”是无限度的、绝对的。早在美国诞生初期，“爱国者”与“保皇党”舆论对决，“爱国者”对和平的“保皇党”没了耐心，把他们的报纸一关了之，令其“闭嘴”。更有甚者拉他们游街示众，蛮横程度超过了英国殖民者。我国近代著名教育家、北大校长蒋梦麟是早期留美学生，他回忆说：“我上岸时第一印象是移民局官员和警察所反映的国家权力。美国这个共和政体的国家，她的人民似乎比君主专制的中国人民更少个人自由，这简直弄得我莫名其妙。”曾到中国红色根据地采访的斯诺、史沫特莱、爱泼斯坦、斯特朗等100多名记者，几乎无一幸免受到美国内的政治冲击，在很长一段时间，失去了发表文章的机会，有的甚至失去人身自由。冷战开始后，“麦卡锡主义”煽动起“忠诚调查”运动，2000多万美国公民受到不同程度的审查、传讯、禁职，近百位进步作家、学者的著作被列为禁书，被清除掉的书籍达200多万册。包括奥本·海默、钱学森和卓别林等科学家、艺术家也受到政治迫害。而“9·11””事件后颁布的《美国爱国者法案》，被美国社会抱怨为“对民众言论自由权和隐私权最大的打击”……

“今日俄罗斯”总编玛格丽特·西蒙尼扬讲过一个亲身经历的事情：她曾长期在美国成长，2000年后又去美国，见到自己的中学老师，说起美国与南斯拉夫的关系，老师竟然根本不知道美国曾轰炸过南斯拉夫。因为当时的美国媒体根本没有报道过这个事。她认为，这显然是政治图谋，更远离了“新闻真实”。2015年3月，美资深主持人罗德内尔·菲格罗亚在节目中戏谑奥巴马夫人“长得就像从电影《猩球崛起》的演员表中出来的”，被“环球电视网”解雇。显然，美国媒体言论和新闻自由是有条件的、相对的，形式上可以花样百出，但必须“对事不对核心（社会制度和核心价值观）”，不能越过法律底线。

美国媒体是私有制的商业模式，但政府能有效地控制。从20世纪初，《电台法》、《电讯法》等与舆论信息有关的法规繁多。“美国之音”等重要媒体，长期受政府部门把持。美国公共广播公司（CPB）和其属下“PBS公共电视网”，以及全国公共广播电台（NPR），在享受政府拨款的同时也受到管制。尽管一部分“话语权”给了民营媒体，但实际控制力仍然在握，因为交给的是美国公民、美国资本，都要受美国法律的管束。联邦广播委员会还把持着执照、频率、发射强度、运营时间的分配和特许权。媒体人不仅有法律和冗杂的行规限权，还有社会监督、投诉体系的“紧箍咒”，时刻感受着不小的压力。

马克思很早就重视法律对“自由”的保护作用。他认为，法律不是压制自由的手段，正如重力不是阻止运动的手段一样，并热情地讴歌 “法典是人民自由的圣经”。所以，重视完善和健全法律，是从根本上对“自由”的保护和拓展。

美国自有了互联网就占据网络霸主的地位，“网络自由”也成了干预他国内政的借口和新武器。其实在美国本土，对网络审查限制的规定是世界最多的，达130项以上，其中对利用互联网宣扬种族主义、恐怖主义言论，传播威胁总统和国家安全的言行，都有十分详尽的禁止的规定。包括我国留学生在内的许多人，使用Facebook等社交媒体时，因发布“敏感”或“不合适”的帖子，有过被删帖或封号的体验。这也说明，所谓“自由世界”的网络，绝非是想说什么就说什么、想怎么说就怎么说！《爱国者法案》明确，国家可以随意查看任何人的电子邮件、进入个人网址，而他国要进入美国的“网络领土”，则要申请“护照”，遵守规则。《国土安全修正案》规定，联邦政府在紧急情况下，拥有绝对权力关闭互联网。《反间谍法》使用了90多年，覆盖面之大，连斯诺登涉及的“自由问题”定性，都可以从中找出答案。佛罗里达州一个叫休·雪芙的女子受到网络舆论攻击，她起诉后得到1130万美元的赔付。加拿大名模丽丝卢卡·科恩状告辱骂自己为“纽约最不受欢迎的女人”的谷歌匿名博客，法庭勒令谷歌关闭该博客并公布博主真实姓名……

各国对待“自由的网络言论”，越来越不宽容了。印度孟买连环恐怖袭击后，对网络虚假、欺诈信息的打击力度加大，规定最高可判3年徒刑；对利用计算机技术破坏国家安全或对人民实施恐怖主义行为者，可判有期徒刑直至终身监禁。韩国女星崔真实因不堪网络谣言侵扰自杀，韩国警方下大力侦破案件，逮捕了犯罪嫌疑人。新加坡对在博客中发表种族歧视和煽动性言论的数名男子，实施了监禁并罚款。日本规定，网络论坛实行实名制。意大利立法，要求包括YouTube在内的网站上传视频都要接受审查……

客观、公正、自由、公信的专业主义，多少年来被西方媒体奉为“普世”标准。但实际上，只有自然发生的事实，哪有自然形成的报道？每条新闻的形成和推出，都有政治经济的目的，都反映了作者编辑的意识形态。也就是说，客观公正只能是相对的，媒体的“立场”无法掩饰。中英香港交接中几千名西方记者苦心寻觅的，并不是新中国如何雪耻、见证百年历史，而是各种矛盾纠纷的新闻八卦。2014年，德国主流媒体《法兰克福汇报》资深记者乌尔弗科特，公开承认自己长期受贿，为西方媒体进行了不客观、不公正的报道，而且很多记者也都这样做。特朗普斥责《纽约时报》、CNN等美国主要媒体时，甚至称他们“所有人都是骗子”。不管西方媒体怎么标榜自己，其立场什么时候也不会是“中性”的，政治偏见、“新闻潜规则”和“双重标准”也仍然会继续……普京针对美国及其舆论帮助俄反对派、干涉俄内政的行为反唇相讥：“美国和俄罗斯都发生这样的事，可是我们这样做的时候，遭到批评，而美国这么做的时候，却又认为那是规范。这就是所谓的双重标准。”

中国与俄罗斯一样，遭遇过无数“双重标准”的待遇。2015年11月13日巴黎发生恐袭后，中国政府表明打击恐怖主义的态度，公布了一起9月18日新疆某煤矿几十名矿工被杀的案件，以及武警搜捕恐怖分子的图片。而法国《新观察家》女记者郭玉却发文称：新疆发生的事情和巴黎的袭击“没有丝毫共同之处”，同时恶意攻击中国的民族政策。

恐怖分子袭击法国《沙尔利周刊》，造成包括主编、4名漫画家在内的12人死亡。人们谴责恐怖暴力的同时反思：为什么这场悲剧发生在法国？为什么发生在这家媒体？结论都与“言论自由”有关。“自由”是法国的核心价值观之一，但国际舆论认为，这次恐怖事件又给了法国一次教训，“自由”并不是想说什么就说什么，想做什么就做什么，必须有道德、文化和宗教的底线。没有了宽容、理解和真爱，激烈的矛盾冲突就是不可避免的了。

苏联最后的一些年里，"历史无空白"、"批评无禁区"等口号满天飞，各种反制度、攻击斯大林、否定列宁的思潮自由泛滥、越演越烈。1988年停止了对西方电台的干扰，同时拨专款进口20种西方国家的报刊。名不见经传的小报《论据与事实》，因大量刊登所谓"内幕新闻"，发行量跃至3000多万份。戈尔巴乔夫在苏共第十九次代表会议提出公开性、民主化和多元化的"革命性倡议"，大大推进了摆脱苏共领导、实行多党制的进程。舆论围绕着戈氏的思想甚嚣尘上。共产党掌握的报刊份额，到苏联解体前只剩下区区1.5%。

俄罗斯执政者对这种"舆论自由"进行了深刻反思。普京尤其重视网络舆论管控，2014年签署了作为反恐法案组成部分的《知名博主管理法案》，规定社交媒体日访问量超过3000人次的博客，发布的内容必须真实，不可含有极端主义的内容。俄杜马也公布了新的法律，规定今后对包括"转发"、"点赞"传播极端主义内容的个人和机构进行惩罚，并禁止本国公民数据存储于国外服务器。

没有超阶级的媒体，舆论或言论的绝对自由也是没有的，这是马克思主义的基本观点之一。国家的话语权是其主权的重要的组成，直接关系着国家安危，这点在今天已经十分明显。言论自由、舆论自由必须服从于国家利益，而不能以任何理由侵蚀、伤害和动摇国家的主权。

国家利益高于新闻自由，在西方国家也是基本的原则。《华盛顿邮报》1991年最早炫耀美军在伊拉克战场使用贫铀武器，为避免舆论追究给美政府带来严重政治、法律和道德问题，最初报道后便极力回避有关内容。尽管西欧还有报道，但美国知名度最高的三大报纸《华盛顿邮报》、《纽约时报》、《华尔街日报》，几乎封锁了所有相关消息……

近些年，中国的正面信息不断增多。但中国经济建设的高速发展的新闻、对历史上侵华战争的客观评论等，因为不是西方喜欢看到的，不利于其世界观、价值观和自信心的巩固和提升，所以在舆论传播中经常受到抵制。法国等一些西方国家，对我国的高铁建设、擅长的竞技体育等，就常常不报道……民众对中国的了解因此也十分有限，甚至存在很多偏见。突尼斯常驻联合国教科文组织代表马斯穆曾指出："国际新闻机构（西方国家），发回的第三世界的消息都是加工过的，就是说经过他们筛选、剪裁、歪曲，而后按照它们自己对世界的看法强加给发展中国家的。”

2016年4月，美国国会山爆发“民主之春”抗议示威活动，这次活动比5年前“占领华尔街”得到民众更广泛的支持。但是，因为核心呼声冲击了美国的“金权政治”，1420人次示威者被逮捕，创下了华盛顿的历史纪录。美国主流媒体对此几乎集体“失语”，欧洲的主流媒体也非常默契地“闭嘴”予以配合。

多少年来，境外传媒巨头梦寐以求在中国占有“话语权”一席之地，但始终未能如愿。今天回过头来看看，没有满足他们的愿望要求，是一种多么明智和正确的抉择！媒介和网信不能完全开放，是因为这一领域的特殊性、关键性决定的。在西方媒体想方设法打入中国的同时，西方国家也在千方百计阻止中国声音的传播。如今，包括中国卫星电视等媒体，已经覆盖世界很多国家和地区，但要想真正“落地”，仍然十分艰难、倍受限制……

世界各国的国情特征不同、制度体系不同，但在保障公民言论自由、媒体实施监督等基本问题上，法律精神基本是一致的。这表现出人类在文明进步中的一种共同追求。战后的德国，把宣传纳粹思想的言行，都坚决地排除在“言论自由”范围之外，违反者被视为违法并坚决打击和遏制。而且，这种教育从娃娃就开始了。所以，德国的国家“认同感”大大增强，促进了社会良性发展。

当战争硝烟燃起的时候，也是最没“言论自由”可言的时候。媒体和舆论宣传的一切行为、内容，以及何时发音、噤声，“音量”大与小，都必须遵从政治、外交和军事目的展开，都必须严格执行相关规定……这种非常时期的“非常手段”，有着明显的战略色彩和不讲情面的特征。

美伊战争前，曾获普利策奖的美国记者阿内特夸口：“我将报道这场战争的真实情况。我谁也不代表，我只代表我亲眼看到的东西。”事实上，他坚持的所谓“新闻独立性”和“新闻规律”，就是导致美军在越战后期失利的重要原因之一。阿内特的理念显然是行不通的。开战第二天，他就因发表言辞“不慎”，被东家NBC和国家地理学会炒了鱿鱼。

网络和信息技术的发展，促进了人们对言论自由的追求。同时，也逼迫着执政者寻找言论自由与监管之间的“平衡”。但找到今天，没有哪个国家政府明确说过，找到了满意的“平衡之道”。这种情况还将长期继续下去。

中西方在舆论自由的认识上有较大差异。这是由于不同社会、文化和历史背景产生的。从根本上说，舆论自由是一个政治命题，给谁自由，给多少自由，与社会制度和文化传统密切相关。而且是社会一种内在自发的要求，并不是外来力量的强加和恩赐。不顾国情社情，过度强调舆论自由，只能导致谬误泛滥、思想混乱。如何设立和把握“平衡”的尺度，时刻考验着执政者的智慧和能力。

“除了知情权以外，人也应该拥有不知情权，后者的价值要大得多。它意味着我们高尚的灵魂不必被那些废话和空谈充斥。”索尔仁尼琴这句话，今天听来仍然十分深刻而犀利。在高度发达的媒介社会里，这也是不少有识之士的忧虑所在。耶鲁大学校长彼得·沙洛维在2016本校开学典礼上，也这样告诫新生：“有时我们的朋友、家人，还有政客、广告主、各路专家，会出于各自目的而操纵我们的情感。愤怒、恐慌、憎恶这些情绪，刻意有效驱使我们去打开网页、购买商品、为政客投票……我们每天都在经受各种各样‘失实表述’的狂轰滥炸，他们的杀伤力不容小觑。当前正值美国的大选季，你可以毫不费力地找到种种这样的案例。”如今，想拒绝接受某些舆论信息，比希望得到某些信息的确要难。尽管无人能完全摆脱偏见，但由于各种舆论信息的狂轰滥炸，在今天要保持客观公正更难了。而无良媒介肆意把负面舆论信息强加受众，“黑公关”和“水军”强行绑架社会认知……这些现象的本质，是个别人或少数人以自己的“自由”，残暴地侵犯他人和民众的自由。

“三鹿奶粉”曝光前几个月，网络已形成不少婴儿喝这款奶粉后长结石的负面舆情，但很快被屏蔽掉。事后查明，这是三鹿集团“公关”的结果。有报道说，为换取某网站删除负面信息，三鹿花费300万元广告投入框架协议。就因为如此，毒奶粉不仅没有得到及时查处，反而更加“自由”猖獗，致使受害者不断增加。最终，“三鹿”也自食苦果。

不良媒体及媒体人近几年有多“自由”？21世纪传媒股份有限公司或许能说明。该公司及旗下3家媒体、7家广告和运营公司，以及30名相关管理人员，与不良公关公司勾结，指使记者以有偿新闻和“有偿不闻”，拉拢或要挟上市公司、IPO公司，收取巨额“保护费”。而且该案从审理开始，西方舆论和一些境外媒体就为犯案者鸣冤喊屈，认为中国妨碍了媒体和“舆论自由”。拙劣表演又一次诠释了什么是西方的舆论自由。

谷底浪尖的“公众人物”

“公众人物”，一般是指知名度较高、被民众知晓或关注的人。各国法律对“公众人物”的认定有所不同。如美国法律，根据时间属性的判断，将“公众人物”分为“完全的公众人物”和“有限的公众人物”。我国法律至今没有对“公众人物”做出明确界定。社会及传媒一般把有较高知名度的社会活动者、演艺和体育明星，以及常在媒体露面的人视为“公众人物”。自从有了微博，“大V”自然加入到“公众人物”之中。

现实生活中，多数“公众人物”是由于职业原因形成的。其中多为自愿的成分。但也有并没想成为“公众人物”的，却因为一个偶然事件不小心成为“公众人物”。如，因“落马”而出名的公务人员，因某一事件被媒体曝光的公民……

舆论场是公众人物特有的“大舞台”。他们的文化修养、道德层次和法律意识，甚至人性优劣的真实一面，都会在这个大舞台上公之于世。经过“大浪淘沙”，一些公众人物名垂青史、光耀中华，但也有很多公众人物成为众矢之的、遗臭万年。

在全媒体社会，舆论信息浪潮的快速涌动，能将“公众人物”迅速推上巅峰；同时也能让其瞬间被抛弃、打入谷底，成为过眼烟云。他们在舆论风云中的经历和教训，给了人们许多有益的启迪和警示。

世界最早最有影响的公众人物，苏格拉底算得上一个。他不是演艺明星，而是启蒙民众的思想家、科学家，被誉为“西方的孔子”。他作为“公众人物”的代价，是成为人类历史上或许是第一个有记载的“因思想言论被判死刑”的人。令许多人难以释怀的是，这样的事竟发生在号称自由民主的古希腊城邦雅典。而且还是“公民法庭”按合法程序、经过民主投票审判的。当时，苏格拉底有条件逃跑，他的学生和亲友已打通关节要他到国外避难，但他主动放弃了。他的理由是：既然身为雅典公民，就理应遵守雅典的法律；雅典的法庭判我死刑，我就应该甘愿受死，以维护法律的尊严；若越狱逃走就是以错对错。对法律和公正的信仰与追求，使他坚毅无比、从容赴死。那时没有纸媒，没能留下他的著作，但人们却口口相传他的英名、壮举和思想。

因为“公众人物”有特殊“影响力”，可以从公众身上获得很多利益，所以吸引着很多人梦寐以求、不择手段。但不少人忽略了一点：当上“公众人物”，就要比之前更多地接受舆论监督，将很大一部分“隐私权”让位给公众“知情权”。也就是说，“公众人物”言行是置于社会“放大镜”下的，必须做出比普通人要多的让渡。或者说“名誉权”受保护的程度远低于普通民众。王宝强的离婚案，3天多时间微博浏览量超过50亿，关注人数之多、持续时间之长，成为至今中国互联网及社交媒体之最，这是他想避免也无法做到的。执政党的党员、国家媒体主持人、政府公务人员，因为“在私人饭局调侃”，因为在公共场合或网上发布有违党纪政纪的言论，都要接受超出一般人的严肃处理。有人对此鸣不平，是因为不懂得“公众人物”的特殊性。以“公众人物”身份的出格，就是放在西方国家，社会、政坛和媒体都是不能放过的……

美国第四任总统詹姆斯·麦迪逊提出：民众需要借助媒体提供的信息来了解公众人物们究竟在做些什么，因此媒体必须能够自由地“彻查公众人物的品行和行为”。正因为公众人物的这种“特殊待遇”，李嘉诚才无奈地说：“我最想做的事情，是像普通人一样逛公园而不被关注……”有一个知名艺人二次涉毒被抓后，另一位名人说了句实话：“作为文艺工作者，应该知道什么叫公众人物，你的一半已经不属于自己，而属于这个社会，要对社会负责。”

张学良、胡蝶都是民国时期的“公众人物”。但二人毫无关系，互不相识，也始终未曾谋面。但当时的天津小报《庸报》好事地将两人扯在一起，报道说：9·18事件当晚，两人在北平六国饭店跳舞。事实上根本无此事，那时张与家人在一起。南社诗人马均武没搞清楚也“喷”出《哀沈阳》两首，其中“温柔乡是英雄冢，哪管东师入沈阳”，惹得举国哗然、一片骂声。好在张学良和胡蝶都性格“大条”，也懂什么是“公众人物”，背了“黑锅”也没走绝路。张学良后来到上海，胡蝶赌气要当着报界与他说说清楚。尽管张学良对绯闻也恼火，但那一刻还是清醒的，淡淡地回道：“那样岂不更说不清楚。”

宋庆龄是杰出的“公众人物”，一生也因此坎坷。1946年，她谴责国民党发动内战，反对美国扶蒋反共。当时联合国雇员西尔维娅·坎贝尔从上海写信给家人：“在这里，也在美国，肯定在进行一场把她抹黑的运动。”不出所料，美国知名专栏记者德鲁·皮尔逊果然发表了《中国政府隐瞒伟大爱情故事》一文，“曝光”宋庆龄与美军上尉杰德拉·谭宁邦的“风流韵事”。事实上，谭宁邦只是宋庆龄争取的为中国福利基金会工作的美国人之一。皮尔逊有意含糊其辞：消息来自国民党的监视和截获的信件。政治暗害没有击倒宋庆龄，反而使她更加坚毅，也备受国共两党和民众的尊敬。

舆论界之所以将政府官员列入“公众人物”，也是因为这些人身负的社会责任超出了常人。1967年，美国联邦最高法院裁定一个著名案件时，大法官斯图尔特留下一段“名言”：候选人的主要任务，就是把自己公共生活和私人生活的一切和盘托出给选民，让选民对其有一个完整的印象。就是因为此案，“公共官员”的概念被延伸到了“公众人物”。

近半个世纪后，我国某省一位副市长蛮横地对记者：“我有自己的肖像权，我怎么没有资格要求你删照片，你有什么资格随便拍我？”他或许真不明白：演艺界“公众人物”靠技艺或脸蛋吃饭，而官员靠纳税人供养，所以比一般“公众人物”应有更多责任，并因此受到更多监督。法国的一个官员，就因为被人拍到在红灯区门店前，便无从自辩地辞去了公职……

国企近年常受舆论关注，是因为其代表着国家经济的水平和形象，被称为共和国“长子”。CEO的形象影响力有多大？美国宾夕法尼亚大学教授戴维·拉克的研究证明，首席执行官的声誉每提高10%，就会导致股票市值增长24%。反之，会带来不利的影响，诸如导致股价下跌，经营业绩不善，股东利益受损……正因为如此，没有哪一个公民愿意看到品质恶劣、能力低下的CEO代表国家、代表自己。

当然，“公众人物”也是人，也有隐私权。但他们终归不是普通人，其言行对社会特别是青少年有着示范导向作用，因此必须有更多的担当，承担更多的容忍的义务。社会和媒体向他们聚焦是正常的，只要不违反法律，没有对其人格进行无中生有的侮辱和诋毁，都不能视为侵权。

歌手姚贝娜病逝，一时为舆论关注，有媒体记者在医院采访抢镜头抢到太平间，进而引起社会舆论不满。姚父为平息舆论及时发声：女儿生前是公众人物，媒体关注是出于好心……开明的父亲受到社会一致称赞，故去的人也更显光彩。

南京广电主持人吴某在节目中点评北大某教授，事后教授指控其对自己贬损和攻击，理由是吴说的两句话：“他今天之所以在全国有一些名气，完全是靠骂人骂出来的”；“所以老吴今天第一个耳朵想挂什么呢？教授还是野兽，到底是教授还是野兽？”教授以此要求停止侵权、消除影响、赔礼道歉并赔偿经济损失20万元。教授的学识不能说不多，但这次法院的意见让他长了见识：此教授应属于公众人物之列，基于公共利益的考虑，应允许相关公众对公众人物的行为提出合理的质疑、指责甚至刺耳的批评，不能简单地认为仅是质疑和批评本身就构成侵犯公众人物的名誉权，吴的相关评论内容尚未达到侮辱的严重程度。这场维护“言论自由”和“公众人物人格利益克减”的判决，在中国传播法发展中将起到“标本”作用。

公众人物最怕最恨的，当属“狗仔队”。因为狗仔队无处不有、无所不在，他们开着不起眼的标配车，手持“大炮”，通过各种手段让公众人物“透明”。他们偷拍明星在公共沙滩裸体，是为了娱乐新闻更八卦更有趣。只要不恶意传播，就算不上什么违法侵权。反之，如果偷拍老百姓光腚，就是违法了，就要准备吃官司。半个世纪前的意大利电影《甜蜜生活》首现“狗仔队”。世界最著名的“狗仔教父”是摄影记者罗恩·克拉拉，他为偷拍“第一夫人”杰奎琳，跟踪长达十多年；为拍好莱坞影星马龙·白兰度，被一拳打掉五颗牙齿。他一生拍了几百万张的照片，有的成为经典被博物馆收藏。虽然狗仔队颇受争议并时有“出格”，但客观看功劳也着实不小，逼着公众人物收敛了言行。净化社会、舆论监督的作用，一般记者还真难以比肩。

“公众人物”言行受社会有效监督，是社会文明、政治透明的重要标志。

当上“公众人物”，一言一行都要经得起社会道德评判，经得住舆论监督的压力，以及由此带来的任何后果。否则，就不要当什么公众人物，还是老老实实地做草根百姓吧。

谁有理由成为最具影响力的“大V”

“传播学”传入中国才三四十年的时间。在这门新兴学科中，有一个概念“意见领袖”。这一概念，由美国学者拉扎斯菲尔德提出，最初指对选民投票有影响力的人。网络时代有了微博，微博里拥有众多粉丝、有较大话语影响力的用户，被人们视为“意见领袖”。经过实名认证、赋予贵宾账户(vip)特殊标志“V”，也被简称为“大V”。

“大V”的影响力有多大？有人这样形容：如果微博有1000个粉丝，就相当于办了一份内部刊物；如果粉丝达到10万，声音就会像全国报纸的头条一样有影响力……据2014年的统计，新浪和腾讯微博“大V”超过1.9万个，人均拥有10万以上粉丝。而拥有100万以上粉丝的“大V”超过3300个；拥有1000万以上粉丝的超过200个；最多的拥有4000万以上的粉丝……

“大V”的动员力有多强？他们不仅可以让最大的电商，从对质量问题的傲慢转变为贴钱求饶放一马；可以轻易地发起万人实名，抵制某一档红火的电视节目；甚至可以成为政府声音的“扬声器”，或成为政府的“绊脚石”……总之，能影响社会热点和事件的发展与走向。

据媒体报道，2013年，前100大热点事件的传播中，由“大V”首发或主导的占了近一半；传统平面媒体首发或主导的不足三成，七成左右则为新媒体首发。如果是一个200人的媒体群，其利用各自的社交圈，只要用5分钟左右的时间，就可以将公共事件传播到2万+；若遇到重大事件，10分钟之内可轻松突破百万以上。2015年，影响力排名前20的微信公众号中，官媒仅《人民日报》、“央视新闻”榜上有名……

与我国“大V”明星式居多不同，西方影响社会的多为“智库”人员。

“智库”在我国并不陌生，2300年前“稷下学宫”就有智库的意义，而且存在了150年之久。智库在世界的兴起，是20世纪二三十年代的事，由于经济和社会问题需要而诞生。二战后变成了政府政策研究的“项目承包商”。由于在国家政策形成中，有“支招”、“指路”的重要作用，故有“影子内阁”、“最强大脑”、“思想库”和“智囊”等称谓，甚至被贴上继媒体“第四种权力”之后的“第五种权力”的标签。尽管“智库”多属非营利、无党派、非官方和民间资助。胡佛研究所善于引导社会思想潮流，有社会思潮“中流砥柱”的美誉。以军事战略研究为主的兰德公司，对“中国将出兵朝鲜”的准确研判，几十年间越传越神。美国防部的智库人物、净评估办公室（ONA）主任安德鲁·马歇尔，一直干到2015年93岁才退休。他从尼克松时代就是美防务政策的架构师，并有三大建树：准确预测苏联解体、预言新军事革命、预测中国在21世纪初成为美最主要的战略对手。由于“智库”聚集了大批专家学者，研究的深刻性、创新性和前瞻性都是一流的，所以里根评价说：“今天美国最重要的学问不是来自大学，而是来自美国智库。”由于智库代表了国家软实力水平，无疑也成为舆论信息战的主力。

据宾夕法尼亚大学《2014年全球智库报告》，世界6681多家智库中，美国就有1830个，相当于欧洲的总和，而且排名前10中美国占6家。智库既是内阁高官的“产地”，也是他们卸任后的“归处”。基辛格、伯恩斯、拉姆斯菲尔德、阿米蒂奇、布热津斯基、约瑟夫·奈等都是这种情况。这种“旋转门”机制，使智库保持了活力和不凡。每逢“大选”或重大事件，都能看到智库的影子，听到智库的声音，国际传媒也会围着他们争夺信息。“南海仲裁”事件10天内，我国一个智库监测的某海外智库，共发布50多篇相关文章，“敌视”、“警惕”等占了70%，并被国际媒体争相转载，形成了对我不利的舆论影响。

美智库不仅主导了核战略制定，还参与谋划了参加世界大战、创建联合国、“星球大战计划”及推翻萨达姆政权等几乎所有重大事件。就连国内的儿童教育问题也不放过。2009年奥巴马接受儿童访谈，说将在开学这天对全国发表演说，教育部长赶紧布置“收听收看”，要求孩子们事后“写感想”。卡图公共政策研究学会声明：“喂，奥巴马，请别搅扰孩子。”这引发了一些家长到白宫示威，他们和教育专家认为：让孩子接受这种宣传，会出现盲从权力的“条件反射”，它培养的是“巴甫洛夫的狗”，而不是民主国家有自由意志的公民。教育部迫于舆论不得不降调：任学校和学生尊便。白宫网站也示软：以后再不会安排类似的活动了。

我国有“智库”400多个，数量为世界第二。其中民办的不足5%。虽然也有几家排在世界前几十位，但多是以规模见长。虽有一定成果，但总的看，研究的独立性、思想性、学术性、前瞻性不足，经世致用、有分量的成果和建设性意见有限，难以适应国家快速发展对决策参考和思想产品的需要。反映智库影响力的指标“H指数”、“社会化媒体文章数”、“网络显示度”，远未达到理想状态。事关国家战略的“预判性”研究较少，在重大问题上有影响的不多。有研究认为，按照全球媒体总量和新闻信息播发总量计算，我国在海外能占到1%就不错。“源信息”在世界舆论中占比少，能起多少主导作用可想而知了……

我国网络“大V”里，很少看到有智库背景或水准的人。而演艺和商界“大V”一直位于前列，后面呜呜泱泱的粉丝量居高不下，超过了一般传统纸媒及官微。我国报纸发行量超百万的仅五六家，无一超过千万，而有的房地产商、女演员的粉丝数能有几千万。这使得一些传统媒体尴尬和不安。

因为“大V”能迎合特定人群的“三观”和思维方式，给受众有别于传统媒体的思考，社会动员力就显得非同一般了。而政府的影响力、组织力，也因为“大V”的“分享”削弱了。

2011年，南京数百株被称为“城市灵魂”的梧桐树，要让路给城市地铁规划。开始这个消息并没有引起社会的广泛关注，但随着几名“大V”的介入，一场群众性的保护活动开始了。城管局坚称：“一个不动不现实”、“移树难以避免”……随着舆论迅速升温，市长书记不得不出面并改变了调子：“不会移树”。随后政府发文：保护古树名木。

有些“大V”在社会风气建设上，并没有发挥好作用，有的产生了恶劣的负面影响。2015年，共青团中央在全国开展网络文明志愿活动，倡导广大青年争当“中国好网民”，在网上积极发出“青年好声音”。这样一件有利于社会的事情，却遭到一批“大V”的恶意诋毁。2016年11月，空军八一飞行表演队女飞行员余旭在训练中不幸牺牲，在社会为烈士惋惜哀痛之际，也出现了侮辱、抨击、讽刺和嘲笑的言论，有的极其下流庸俗，其中有的就出自“大V”。吴淦网名为“超级低俗屠夫”，长期打着正义、维权的幌子，频繁在热点事件中煽动网民围观、“人肉搜索”，利用公众情绪和舆论大闹法庭，裹挟政府和司法机关。其敢干、胡闹和纠缠的方式被称为“吴淦现象”。还有一些“大V”，长期散布历史虚无主义，非议和歪曲党、国家、民族和军队的历史，造成了民众思想混乱和很坏的社会影响，有的触犯了法律……

“粉丝”在英语里有狂热者、爱好者之意。余光中先生在《粉丝与知音》一文中描写道：“粉丝之为族群，有缝必钻，无孔不入，四方漂浮，一时啸聚，闻风而至，风过而沉。这种现象古已有之，于今尤烈。”粉丝将“思考权”让位给偶像“大V”，从中得到精神“快感”，“大V”则依靠粉丝产生影响力，得到政治或经济效益。

1997年，网络还不发达的时候，一个欧洲著名音乐人这样形容戴安娜去世时粉丝众生相：“这个世界真是疯了，我看见那么多平时从不上自己老妈坟的人，如今却跟在一个陌生女人的棺材后面哭哭啼啼。”这从一个侧面，反映了粉丝“盲从”、“非理性”的行为特征。这种“集体无意识”现象，在“文革”期间达到高潮，支持者对自己派别领袖的主张，不问青红皂白一概挺身支持。如今这种情况频繁出现。不管“大V”同意不同意，盲从的粉丝就将他们划为这派或那派，同时自己很自豪地归入某一方。今天，每发生重要的舆情事件，少不了一些粉群荒唐和无厘头的表现。就像心理学家勒庞指出的：“一群人会如失去了头羊的羊群，变得六神无主、不知所措。领袖让精神力量在群体中产生影响，然后把它有效地转变成了实践的力量，尽管这种力量可能意味着破坏、杀戮，甚至是毁灭。”法国研究机构认为，主动的颜色革命就是“傻子革命”。意为民众把本国政权推翻了，经济打碎了，让自己的金钱流出境了，而自己得到的却是战乱和贫困。无知、盲从而冲动的“粉群”，就真实地扮演了其中的主力……

“大V”还有一个的特征：不是世俗权力任命的，有着十分明显的“非强制性”。粉丝的认同也是出于自愿，并非由他人来决定。所以，“大V”这种地位得来不易，想要长期保持更难。如何稳固地位？有几个因素十分重要：其身份是否有社会权力意义，所处位置是否在信息的上游，言论是否有稳定的价值导向，能否经常地有效地自律自纠……这些都事关“大V”的持续影响力。而最关键的是其“品格”，也就是其思想品行。亚里士多德说：“我们越是觉得一个人诚实，就会越快地相信他。在一般情况下，当问题超出确切的知识范围时，在意见分歧时，我们就会绝对信任他们。”在社会转型时期，当方针政策需要社会理解接受，宣传引导的效果就取决于宣传者“品格”了。能不能遵守法规、履行社会责任、传播正能量，都决定着“大V”的命运。

分析“大V”的粉丝，其实也并非都是“死忠粉”、“脑残粉”。尽管看起来很多，但其中不少是凑热闹、跟时尚、看笑话的。还有一部分纯粹是“僵尸”。而且粉丝也不断地理性成熟，“大V”言论过激或庸俗，粉丝中的正能量也会发声。“您的账户被大量用户举报”，成了一些“大V”的心头之痒。当“大V”一朝做出辱国、嫖娼、吸毒、性侵、欺诈、造谣等丑恶行为，也会即刻名声扫地，迅速被粉丝和社会遗弃。

放眼众生喧哗、鱼龙混杂的舆论信息世界，谁有理由成为最具影响的“大V”呢？

板荡识忠臣，时势造英雄。在中国每一个历史关头、每一次重大舆情事件的风口浪尖，总会有优秀人物和组织出现。就如早期的毛泽东，在风云四起、激流涤荡的年代，就是勇立而耀眼的“大V”，不仅他及创办的《湘江评论》令无数青年人崇拜追随，甚至最有名的《大公报》也以其为“特约记者”而自豪。是中国的历史的滚滚潮流，将他和优秀的共产党人推到了潮头。他们和无数志士仁人顺应时代需要，响应社会呼唤，拨开舆论迷雾，搏击时代风云，以超凡的思想、智慧、个性、才华和魅力，发出响亮的声音，引领着民众前行，也使得国家和民族一步步走向文明发展……

中国共产党迄今走过了近百年的艰苦而辉煌的历程。诞生之初的53名成员，都是没有什么权势钱财的普通知识分子。后来之所以能积聚起“洪荒之力”，从形形色色的政党组织中脱颖而出、夺取全国政权、巩固执政地位，带领中国人民走上了繁荣富强的发展道路，根本原因不是军事和行政力量多么强大，而在于始终立党为公，除了人民的利益没有自己的特殊利益，为实现好、维护好、发展好人民的利益，而坚持不懈地奋斗。从中国共产党创建那天起，唱衰、抹黑就从未休止，但无一例外地落了空。虽然一些领导人犯过错误、有过失误，甚至有时还很严重，但中国共产党最可贵之处，不在于始终正确，更不是从不犯错误，而是能认识和纠正自身的错误缺点，在不断校正航向中破浪前进。所以，中国人民的历史认同和历史选择始终没有改变，中国共产党仍然是唯一可信任和依靠的政党。今天中国共产党有了更多优势：领导的国家已经有了较强的综合实力，成为世界第二大经济体，凝聚起了13亿民众的智慧和力量，积累了丰富的执政经验，建设起一整套组织体系及媒体系统，摸索出一条符合中国国情的社会主义发展道路。这些，都决定了中国共产党及其成员理所当然地成为最具权威和影响力的“大V”，成为意识形态领域里最耀眼夺目、最能凝聚人心的旗帜。

登高一呼，云集者重。能让无数人心甘情愿地抛家舍命紧紧追随，是共产党最值得骄傲和珍惜的宝贵财富。刘伯承元帅曾这样自我拷问：“老百姓不是命里注定要跟我们走的，为什么不跟别人走？”事实上，当年白色恐怖下，许多敬仰毛泽东的革命青年，是凭着国民党的“通缉令”追寻毛泽东的。斯诺当年去陕北考察前，心中最大疑惑就是，“4·12”蒋介石对共产党“清洗”，杀了那么多人，为什么仍有成千上万的人冒着风险加入共产党、参加红军？历史的答案今天更加明晰：得民心者得天下。就如徐向前审讯敌指挥官梁培璜，一句话点到实质：“你以为临汾能守得住吗？坑道你我双方都在挖，厉害的不是坑道，是人心向背……”

但是，民心可得也可失。而且，民心的流失是渐进的、非显性的。与以往相比，党在今天的最大威胁，已不在外部的敌对势力，而是在于自身的思想政治建设。习近平在2013年全国组织工作会议上指出：“事实一再证明，理想信念动摇是最危险的动摇。理想信念的滑坡是最危险的滑坡。我一直在想，如果哪天在我们眼前发生‘颜色革命’那样的复杂局面，我们的干部是不是能毅然决然站出来捍卫党、捍卫社会主义制度？……”

国际学术界有个“可信度效果”研究，其结论表明，在一般情况下，信源的可信度越高，说服的效果就越强；信源的可信度越低，说服的效果就越弱……我国主流传统媒体平台大、资源广、历史长、影响力强，在公信力上有着“先天优势”。群众也有习惯性的“话语路径依赖”。但在这个时代，已经吃不得“老本”了。人们的独立性、选择性和多变性前所未有。要维持政府和主流媒体多年积累的公信力、影响力，犹如逆水行舟，丝毫放松都可能前功尽弃。借用雨果的一句话：“已经创造出来的东西，比起有待创造的东西来说，是微不足道的。”社会舆论嘈杂混乱之时，也是政府和主流媒体“英雄本色”方显之际，同时也是共产党员“大V”发挥作用之时……

“大V”中还有一些声望较高的科技专家和学者。当灾害性突发事件来临，他们能发出“一言九鼎”之声，用科学方式和科普手段促使危机化解。2009年，上海一幢13层楼房连根倒塌，传言满天飞。科技专家调查并详解了“楼脆脆”的原因：楼房附近两次“堆土施工”，土方短时间快速堆积，产生了3000吨左右的侧向力，加之楼房前由于开挖基坑出现凌空面，导致楼房产生10厘米左右的位移，对预应力高强混凝土产生很大偏心弯矩，最终破坏了桩基，引起楼房整体倒覆。科学而权威的解释，使得真相和责任明晰，喧嚣的舆论尘埃迅速落定。

“严重的空气污染的危害比非典还严重。淮河以北的人均预期寿命短了5年多……”这话如果不是出自医学专家钟南山之口，很多人会不屑一顾。但出自真正的权威专家，自然容易被民众信服，反科学的谣言也不攻自破。

PX是二甲苯（p-xylene）的简写，苯的衍生物，也是一种重要的化工原料。一些地方在项目上马前，由于决策过程和环评报告知情面小、宣传不到位，引发了民众对环境生态安全的忧虑和集体抗议活动。江西九江及时请专家走上前台，用科普打消民众疑虑，化解了舆情危机，项目也得以继续，被中国科协评为“2013年十大科普事件”之一。

网络PX 词条中应是“低毒”，却被人恶意篡改为“剧毒”，清华大学化工系师生打响了一场“科学保卫战”。经过舆论的反复较量，“低毒”词条最终被管理员锁定。清华师生体现了应有的社会担当。社会上还有一批诸如“科学松鼠会”的民间网络科普组织，积极发挥着用科学引导民众、通过科普揭露谣言的重要作用……

人们对“大V”的认识逐步加深，法律法规对其性质的确认、约束也在不断完善。2013年8月，国家互联网信息办组织“网络名人社会责任论坛”，达成了“七条底线”的共识：法律法规的底线、社会主义制度底线、国家利益底线、公民合法权益底线、社会公共秩序底线、道德风尚底线和信息真实性底线。2014年，最高法院通过网络侵权司法解释规定，将转载者“性质和影响范围”作为是否具有过错的认定标准。也就是说，如果是普通人，在微博微信里看到一个信息，认为有意思随手转发，其过错程度可能较低或没有什么过错；而“大V”则不同，“注意义务”较大，随意转发信息出了问题，过错程度自然就比较大，必要时须承担相应的法律责任。2016年，国家网信办责令新浪、腾讯依法依规关闭“公开发表违法信息、影响恶劣”的某“大V”的微博账号。“网络不是法外之地，任何人不得利用网络传播违法信息”的警示，真正开始发威并深入人心。

第九章

谣言面面观

流言蜚语是无所不在的，否则世界便不成其为世界，千千万万的人会闲得发慌而像苍蝇一般大批大批死去。

——陀思妥耶夫斯基

政治秩序也部分取决于政治制度的发达程度与新兴势力被动员起来参与政治的程度的二者之间的关系。

——塞缪尔·亨廷顿

谣言，是自人类诞生就有的大众传播现象。中国有句老话："凡街市无根之语，谓之谣言"。《辞海》对"谣言"的定义是："没有事实依据的传闻；捏造的消息。"

中国共产党诞生95周年之际，人们仰望她的巨大辉煌、研究她的成长经历，也看到了她曾面对过怎样多的险恶谣言。"共产共妻"是世界上影响最大、流传最广的政治谣言，曾被资本主义势力和国民党用来诋毁共产主义和共产党。这个谣言源自十月革命后不久，一个名叫赫瓦托夫的莫斯科布店老板。他和几个荒诞无耻之徒，炮制、张贴并实践了《俄国少女及妇女公有法令》——"从1918年5月1日起，所有17岁至32岁的女性应摆脱个人控制的束缚，宣布自己为人民的公共财产。"因为这些恶棍，也产生了苏联历史上一个著名的审判案例。赫瓦托夫被判了刑，后来虽然被释放，最终还是得到被人杀死的报应。一个根本不懂传播的色鬼小人，竟能歪打正着地让"性"成为政治谣言，并蝶变成长期诋毁共产主义及其政党的"脏弹"。

谣言之所以产生并流传，不少学者研究认为，根本是因为真实信息的匮乏。美国斯坦福大学行为学教授分析谣言的特征：简约、意外、具体、可信、情感和故事，以及人们对信息加工的能力有限。了解"谣言"及其特性，对于深化舆论信息战的认识和实践有重大意义。

自古难治是“谣言”

人的好奇心生来就有，在信息面前永远是喜新厌旧，得知奇闻趣事也多愿意与人分享。这些正常现象，也是“谣言”产生与传播的心理基础。谣言常以“八卦”的面目出现，你喜欢此八卦，他喜欢彼八卦……每个人的兴趣喜好不同，也使得“谣言”的花样不断翻新、变化无常。

“谣言”在某种程度上迎合了人们的好奇心和猎奇心，弥补了对一些未知事物的“了解”，同时也满足了趋利避害的心理。可以说，人们生活没有达到理想状态，物质与精神文化的需求没有得到满足，谣言就难以彻底消除掉，其生命力就像不死的“小强”……

人们都有这样的经验：群鸟在地上觅食，其中一只突然惊恐地振翅而起，周围的同类一定会跟随着做出相同的举动。其实，群鸟的面前未必真正出现什么危险，而是受到一只鸟发出的“谣言”信息的提示，于是鸟儿们有了“从众”的行为。这其实是动物一种抱团自我保护的本能，也的确起到了自我保护的作用。有人研究出，单只信鸽发现敌害的平均最短距离只有5米，被鹰準捕杀的概率超过8成，而50只的鸽群，可以将最短报警距离提高到近40米，信鸽碰到鹰爪的概率不到5%。

这类事情也在人群中反复出现着，因此不少人感慨“人类并非事事比动物高明”。2013年10月印度发生“辛特河桥惨剧”，源于有人为插队编造出“大桥遭到重型车辆撞击，可能垮塌”的谣言，随后5万信众大乱，200多人因拥挤踩踏伤亡。2014年的一天，成都“潮流广场”一群人伴着女人的尖叫从楼上跑下，瞬间秩序大乱。随后旁边商场也有很多人跑出，一直跑到腿软。原来是“火灾”、“砍人”谣言惹的祸。第二天，广州沙河大街的一服装城也上演了同样一幕。北京、广州等地的铁站里，也曾出现过类似场景……

战场上也有这种情况出现，而且最惨的也许是美82空降师。这支声名显赫的部队有一次巨倒霉——1943年7月，该师在西西里岛空降，地面美军阵地突然射来一串曳光弹，随后无数炮弹纷纷涌向自家兄弟，144架飞机的大机群，不一会儿便有23架被击落，37架受伤，500多名伞兵伤亡。事后调查，很多人说，因为看到别人开火，自己也就跟着干了。“9·11”事件后，“少坐飞机，汽车更安全”的说法在美国社会盛传，但事实上，每年美国高速路上的车祸死亡人数达4万人，远超出“9·11”事件的死亡人数。而许多人就因为听信了谣言，减少了乘飞机，让高速路上丧生的人数明显增加……

美国作家詹姆斯·瑟伯有过一段生动有趣的描述——“突然，一个人跑起来，也许他猛然想起了与情人的约会，现在已经过时很久了。不管他想些什么吧，反正他在大街上跑起来，向东跑去。另一个人也跑了起来，这可能是个兴致勃勃的报童。第三个人，一个有急事的胖胖的绅士，也小跑起来……十分钟之内，这条大街上所有的人都跑了起来。嘈杂的声音逐渐清晰了，可以听清‘大堤’这个词。‘决堤了！’这充满恐怖的声音，可能是电车上一位老妇人喊的，也许是一位交通警察说的，也可能是一个男孩子说的。没有人知道是谁说的，也没有人知道发生了什么事。但是两千多人突然奔逃起来。‘向东！’人群喊叫了起来。东边远离大河，东边安全。‘向东去！’‘向东去！’……”

谣传的信息，使得本不存在的“危机”，一下成为众人眼里正确的信息。许多人以为，这么做肯定对，要不怎么会有这么多人做？虽然有人也会意识到信息未必正确，但也不愿独自承担风险、脱离开大多数人。还有人想，即使错了也不是个人的事，大家一起倒霉，将来有痛苦也会小一些。所以，宁可信其有也不愿信其无。北京警方曾追查一则谣言的出处，询问一些市民传播谣言的动机，比较一致的回答是：“既然大家都转，我也应该参与……”

众所周知的成语：“三人成虎”，就是形容谣言的。来自《战国策》中“夫市之无虎名矣，然而三人言而成虎”意为如果有三个人谎报城中有虎，听到的人就会相信，传的人越多，谣言就越容易“成真”。

“曾母投杼”的著名故事也可以为证：曾参是孔子的门生、一个品德高尚的人。一天，有人跑来对他母亲说：“你儿子杀人了。”曾母根本不信，照常低头织自己的布。过了一会儿，又有人来说：“曾参真的杀人了。”曾母仍然镇静自若。可是当第三个人来告诉他：“曾参确实杀人了。”曾母的自信被打破，再也坐不住了，丢下织机要去看个究竟。于是有了“曾参岂是杀人者，一日三报慈母惊”的传说。事实是，曾参新到一个地方，恰好一个与他同名同姓的人杀了人，有人将信息误传、越传越广。可见，谣言的传播能产生强烈的心理暗示，诱导受众以假当真。连熟悉儿子的母亲尚是如此，其他谣言亦可料想。

早在三千多年前，我国就出现“童谣”、“民谣”。这种体现民间智慧、韵律之美的文学形式，同时成就了一种舆情表达方式，并常常成为谣言的“马甲”。“童谣之言，将有征象”成了一种社会现象，一种体察和预知时代兴衰、朝代更替的最简便的方式。

夏朝有民谣：“你这个太阳啊，什么时候才能消灭呢？我愿和你一起死去！”因为夏桀常自喻为太阳。商汤看准这点，利用鼎沸的民意灭掉了夏桀。秦朝有童谣：“阿房阿房亡始皇”，这成了民众对秦始皇灭亡的预示。东汉末年有民谣：“千里草，何青青；十日卜，不得生”，是百姓在咒权臣董卓不得好死。汉朝时3万士人和太学生以歌谣和韵语表达心声，形成中国历史上第一次有组织的“危言深论，不隐豪强”的舆论运动。宋时民间流传：“打破筒，泼了菜，便是人间好世界。”“筒”、“菜”分别代表着奸臣童贯和蔡京。明权臣严嵩谄媚擅权，将《清明上河图》豪夺于怀，满朝文武皆不敢言，民谣相传：“可笑严介溪（严嵩号介溪），金银如山积，刀锯信手施。尝将冷眼观螃蟹，看你横行到几时。”后来终于惊动了皇上，严被抄家去职殁亡。

到了现代，“高粱叶子青又青，九月十八来了日本兵；先占火药库，后占北大营，杀人放火真是凶。中国军队几十万，恭恭敬敬让出了沈阳城。”这是抗战时期流传在东北的一首民谣。“水旱蝗汤”是抗战时期豫南大灾时，汤恩伯大肆敛财引发的民间传言。可见，很多时候流行的“童谣”、“民谣”，虽然不尽属实，却是权势压抑之下的民众情绪表达，有监测、预警、发泄和憧憬等功能。

人类从诞生就开始了对科学的认识。“巫师”算是最早的知识分子了，他们创造了大部分文明的文字，并帮助人们“管控”风险。早期的欧洲科学家，包括牛顿也是“学院派炼金士”，他们在追究着物质的秘密的同时，探索着上帝把什么样的秘密藏在其中。中国近代几百年间，自然科学落后了，而“天人合一”“阴阳五行”等巫理论却异常强大，以致迷信盛行不衰，民众用谶纬维护着脆弱的心理。“日食”等自然现象，被很多人看成是“上天”的遣告。偶遇雷击也被认为“五百蛮雷，上天降罚”。义和团头缠红布、身涂狗血，喝符念咒，将降神附体、刀枪不入成了坚定信仰。陈独秀看不惯这种“戏剧化”，撰文评论：“儒、释、道三教合一的中国戏，乃是造成义和拳的第四种原因。”昏庸的慈禧太后，竟相信刚毅等人谎报的信息，欲借“威武”的义和团排外，并幻想战胜洋人。以现代科学的角度看，这些人的心理受到了暗示、传递和传染。义和团产生了集体幻觉，念咒不过是自我心理安慰。曾以文化领先并以冷兵器引领世界军事潮流的民族，没有占上热兵器的先机，还丧失了健康心理！肉体凡身依附装神怪术，怎耐洋枪洋炮一击？八国联军轻松入侵、直捣京城，慈禧第二年就变政策为“量中华之物力，结与国之欢心”。就如马克思、恩格斯早就分析过的中国鸦片战争失败原因时讲的一句话：“满族王朝的声威一遇到英国的枪炮就扫地以尽，天朝帝国万世长存的迷信破了产。”

科学发展到今天，谣言并没有明显减少，更没有杜绝。在复杂的社会生活中，个体的知识储备和经验难以应对诸多的不确定性，特别对地震、水灾、日蚀、飓风等自然科学现象，人类仍难以做出完全科学的解释和准确预报。科学界的话语范式，也与人们日常生活用语有较大差别，客观上增加了理解和接受的难度。社会的快速发展，使得人们越来越忙碌，经常没有时间静下心来思考，对外界的思想依赖有攀升趋势。谣言的“温床”也因此滋润。而仅凭“科学”难以战胜。这就不难解释许多荒唐的社会现象了：2011年，江苏某地出现“新春万人大逃亡”，甚至引发车祸及多人死伤，原因是有传言当地某化工企业要爆炸；次年2月，山西几百万人离家出走、风餐露宿，原因是盛传地震将至……

民间“小道消息”，很多时候被看作是“政治谣言”。但在特定的时期和环境里，“小道消息”是对弱者的慰藉，对缓解他们的焦虑、满足他们的渴望不可或缺。“4·5天安门事件”、“9·13”事件、粉碎“四人帮”、十八大后“打老虎”……“小道消息”一度成为社会舆论场的主角，还成了“烽火哨台”、“连营吹角”。很多人甚至不满足道听途说，四处打听并传播更多的内容。当今坊间的“段子”、微信“朋友圈”内容，其中虚假和谬误显而易见，因为表达了对公平正义、未来愿景的渴望，发泄了一些消极的情绪，有一定的积极因素，客观上也成了现实的侧影、一种民间的文化。

基佐在《法国文明史》中指出：文明有两个重要标志，“社会活动的发展和个人活动的发展，社会的进步和人性的进步”。好的舆论信息传播环境，无疑是物质文明和精神文明发展的结果，也是促进文明持续发展的主要动力。而谣言充斥的社会，绝不能说是政治清明、和谐幸福的社会，更没有哪个人愿意生活在其中。

谣言还能让忠臣落马、政权崩溃。南北朝时，北齐左丞相斛律光军功累累，节俭自律。这样一位廉洁奉公的重臣却屡遭忌惮，大臣组珽和穆提婆等小人四处散谣，诬陷其阴谋夺权。昏庸的齐后主听信谣言将斛灭族，最终齐被周所灭。北宋时期的王安石推行“变法”，他深知小人之害，变法伊始就提出“奸佞之论”，建议神宗辨别小人并加以惩处。但由于触动了皇亲贵胄的利益，地方官也不满，诉状如雪、逢朝必弹，宋神宗抵挡不住小人的蛊惑，对变法产生了怀疑，罢免了王安石的宰相职务。幸亏司马光力谏，才没有对王安石治罪。晚明时的卢象升，是个文武双全、人格魅力极强的战将，却长期受小人杨嗣昌、高起潜的陷害，当卢与清兵决战之际，遭到裁减其麾下兵力的暗算。卢率仅有的5000部下全部战死时，还被安上“怯懦畏战”的罪名。扬派人验尸确认自己的政敌死亡，拖了80多天才收敛遗体。左宗棠后来读《卢象升传》感叹：“如此际遇，天下志士恨！”

近几十年来，很少有哪个国家像罗马尼亚，因谣言诱发的动乱，来得如此猛烈和血腥。1989年，体操明星科马内奇出逃西方并爆出“恐怖经历”。当年底，“自由欧洲电台”发出一条耸人听闻的信息：罗马尼亚地米什瓦拉市发现“杀人场”，有4630人被当局集体屠杀，“现场照片”显示了母亲和婴儿血腥惨死的情形。随后该市发生剧烈冲突并有警民伤亡。尽管齐奥塞斯库公开指明，是国外敌对势力和间谍机构所为，但包括其国外有超过10亿美元的存款、屠杀6万民众等谣言却快速传播。事后有报道说，这是西方支持的“罗马尼亚救国阵线”谋划的。齐奥塞斯库无法控制局面，两三天之内“起义者”占领了广播电台和电视台。随后，政府倒台，一周内齐奥塞斯库和夫人被处决。32天里，一个执政25年的总统经历了从被欢呼到被枪决！事实证明，对齐奥塞斯库夫妇的指控是捏造，法国记者经过调查也证实，所谓屠杀现场是一个弥天大谎，照片是医院太平间和公墓挖出的尸体集中摆布而成。曾主管宣传的罗共中央书记伊利埃斯库，在政变过程中发挥了极坏的作用，后在西方支持下两任总统。尽管真相清楚了，但西方媒体对曾经的虚假报道装聋作哑……

对于社会政治谣言，自古有为的执政者，都会从中了解民情，汲取民意，并做出适当的政策调整。《晋书·王沉传》记载：“自古圣贤，乐闻诽谤之言，听舆论之论”……但不同的执政者，出于不同的执政宗旨、理念和胸怀，做出的对策会有所差异，最终效果也明显不同。

西周初期，王室重视派人搜集民谣了解舆情，并以此研判诸侯国的政治清明程度。到周厉王执掌王位后，却采取了“以告，则杀之”政策，即利用巫师监听、假托神灵有谤必知，闹得百姓惶惶不可终日，最后周厉王被赶走并死于外。秦始皇统一天下后，对谣言、诽谤极为警惕，有敢偶语诗书者弃市，以古非今、谣言诽谤者族诛，而且鼓励举报。暴政导致了秦朝的灭亡。汉文帝时整肃朝政，废除“诽谤妖言罪”和所谓“秘祝”之官，同时虚怀纳谏，鼓励臣下提出不同意见，下诏明确“百官的错误和罪过，皇帝要负责”；他还被缇萦为父“上书”的孝心感动，开始刑罚改革，同时倡导“以德化民”。社会由乱而治，出现了“文景之治”。

1941年6月的一天，陕甘宁边区政府在延安杨家岭小礼堂开会。雷暴突至，击断室内一根木柱，延川县长李彩云身亡。于是有了传言：“老天爷不开眼，响雷把县长劈死了，为什么不劈死毛泽东？”保卫部门紧张起来，当成反革命事件追究。《毛泽东在七大的报告和讲话集》记载了此事。毛泽东当时说：“我调查了一番，其原因只有一个，就是公粮太多，有些老百姓不高兴。”几乎与此同时，一个叫武兰花的农妇，因乡村干部催粮太紧，也说了“打雷劈死毛泽东”的话，被抓了起来。毛泽东看到《情况汇报》后，面见了武兰花，认真听其倾诉了“交公粮后家中粒米不剩”。毛泽东吩咐放了她，并叮嘱不要再收粮了，要给予群众救济。党的威信和毛泽东在群众心中的形象进一步提高。

普京擅长对待谣言，而且常以幽默相对，也有出奇的效果。2015年3月，普京十来天未在媒体露面，有关其健康、绯闻、遭遇政变等各种谣言满天飞。普京露面时，对此早有准备，幽默地对媒体记者们说：“要是没有了谣言，生活会多么无趣。”在一片笑声中，谣言逃之夭夭。

娱乐圈是盛产谣言之地。其中，捕风捉影，无聊编造，刻意炒作等屡见不鲜、见怪不怪。虽然不像政治经济谣言那样大的危害，但由于明显追逐名利，充斥审丑、拜金、色情、刺激、窥私……对社会道德风尚产生了诸多不良影响，也历来是社会治理的难点。

网络让谣言插上翅膀

互联网出现后，谣言的扩散呈现出渠道更多、速度更快、迷惑性更强、破坏性更大等特征。就像“病毒性”裂变传播。特别是网络谣言对公民“隐私权”的侵害，也大大超过了以往任何传媒手段。人们对谣言的抵御能力，在网络时代不仅没有明显提高，反而显得更加力不从心……

网络空间为人类提供了全新的创意天地，但也被骗子和不良商家利用。经常有这样的情况，当上网检索“×××”时，找不到想要的结果，却常能看到弹出的提示：“你要找的是×××、×××……吗？”当你在网上关注过某件事情、某个商品后，就会被有的软件锁定，再搜索网页时，就会看到反复跳出的同类事物。“莆田系”申请大量域名，制作了大量网站，患者只要搜索医院就难逃其陷阱，不点此网站，也会点进彼网站。更可怕的是，后台还窃取了你的数据，点击过的网站首页、所用的IP地址、浏览器类型、路径由来、治疗意向、对话内容等，都会被窥视和记录。随后针对性的心理诱导、攻击和欺骗，也紧跟而来……

微信已进入多数人的日常生活，但善良的人一般不会想到，其中的“运作”名堂太多，N个公众号或由一家公司运营，在“出价”的操纵下，虚假信息和谣言形成矩阵散布、规模攻势。水军或公关公司，会根据客户的出价推送信息，包括操纵排名、推荐文章、制造虚假的点击阅读量。有一个直播平台推出某主播的游戏，聊天室显示的观看人数竟超过“13亿”，堪称最骇人的观众数造假。

2008年，网上谣传广元橘子发现蛆状病虫，尽管四川省农业厅紧急辟谣，但“橘蛆事件”造成四川乃至全国的柑橘销售损失上百亿元。曾经有“红十字会将献血卖钱给郭美美买包”谣起，有的“大V”也当起“推手”，直接酿成一场蔓延全国的大“血荒”。红十字会领导沉痛地说：“郭美美事件三天毁掉红会一百年。”

还有的“大V”和公关公司，利用影响力裹挟民意，想尽歪招吸粉，用“名人效应”、“尖叫效应”增加关注度，寻租非法产业链，发布虚假有害信息。有的不断编造“转发可保全家平安”、“集赞换票”等多种诱导手段，骗取点击量、转发量。一些不良房地产商和“大V”串通，大造价格成本和供不应求的谎言，通过舆论推高房价，诱导百姓纷纷沦为“房奴”……

一些人为整垮竞争对手，或出于畸形的表现欲、发表欲，有意编造虚假信息，不择手段地造谣传谣。“中国新媒体发展报告（2015）”公布了流行谣言的7大主题：食品安全、人身安全、疾病、健康养生、防骗、金钱、亲子。这些内容的谣言在微信“朋友圈”风靡不休，有的还出现在传统主流媒体。“某小女孩被拐卖”，“无醇啤酒饮后不会查出酒驾”，“微波炉加热食物致癌”，“牛奶是牛喝的”，“酸性体质是万病之源”，“木瓜能丰胸”，“地暖辐射会致白血病”，“高铁辐射严重致女性不孕”，“WiFi辐射损害健康”，“儿童吃一次抗生素7天不发育”，“人类已攻克癌症”……尽管内容荒唐、手法低劣，却让无数人中招。

只有高中文化的秦志晖想“出名”到疯，命名自己“秦火火”。他炮制了“雷锋生活奢侈”、“动车事故政府2亿元赔偿外籍旅客”、“张海迪拥有日本国籍”、“红十字会强行募捐”等谣言3000多条，人称“水军领袖”、“谣翻中国”。他在狱中坦言造谣的“秘诀”：必须要“忽悠”网民，使他们觉得自己是“社会不公”的审判者……

自媒体的技术门槛很低，使得造谣传谣成“举手”之易。有人形容：跷着二郎腿、抠着鼻屎的二癞子，与认真求证、埋头研究的科学家，在网上是无法分辨的。谣言文字或视频，尽管水平拙劣、漏洞百出，却因为善于煽情，往往容易被关注并流传。因为“羊群效应”，不少网民成了谣言的“发酵剂”、“助推器”。

有几组数字很惊人：2013年半年游走网络的“垃圾短信”达2000亿条，百度号称打击的虚假网页有2100万个。2014年，大约7%的假新闻是通过微信平台首发。而监管机构每天拦截的谣言或不良信息多达210万次。微信官方公布的2015年“朋友圈”谣言的举报处理总量，为2010多万次。2016年5月，微信官方公布朋友圈的谣言Top，7类谣言中第一大类是“失实报道”，占比38%……

马克·吐温形容：“真理还在穿鞋的时候，谎言已经走遍了半个世界。”网络为人们获取信息打开一扇窗，但也为谣言滋生蔓延，提供了新的速成土壤和更加隐匿的传播条件。这是人们享受网络世界的时候，最应该引起重视和警惕的……

值得称道的“军事谣言”

“谣言”换个视角看，并非在任何地方都毫无益处。尤其是在充满舆论信息博弈的烽火战场。

高水平的军事谋略，总体上讲是“光明正大”的。但因为内容的高度“机密”，能致国家政权得失、无数生命存亡、经济利益的大幅增减，所以有着巨大的交换价值，便出现了真真假假、以假掩真、以假示真。因此自古就有了“兵者诡道”、“兵以诈立”等说法。这种必要性和多变性，不是用简单的道德标准能够评判的。

唐太宗李世民讲：“兵法千章万句不出一句话，多方以误之。”孙子言：利而诱之、乱而取之、实而备之、强而避之、怒而挠之、卑而骄之、逸而劳之、亲而离之，以及“善攻者，敌不知其所守；善守者，敌不知其所攻”。毛泽东说，“所谓以弱当强，就是以少数兵力佯攻敌诸路大军……”都称得上是谋略欺骗中的极致了。西方近代政治军事家尼可罗·马基雅维里强调：“只要目的正确，就可以不择手段。”……他们都在说明，只要有军队、有军事对抗行动，造势、伐谋、示形、惑将、用间、佯动、诓骗等，就会永远存在。所以，“军事谣言”并非乏善可陈，而是非常值得称道，在一定意义上可谓“善之善者”。

让战略目的真假难辨、顺利实现，是交战双方锲而不舍的追求，实施主要手段也是舆论信息战。1918年，美国参议员海勒姆·约翰逊说出一句经典名言：“战争发生时，第一个牺牲者就是真相。”模糊敌方视野、诱其步入“歧途”掉入陷阱，对于取胜必不可少、妙不可言。战争也因此更加触目惊心、出神入化、精彩不断。

据英国的统计，二战中，各国报道旨在影响敌方心理的重要消息超过3.1万条，其中完全虚假的占40%，有一定事实由头但大量失实的占53%，完全尊重事实的只有7%。诺曼底登陆前，丘吉尔讲了一句十分深刻的话：“在战争时期，真理是如此宝贵，必须用谎言去保卫它。”军事经典《三十六计》中的第一计，就是“瞒天过海”，其他诸如“无中生有”、“李代桃僵”、“调虎离山”等，也都与谣言、谎言有关……

德军在二战时期的欺骗战法，可谓多如牛毛、登峰造极。战前德国与苏联签订的《苏德互不侵犯条约》、《苏德友好边界条约》就是障眼法，让苏联大上其当。尽管法国宣布投降后，斯大林有所觉察，但面对84条来自外交高层的情报，斯大林仍坚信一年内战争不会爆发。塔斯社还专门发消息辟谣。就在塔斯社的声明仅一周后，德军就开始全面进攻。德国驻苏联大使甚至傲慢自信地将《宣战书》送上门。以后的十几天里，苏军只有挨打的份……

二战期间，通过舆论信息战布下的一场场“骗局”，今天看来仍十分有趣。德国有意散发英国空军炸毁了柏林地区铁路和车站的“未经证实的消息”，同时用各种手段封锁，使得英国无法核实。当英国民众信以为真、捷报相传时，德马上邀请外媒记者到现场参观，进而打破英国的“无稽之谈”，有效削弱了英国媒体的优势。与荷兰作战前，德军散布谣言：“德军伞兵穿的是何兰军队的制服”，结果导致荷兰军队内部互相残杀，而德军“渔翁得利”，赢得了时间和胜利。德军狡诈，但并非是谋略“达人”，也有被蒙骗更惨的时候。盟军就利用英国人威廉·马丁的尸体，通过舆论造势，实施了一项“肉馅计划”。别出心裁的奇谋妙计，大胆、宏伟、诡谲、严密，有效动摇了德军统帅部的决心，引诱其将西西里的主力调至希腊和撒丁岛方向，进而保证了盟军成功突袭，取得歼俘敌数十万的巨大胜利。“肉馅计划”堪称世界战争史上最为成功的军事舆论欺骗案例之一。

有此基础，盟军次年诺曼底登陆前的舆论欺骗更为大胆，也更加精彩。英美苏三国事前制定了极为严密的“杰伊计划”，并利用媒体大行欺骗烟幕。一时间英国报纸广播“第四军进行足球比赛”、“第二军管乐队在爱丁堡演奏”、“第四军一名少校举行婚礼”等新闻不断。当地报纸“读者来信”专栏，还刊登“美国大兵和波兰坦克手道德败坏”、“马汉姆美军伞兵基地周围有大量避孕套”等内容。被重新启用的巴顿将军，所属“部队”不少是虚拟的。巴顿的活动信息与其子虚乌有的美第一集团军、英第四集团军和第十二集团军一起，频频出现在报端，引起德军情报部的注意。“铜头蛇”计划惊险而绝妙，中尉詹姆斯成功扮演英国元帅蒙哥马利，在吸引记者聚焦的同时，也让希特勒上当，以致德军不仅没有增加诺曼底防守，还将90个师的上百万兵力部署在了远离诺曼底的地方。

上述舆论烟幕之下，人类战争史上最大的奇迹出现了：盟军200万军队、5000多艘船只、1万多架飞机秘密集结于诺曼底海峡。同时，又一场精彩绝伦的舆论信息战通过“托佛莱特”计划实施：罗斯福、丘吉尔、艾森豪威尔、挪威国王、荷兰首相、比利时首相等，轮流发表广播讲话，协调一致地发出了真真假假的信息，让希特勒摸不着北。而与众不同的戴高乐此时差点坏了大事，他独自发出“实打实”的声音，宣布诺曼底登陆是总攻开始，号召法国人民起义。德军统帅部慌忙向卧底间谍“嘉宝”求证。幸好此时的“嘉宝”已是“双重间谍”，他巧妙消除了德军情报部的怀疑，使得“诺曼底登陆计划”化险为夷。由于“嘉宝”的“演技”太逼真，德军情报部竟为他邀功。随后，136万盟军在150公里长的战线登陆，对德军实施了毁灭性的夹击。直到战役后期，德军统帅部还以为这是一场战术牵制行动……

英阿马岛战争中，英军为实现“瞒天过海”，也借助媒体“声东击西”。开战前，英国新闻出现“英军准备在马岛南部登陆”的报道，同时英军轰炸了马岛南部的军事目标。但后来，英军却突袭西北，并成功登陆。

海湾战争中的萨达姆及军队，遭受多国部队利用国际传媒散布的大量舆论“烟幕”，美海军也进行了佯动引诱，萨达姆判断美军可能从科威特海岸登陆。而美军将计就计，从陆路大纵深迂回，给了伊军一记致命的“左勾拳”，轻松赢得了胜利。

美军作战理念将“欺骗”定义为：“通过操纵、污损、伪造证据来蒙骗敌人，从而引发其损害自身利益反应。”除此，还有具体的“三色宣传”之说：“白色宣传”是指公开标明信息来源、直接攻击对方心理的宣传；“灰色宣传”是指不说明信息来源，用暧昧的手法让对方产生偏见的宣传；“黑色宣传”是指隐蔽真实信息来源，用假信息来离间、削弱和打击对方的宣传。黑色宣传，简单说就是制造和传播谣言。而美军用得最多的也是黑色和灰色宣传。黑色宣传使用得当，能有效迷惑敌方，使其感到舆论信息似乎来自本国国内。灰色宣传，隐藏了宣传者真实面目，致使敌方在不知不觉中接受宣传观点。海湾战争中，美军交替使用这两种手法，让受众感到伊拉克随时可能政变、萨达姆随时可能被暗杀，造成人心浮动、众叛亲离。白色宣传有时也用，如直指萨达姆是“独裁者”、“刽子手”，令其声誉扫地。“三色”宣传手法，在很多国家或地区“民主”选举中，被一些政客拿来使用打击对手。2016年美国大选，就是社交媒体各色“假新闻”泛滥的一次大展示，不仅政客充分利用，还被炮制者当成“无本万利”的产业，美国社会事后对此进行了反思和批评。曾经的台湾竞选中，邱毅用“灰色宣传”手段对陈水扁“爆料”，而阿扁用“黑色宣传”手段对黄俊英“出招”……

舆论信息博弈，最难的无出把握对方行动本质、抓住稍纵即逝的时机和战机。正是从这个意义，战略层面的舆论信息战，每次PK都是一场欲盖弥彰、互揭伪装的谋略水平大比拼；战役战术层次的舆论信息战，每一次组织实施，也都是虚虚实实、真真假假的智慧和能力的大展示。此时，“谣言”善用者为善，体现得也愈加明显。

《塔林手册》是世界上第一部系统的“网络战国际法”，已被不少国家认可。其中大量内容涉及军事欺骗：网络行动作为计谋是允许的，制造“傀儡”计算机系统虚拟不存在的军事力量；发送虚假信息使敌方错误相信我方正在进行网络行动；在不违反“禁止制造恐慌”规则前提下发起网络佯攻；发出以敌军指挥官名义捏造的命令……

但“欺骗”也不能无“度”。特别是在战略层面、在国际政治外交中，稍有不慎，就会过犹不及。很多情况下，宁可不表白，也不能采取欺骗手段。我国1964年就有了原子弹，成为世界核大国之一，这为改善我国战略处境，改变世界格局产生了巨大影响。但中国有多少核打击力量？核生产能力有多大？如何布局？……始终是西方世界的未解之谜。这种有意为之的“模糊”，就是一种高远的威慑谋略，胜过了“千言万语”。

不讲时机、过度欺骗，都会给国家及军队带来伤害。“9·11事件”后，布什宣称：美国已掌握确凿证据，伊拉克拥有足够“杀死好几百万人”的炭疽菌，足以使“数百万人死于呼吸衰竭”的肉毒杆菌，以及足以“杀害成千上万人”的化学武器……而事实已经不言自明。BBC新闻负责人曾在美伊战争期间多次抱怨：至少有9次从联军方面得到的信息是假的，严重影响了BBC多年信誉。以致战争后期的报道中，许多媒体对美军提供的信息持怀疑态度，就是发稿引用，也加上“据美军宣称”等注释，以便以后撇清关系。

“官谣”猛于虎

“官谣”，是指来自“官方”或“官媒”，且失之于真、失信于民的信息。分析谣言，专门把“官谣”辟出来，是因为这个问题实在太重要了！人们在关注热点焦点问题的时候，经常为各种谣言所惑，而“官谣”能给人们增添更多的忧虑和混乱……

官谣古今皆有，不仅充斥野史，也出现在堂皇正史之中。古时刘邦之母梦与天神交合，孙权之母梦日入怀……都是为了佐证皇帝之所以成为皇帝、名人之所以成为名人的“官谣”。《隋书》记载，北周流传“白杨树头金鸡鸣，只有阿舅无外甥”。炮制者杨坚故意装作不解，让同僚分析给他听。可同僚显然比他智商要高，顺势巴结说：白杨是指杨坚，金鸡代表着皇冠，第一句的意思是皇冠将戴在您头上了，下句是说周的气数尽矣。杨坚大喜，遂代周建隋。杨坚虽尝到了造谣的甜头，但掌权之后又怕他人仿效，于是明令“禁谣”……

用造谣手法篡权谋官的远不止杨坚。赵匡胤让人散布：“出军之日，当立点检为天子。”谣言兴起后，他又导演“被黄袍加身”，大大方方坐上了宋朝皇帝宝座。朱元璋上台前也派人在元大都街头散布：“一阵黄风一阵沙，千里万里无人家；回头雪消不堪看，三眼和尚弄瞎马。”朱当过和尚，“三眼和尚”是指他与众不同；“瞎马”是指行将灭亡的蒙古族建立的元朝。随着舆论声势大涨，他又让手下散布“塔儿黑，北人做主南人客；塔儿红，朱衣人做主人翁。”进而推翻了元朝，当上了明朝开国皇帝。

人类进入文明时代，“官谣”仍层出不穷，内容和形式也越来越“高级”。U–2飞机曾在世界天空横行，被苏联击落后，美国防部以谣相应，否认任何侵犯苏联领空的企图。直到残骸被公之于世，没有吞下氰化物的飞行员向世界媒体开了口，艾森豪威尔才不得不尴尬地认账。“北部湾事件”、“水门事件”、“白宫实习生事件”，以及“伊拉克大规模杀伤性武器”等，都可以说是美总统最终不得不承认的“官谣”。

政治生活不正常或法制不健全的环境里，“官谣”会花样百出，善后更是富于“戏剧性”。一些媒体曾推出新闻报道 “水稻亩产上万斤”、“学政治理论可以治好小儿麻痹”……多少年过去了，人们仍难忘掉近乎荒诞的内容。1999年3月，某市媒体报道：政府专门审议治理大气污染的目标对策，“决不让污染的大气进入新世纪”的字体赫然。十几年后，因为雾霾“红警”孩子们不得不猫在家里，这篇报道又被人翻出后传播开去。今天，若干年前谁对公众说过什么、做过什么，人脑也许会忘记，但“大数据”却记得清清楚楚，而且六亲不认。王立军逃至美领事馆，国内外舆论高度关注，当地政府发布其“休假式治疗”，后真相大白。刘铁男被记者实名举报，国家能源局发言人表示

“纯属污蔑造谣”。刘受刑事处理后，社会没再听到能源局方面的说明。华润董事长宋林被记者两次实名举报，华润发布：报道和举报中诸多猜测、臆断乃至恶意诽谤之词，要追究记者的法律责任。中纪委公布宋严重违纪违法后，华润却“静音”了。河南项城工商局副局长到郑州夜店消费，该店高调打出字幕欢迎，有关部门竟试图归入“假新闻”。广东佛山拦检货车殴打司机，交通部门坚称“绝对文明执法”，直到现场视频曝光。国家统计局公布2013年11月全国70个大中城市房价变动情况，称广东一手楼价同比上涨20.9%，而同日广州市公布的是同比下跌5.5%，环比跌8.1%。一涨一跌，让百姓云里雾里。2015年8月有传言：最快今年10月份，上海静安即将并入闸北区。静安区政府工作人员公开表示：两区合并一说实属谣言。然而仅十天后传言成真。是年央视记者采访贵阳住建局局长，尽管照片挂在墙上，局长仍面不改色称：“我不是局长。”……

“官谣”之所以被人们深刻记忆，在于话语权的滥用，与政府平时的宣传形成强烈反差。1957年，赫鲁晓夫提出“赶超美国”的口号，承诺20年建成共产主义。随后莫斯科举办“世界青年节”、“美国国家博览会”。苏联年轻一代睁大眼睛，看到了自己生活与西方的巨大差距，心中对说教宣传憎恨同生的，还有自卑和逆反心理。许多人精神信仰支柱倒塌，卓娅、马特洛索夫等民族英雄形象，也开始被约翰·肯尼迪、玛丽莲·梦露等人取代……

有时官员或官媒是出言“不慎”，看似非属“谎言”，但如果不能妥善处理或不能按时兑现，都可能造成不良后果，民众也一样将其归为“官谣”。如一些地方未能实现的“远景规划”、“政治报告”等。由于违背了客观规律，或者没狠抓落实，只是官员一时口舌之快，是为向上级讨彩，为了自己的仕途或面子，自然就成为民众心中的“官谣”。

股市有特殊的规律和特点，一般股评人或小报小刊说说无碍大局，但主流媒体发文解释，甚至预测股市发展的“点位”，显然就是轻率之举了。公安破获1.7万罐假冒名牌奶粉案，食药监总局公告称：“生产销售冒牌婴幼儿乳粉，属商业欺诈、侵犯知识产权的违法犯罪行为，一经发现，不论其质量是否合格，是否对公众健康构成威胁，必须对涉案乳粉立即扣缴，一律销毁。”但同时表示：假冒奶粉符合国家标准。其意是：假奶粉不合法但合乎标准，没有危害，不要恐慌。可业内专家质疑，“婴儿奶粉”与“非婴儿奶粉”有不同的配方和成分，当然也有不同的标准，如何符合国家标准？符合哪一项国家标准？“漂白”假奶粉，变相为假货做了宣传。这样做不仅不能缓解危机，联系之前的“疫苗案”更让人心惶惶。许多人“海淘”的决心也因此更坚定。官方的假话、含糊话，显然有时比假货危害要大。

官谣的产生，多在于工作指导思想“错位”所致。就像新华网对“假奶粉”案的分析：“官方对于食品安全信息的公布和解释要真正考虑到人民群众的利益关切，预测舆论走向，而不是专注于为自己“辩护”，否则只能导致失信于民的下场。”各级政府按照党的宗旨做事，就会自觉为民谋利，而好大喜功、夸夸其谈的“官谣”自然无从而出。更可怕的是，一些人在制造“官谣”的同时，还把群众表示的不满定为“谣言”，并以法律的名义追究惩治。这样毁掉的就不仅仅是政府的公信力了……

古罗马历史学家塔西佗认为：“当政府不受欢迎时，好的政策与坏的政策都同样得罪人民。”这位当过“最高执政官”的学者的观点，被西方学政治学界树为一个定律：“塔西佗陷阱”。即一旦公信力丧失，无论你说真话假话，干好事坏事，都会被认为是说假话干坏事。“公信力”如此重要和宝贵，所以必须小心谨慎地呵护。

谣言止于透明和法制

流言学专家、哈佛大学教授G.W.奥尔波特，在20世纪40年代研究出一条著名的公式：谣言=（事件的）重要性+（事件的）模糊性。他在说明，谣言的产生与事件的重要性和模糊性成正比；一个事件越重要、越模糊，谣言就越容易产生，传播效应也越大；重要性和模糊性有一个为零，谣言便不易产生和传播。“模糊”对于谣言的意义清楚了，如果社会政治“不透明”，而媒体的报道、监测和预警功能又不能正常发挥，受众又无法通过正常渠道得到真实信息，谣言就自然盛行不衰。

转型时期的社会，利益关系异常错综复杂，各种矛盾交织……而“公权”常常是诸矛盾中的主要矛盾、矛盾的主要方面。政府行使包括话语权在内的各种权力，都需要非常谨慎、十分到位，尤其在引导舆论、治理谣言上责任重大、任务艰巨。

2013年7月，陕西神木县民众围堵县政府，是因为听到了传言：县财政出现亏空、免费医疗和免费教育将废止，县委书记要调走……全国“百强县”之一，风吹草动就引起群众不安，说明经济虽然有长足发展，但民众的知情权没有得到应有的满足和保障，所以一出现热点事件，就促使谣言爆发，舆论也随之将民众平时心底的不信任、不满意瞬间放大，进而引发剧烈的社会冲突。

李克强在慰问天津港“8·12”特别重大火灾事故救援官兵和受灾群众时指出：“权威发布一旦跟不上，谣言就会满天飞。”这其中有批评、有要求，也是对谣言治理规律的揭示。

薄熙来案受到国内外舆论高度关注。法院在审判前精心准备，庭审过程官微图文并茂、直播详尽。因为“透明”，吸引50多万粉丝围观，民众和国内外舆论给予了好评。此案的公开审理，是中国法制史上一个里程碑式的事件，也是中国民主政治史上的大事。

越是相关民生的事情越需要“透明”。2012年河南光山突发小学生被砍事件，同一天美国康涅狄格州也发生了一起小学枪击案件，都各有20多人血染。地球那边的事情，被我国内媒体全方位、多角度的报道分析，而光山当地政府却封锁信息，让赶去的记者们苦等“一直没有召开的新闻发布会”。媒体也被社会舆论指责为“无耻的沉默”、“不作为”。“广州公安”发布评论：“出了这么大的事，还封锁消息，混账！”路遇不平怒发冲冠，让民众感到亲切，也不难理解了“广州公安”为什么三四年能“吸粉”数百万，成为较有影响的官微。

2008年3月，公众强烈质疑东航14个航班同一天“临时返航”，致使多个航班延误。东航对此解释是：“天气原因”。此事被央视新闻联播曝光，民航总局调查证实“集体返航”是飞行员维权集体罢飞所致。很多人不解，改革开放到了今天，低劣的谎言能“捂住”这样的大事？企业就不怕陷入“信任泥潭”，就不怕自毁形象？

2015年5月，一幅交警与市民对跪的照片在网络引起热议。从事后报道看，是邯郸交警执勤时查获一名涉嫌酒驾的司机，母亲为让儿子逃脱处罚，与儿子一起下跪、抱大腿。而警察也随之下跪。有人说，执法者跪的不是大妈，跪的是舆论。对方跪了自己不跪，被拍照上网会传成啥样？……从照片看，似乎警察未佩戴执法记录仪，也许真是不得已而为之的自我保护。但是，如果警察严格落实警用装备携行规定，严格按出警流程正确执法，而且随时可以公开执法视频，还怕什么违法者的造谣、诬陷和讹诈吗？违法者也会乖乖地识趣。

2016年大年初二，江苏陈先生在哈尔滨旅游，被导游带进“北岸野生渔村”就餐，结账时发现所点饭菜价格高达一万多元。其中鳇鱼虚报为14.4斤，每斤价格398元。“天价鱼”事件被曝光后一波三折，连所在地区政府和派出所都出言不实，企图用“官谣”蒙混过关。在舆论的压力和市政府介入下，最终真相被还原并公布，事件也被依法定性为“严重侵害消费者权益的恶劣事件”。

谣言有其规律，针对性地治理也并非没有办法。舜让位禹时叮咛中就有“无稽之言勿听”。孔子也说：“过言不再，流言不极”，“久不相见，闻流言不信”。荀子又进了一步：“流丸止于瓯臾，流言止于智者”。唐宪宗李纯悟出：“圣虑先辩，谤由何兴！上天不言，而民自信矣。”他让人编纂了从周到隋的谣言案例，摆在案头警示自己。到了当代，好莱坞顶级制片人麦克·麦德沃这样建议美国政府：“在一个资源开放的全球温室中，传统的宣传已经过时，因为宣传再也不能捏造事实。简单的谷歌搜索就能拆穿所有的谎言和粉饰，贴在网上的手机视频就能破坏任何人想抹杀历史的努力……”

造谣传谣成本远低于澄清的成本，是谣言盛行和难于治理的重要原因之一。在舆论的海洋里，治理谣言不能仅靠网站、技术和网监人员。我国网民数世界第一，他们既是网络空间的主体，也是治谣辟谣的主力军。习近平总结群众路线教育实践活动的一句话点到根本：“只有织密群众监督之网，开启全天候探照灯，才能让‘隐身人’无处躲藏……”公务人员都能尽职尽责，到处都是防范和治理谣言的“朝阳群众”、“西城大妈”、“海淀网友”……谣言还能横行肆虐？健康的舆论信息环境也指日可待。

近几年，“历史虚无主义”风盛，共产党、军队和人民的革命史，革命领袖和英雄模范，几乎无不受到流言蜚语的诋毁玷污。这正应了《第三次世界大战——信息心理战》一书内容：“在心理战中用历史做武器需要采用一系列的具体方法。其中包括颂扬法和妖魔法，将某些人奉为神明或贬为恶魔，将某些历史时期捧上天或踩下地。利用现代传媒来做这样的事可谓得心应手。”诋毁民族英雄、开国功臣，在西方国家也是不容许的。在法国，谁敢对圣女贞德调侃和不恭？在美国，谁敢对马丁·路德·金诬陷和不敬？在印度，谁敢对甘地说三道四？……欧美媒体有一种常识性戒律：批评政府和官员是公民的权利，但不能诬陷造谣；对黑人、少数民族、宗教、妇女和残疾人，是不能随便调侃的，否则会招致麻烦。

当年西方针对苏联的舆论信息战，特别是攻击、丑化创建党的领袖、民族英雄的手法，已经十分现实且惊人相似地出现在中国当今的舆论场。中华民族的文化代码、信仰的旗帜，一点点地被移动、被拔除……值得欣慰的是，十八大后中央高度重视宣传思想工作，采取了一系列重要举措，情况正在发生变化。2015年新的国家安全法施行，其中对政治安全、文化安全任务作出了明确的规定。尤其是规定了公民、组织及时报告危害国家安全活动的线索等义务和权利，这一点有着特别重要的意义。

自瑞典在世界上第一个制定惩治计算机犯罪的法律《数据法》以来，各国陆续制定和完善许多与计算机网络和保护个人信息相关的法律。我国起步较晚，个人信息保护以往主要是依据宪法、刑法、民法、侵权责任法、治安处罚管理条例等，客观上存在着对谣言违法惩戒不力、对谣言与损失因果关系认定依据不足、法律适用不一等问题。尽管网络违法的事情不少，但过去很少有网络追责的案例。近两年开始有所转变，一些机构、企业和公民，纷纷拿起了法律武器保护自己，其案例也说明涉及网络媒介及舆论的法律正在日臻完善。

2000年全国人大《关于维护互联网安全的决定》，成为有关网络舆论和安全的主要法律文件。除此，还颁布了一系列法规性文件：《中华人民共和国计算机信息网络国际联网管理暂行规定》、《计算机信息网络国际联网安全保护管理办法》、《关于加强网络信息保护的决定》、《互联网信息服务管理办法》、《互联网新闻信息服务管理规定》、《关于办理利用信息网络实施诽谤等刑事案件使用法律若干问题的解释》、《信息安全技术公共及商用服务信息系统个人信息保护指南》、《即时通信工具公众信息服务发展管理暂行规定》等。特别是2013年“两高”相关刑事司法解释、2014年最高法《关于审理利用信息网络侵害人身权益民事纠纷案件适用法律若干问题的规定》、国家网信办《微信十条》、《账号十条》和《约谈十条》等，一定程度解决了网络信息安全和网络言论的法律边界问题，为惩治网络犯罪、落实主体责任提供了法律准绳。

2015年《中华人民共和国刑法修正案（九）》施行，其中刑法第291条之一中增加一款作为第二款：“编造虚假的险情、疫情、灾情、警情，在信息网络或其他媒体上传播，或者明知是上述虚假信息，故意在信息网络或者其他媒体上传播，严重扰乱社会秩序的，处三年以下有期徒刑、拘役或者管制；造成严重后果的，处三年以上七年以下有期徒刑。”

法制是社会治理须臾不可离弃的利器，能让谣言的“始作俑者”付出应有的代价，能把舆论信息场上的“恶魔”关进笼子。人们期待相关法律的进一步完善和落实。

第十章

在舆论信息大潮中“自保无虞”

仅仅没有战争并不是和平。

——肯尼迪

良好的危机传播开始于危机发生之前。

——詹姆斯·格鲁尼格

残酷的战争未必人人能遇到，而没有硝烟的舆论信息战，却没有哪个人能躲掉。在全媒体时代，“负面舆情”、“舆情危机”，犹如“达摩克利斯之剑”，随时可能由天而降、瞬间而至……

“舆情”与舆论涵义接近，可理解为，针对某件事或话题，公众表达的较为强烈的意愿。“舆情危机”是因负面社会现象引发的、公众强烈关注并迅速聚集相关意见和情绪，给当事人和社会造成严重影响的重大事件。随着社会和传媒的发展，公共舆情危机呈不断增多的趋势，如果应对处置不当，会对党、政府和相关机构的形象、公信力造成很大的伤害。

“防祸于先而不致于后伤情。知而慎行，君子不立于危墙之下。”孔子这句话表达的是，危险未现就做好防备，才不会导致伤害发生；聪明而谨慎，君子就不会处在危险的城墙之下。处在全媒体时代，人们远离舆论信息的“危墙”，同时握好“护身之盾”，已是生活中的重要内容和基本生存技能。

舆情危机——头悬之剑

网络出现之前，传媒技术相对落后，民众接受和了解的舆论信息较少，“发声”机会更少，舆情及其危机的发生、发展和处置，似乎只是政府和少数人的事，和民众没有太多的关系……

网络出现后彻底颠覆了这一现象。社会现象、新闻八卦，常常受到人们“围观”，而“围观”的群众，也不同于鲁迅当年剑指的“麻木看客”了。如

“雷洋案”初期，警方编织谎言设法“坐实”死者嫖娼、记录仪被“损坏”，而一些媒体不究真相、背书遮丑，甚至还指责民众“无知”、“矫情”。好在理性的网民执意不肯散去，提出“不想知道雷洋怎么嫖娼，只想知道雷洋是怎么死的……”无数犀利的言语、简明的图文、直观的视频，猛戳社会的“神经”，直逼事件的真相。

舆情多了、频率快了，面对一个个舆情危机，政府和责任人不得不忍受良心灼烤、紧盯社会情绪可能宣泄的“溃口”。负面舆情、舆情危机到来，政府和社会管理者都无法逃脱“应对处置”，而公民也无法回避“自我保护”。面对复杂的处置和麻烦的善后，人们都会感到：媒介和舆情素养怎么说也不过分。

2014年，陕西凤城医院成功完成一例手术，彻夜连续工作7小时的医护人员和患者高兴之余，在手术室拍下合影。谁知照片传到网络后，给自已带来一场舆情危机。如果上传者懂得新媒体的利害，如果医护人员有媒介和舆情素养，如果管理者善于应对舆情，如果媒体多一些理性和调查，这场危机完全可以避免。

20世纪30年代初，英国和丹麦的有识之士、教育工作者，提出“媒介素养”的概念。政府即列入了大中小学的教育内容。开始人们并不认可，以后几十年里，经历了消极抵御到积极适应的巨大转变。今天，媒介和舆情素养对社会文明发展的影响，已经显而易见。而我国对公民媒介素养的关注，始于20世纪末，比之晚了五六十年，至今在许多地方仍没有引起重视。研究人员对中美大学生媒介安全意识做过调查比较：当问及“在危机中是否知道如何从媒介中获得安全信息时”，91.67%的美国大学生选择“知道”，而中国大学生只有48.95选择“知道”。当然这只是部分问题，但从一个侧面反映了这方面教育的滞后，这种“失衡”不能不令人忧虑。人们常说，缺少健康的舆论环境不会出现真正的民主，那可不可以说，没有良好的媒介和舆情素养，也不可能产生文明的公民并创造真正的民主？

在全媒体时代，政府官员、公务人员的媒介和舆情素养越来越关键了。不仅是必备的职业基本功，而且是事关执政能力的“看家本领”，也本应走在全社会的前列。但现实中问题不少，一些人认识模糊，不懂得政府、自己与媒体究竟该是什么关系？所以，有人视媒体为“家奴”，有的视为“仇敌”，有的以为与己无关……

习近平在2016年新闻舆论工作座谈会上强调，领导干部要增强同媒体打交道的能力，善于运用媒体宣传政策主张、了解社情民意、发现矛盾问题、引导社会情绪、动员人民群众、推动实际工作。总书记话音刚落，“两会”期间记者会上，有中央媒体记者问一个委员关于军企的问题，没想引起该委员勃然大怒，当众撂下狠话：“你要还想吃这碗饭，你就注意点。我已经记下了你的记者证号，小心相关部门把你抓起来！”记者当场说明了提问的意图，该委员又回道：“我没有这个义务跟你谈！”在这样场合竟能如此表现，还不知回答媒体问题是履行职责的基本义务，可见一些领导干部的媒介和舆情素养以及职责意识、自律意识，与时代和使命的要求差距有多大？靠这样的人推动社会文明进步又谈何容易！……

各级领导、公务人员提高媒介和舆情素养，当前最关键和最紧迫的，是要端正执政理念，尽快建立起“舆情思维”，学习掌握舆情规律特点，自觉接受舆论的监督批评，正确引导社会舆论。

企业负责人的媒介和舆情素养，对企业命运和发展有着十分重要的联系。学会接受舆论审视和监督，善于利用舆论信息，不仅事关产品质量，还关系企业的生存和发展。一些优秀企业之所以成为“中国造”的典型，与重视和善用媒体及舆论是分不开的。面对复杂喧嚣的舆论世界，企业不仅要善于防守，也要适时并正确地去进攻，主动占领宣传阵地。在这方面，不少企业取得了成功经验……

每一个人欲提高媒介和舆情素养，根本在于保持良知，崇德向善，敬畏法律。重点在于懂得哪些可以做、应该做，哪些不能做、碰不得。特别在网络舆论场，应树立基本的传播责任意识，守住发声的底线。自觉做到不造谣、不信谣、不传谣，不谈论和扩散他人的隐私……

预测大师托夫勒的《第三次浪潮》，曾以30多种文字在世界流行。他对中国的信息化建设做出了预测，认为，中国可以不经过第二次浪潮，可以直接从第一次浪潮跨越到第三次浪潮，但是不能跨越教育。这个意见显然是中肯而有见地的。

如果说，完善法规多是被动的底线防范，提高社会媒介素养则无疑是一种主动和积极的建设。提高全社会正确辨别、选择、利用和传播信息的能力，尤其是公务人员运用舆论信息治国理政的能力，对于保障国家的转型发展，实现社会管理的科学化，不仅意义十分重大，而且迫在眉睫。

政府或机构“舆情危机”的应对

清末的新政与财力脱节，不少地方为此开展了 “户籍调查” 。广东广韶出现民间舆论：“国库支绌，罗掘已穷，近日调查户口，实为将来抽人税之张本。”负面舆情的广泛传播，引发了民众的忧虑、不满和抗议。官府调查员看形势不妙，企图请兵弹压，结果引发了“乡民包围官绅”事件，造成了社会动荡和不安。广韶的舆情危机及影响，只是一个缩影。这种“民变”，1905年就出现103次，到1910年陡升到266次，进而导致辛亥革命的爆发……

早年的口耳相传尚能酿成社会危机，网络时代一个突然的“爆料”，会瞬间裂变引发更大的社会动荡。源于希腊城邦的“广场政治”，曾让当时的统治者恐惧，如今社交网站能演变成比之大得多的“网络广场”。一些人眼中的网络“乌托邦”此时已面目全非……

“网络广场”硝烟起时，就是社会风云激荡之日。莫斯科、圣彼得堡抗议杜马选举舞弊和反对普京的示威游行，网民就充分利用了Facebook，因此被称为“Facebook革命”。黎巴嫩反对派在“烈士广场”的百万人集会示威，要求查清前总理哈里里被炸身亡真相，也是通过网络和手机短信组织的。埃及支持大迈哈莱市工人的罢工，引发了全国性动荡，同样是通过Facebook实现的。伊朗因总统大选舞弊的信息引发社会骚乱，导致几百人伤亡，民众多是用Twitter联络聚集的。2011年，突尼斯一名大学毕业生因小摊被暴力取缔，生计无着愤然自焚。随后网络舆论引发社会骚乱，执政20多年的总统本·阿里倒台。西方媒体称，这是“一个网络攻击性行为上升至多形态战争层级的例子”。如今这种“突尼斯模式”已频繁出现。就连美国的华裔，因为有了“微信”，参政的热情空前高涨，在抗议“华裔警官被杀”、“福克斯新闻辱华”等事件中积极“发声”。2016年一次华文媒体组织的助选辩论会上，负责人说：“我们必须感谢微信……让美国华裔掀起了一场史无前例的参与总统选举政治活动的热情。”

“网络广场”之所以成为有效的动员和整合社会力量的平台，其重要原因是，这里没有等级、财产、出身和年龄的界限，“国王”可以和“草根”平起平坐、尽情狂欢。而网络管理的最大难度，在于分散信息产生的机制，以及服务器独立于政权之外。特别是对于许多中小国家来说，服务器在他国，技术资源又有限，政府想控制也是鞭长莫及。最为严重的是，“广场政治”背后有着许多看不见的“黑手”，有挑唆的，还有保障的……Twitter创始人比兹·斯通发文回忆，2009年伊朗动乱之际，网站要正常停网检修维护，一天时间里收到包括美国务院在内的100多个电话和电子邮件，要求不能关掉服务器，因为伊朗正在游行示威。运营商不得不冒着系统永久崩溃的危险推迟了升级。奥巴马的外交顾问还总结出“幕后而治”的理念，这让白宫好一阵地兴奋……

叙利亚受这种“黑手”的外力影响最明显。这个曾经中东最稳定的国家，不到5年就成了第二个索马里，经济和社会倒退了几十年，IS占去了40%的国土，上千万人流离失所，直接酿成了二战后最大的难民潮。近些年，从中东北非地区的“阿拉伯之春”、“茉莉花革命”，亚欧国家的乱局，到香港的“占中”、台湾的选举等，都能看到网络“黑手”的影响……

当代“广场政治”、“街头政治”日趋严重。但也并非无法预见和有效防范。关键取决于执政者、管理者的宗旨理念、具体行动，取决于舆论导向和法制环境。“非典”、“三鹿奶粉”等事件爆发前，社会各种渠道多次向地方政府传递过预警信息。但未引起足够重视，也没有采取相应措施，甚至阻塞了预警信息的畅通，以致负面舆情在民间舆论场迅速滋长扩散。当危机苗头积聚发展，管理者又错用信息不对称和“话语权”的优势，耽搁了解决负面舆情的最佳时间，“蝴蝶效应”终于酿成风暴……

2005年11月13日，吉林石化双苯厂爆炸，导致8人死亡、70多人受伤，上百吨苯类物质流入松花江，对沿岸民众生活造成严重影响。事故发生48小时里，当地政府没有采取遏制生态和舆情危机的积极有效措施。9天后，哈尔滨市政府才发出公告，称全市停水4天“对供水管网进行检修”。此后，省报才公布了水污染的事实。由于错过了处置的最佳时间，本可以及早控制的污染事故，演变成扩散到全省和俄罗斯境内的重大事件和舆情危机。

“富士康”被许多人指责为“血汗工厂”，这与该企业不能及时处理负面舆情、舆情危机有关。2010年1月，该公司出现员工跳楼事件，以后几个月里连续出现，直到出现了“第10跳”，企业被推到舆论的风口浪尖，总裁才首次回应舆论的指责。到当年5月，不到半年里，该公司竟出现了惊人的“12跳”。

中石油曾长期被民众吐槽，网络舆论的“诟病”很多。面对舆论的质疑，中石油及其上级主管部门却在很长时间里，没有做出让民众满意的正面回应。到2013年，短短的几天里，副总经理等4名高管被中纪委调查，中石油旗下的3只股票一齐下跌。随着腐败案件的揭露，企业形象受到严重影响。

2014年3月，南方某市出台“限牌”措施。北、广、津等已率先实施，按说是正常现象，而该市政府却陷入一场舆情危机，公信力受到严重影响。直接原因是，政府部门两年内10次以上“辟谣”，七八天前“治堵办”负责人还表态：“并没有听说过任何关于限牌的消息，也没有开展过跟限牌有关的工作。”政府发布消息距“限牌”仅五小时，搞得民众措手不及。政府瞬间成为众矢之的，尽管辩解“治堵办”没有参与限牌调研，发布的信息被“误读”。民众大惑不解：“治堵办”不知限牌，4S店为什么知道？

2015年，黑龙江庆安一声枪响，一个叫徐纯合的人死在警察的枪下。几天时间舆论迅速发酵，将事情传为“访民遇上恶警”。此事像“导火索”，引发了庆安社会“地震”。第二天慰问当事警察的副县长被“人肉”，户籍年龄、学历作假、老婆“吃空饷”被曝光。紧接着当地出现“举报潮”，包括县委书记在内被举报十几起，记者们拥至这个以前未曾听说过的小县城。应对这次舆情事件，当地政府一错再错，关键之错是没有及时公布事件真相。12天后视频被央视公布，人们才清楚是“一个暴躁的酒鬼无端闹事”，而警察是在正常履职。

而这种深刻的教训，并不被一些执法部门汲取。仅仅一年之后，北京昌平警方关于“雷洋案”信息发布率性而为，迟迟拿不出文明执法、公正执法的证据。领导还去慰问“参战民警”，草率的电视媒体和官微力挺所谓“执法底气”。其结果是“火上浇油”，让公安形象和警民关系严重受损。

天津港特大爆炸事件惊天动地，而该市对舆情危机的应对处置水准，很难与这座城市匹配。前六次发布会都招致舆论诟病，民众的知情权不仅没有得到满足，引发的次生负面舆情和谣言也来越来越多。市领导前六次、天津港公司总裁前七次发布会均未出席，露面后解释：“没闲着，忙其他重要工作”……以专业著称的“人民网舆情监测室”，分析了其中得失，可以说是一部应对和处置公共舆情危机的典型和经典教材。精彩部分摘录如下：

一、为何天津新闻发布会次次生出舆情

每次新闻发布会几乎都导致4个以上次生舆情，正向回应遭遇次生舆情覆盖，网络传播中不断生成新的质疑和吐槽，政府公信力受损。

1. 直播莫名中断，全媒体时代“掩耳盗铃”

截至8月16日中午，天津就爆炸事故召开了六次新闻发布会，但是却收获信息不透明的舆论批评。13日首次新闻发布会的记者提问环节，央视、天津卫视均切回主持人画面，央视称直播暂停，天津卫视则播放了几首歌曲，然后开始播放连续剧。此后几次发布会，记者环节均被直播中断，但是网上各种手机视频、文字实录、记者手记却在官方披露之外拼凑起提问环节的全貌。在信息技术已经普及到全媒体时代，直播暂停对舆情把控毫无益处，不仅增加公众的质疑，更为不实流言创造了发酵空间。

2. 会议统筹混乱，回应提问多成搪塞推诿

观察六次新闻发布会，参会人员均有变化，信源不统一，官方回应层级不统一。首场新闻发布会未见分管主政官员出席，也没有安监部门出席，因此备受诟病。此后的发布会上，虽然安监部门有所回应，但按照应急管理应出席的分管市领导却迟迟未见露面。质疑“副市长哪去了”的声音更趋强势。面对重大灾难事故，需要顶格回应，这本是危机处置、舆情应对的基本法则。

天津市“8·12”爆炸事故新闻发布会舆情概览

发布会	是否准时	正向回应	次生舆情	出席发布会人员
第一次发布会	是	1. 公布安置情况。 2. 公布环境监测情况，公布刺激性气味来源。	1. 分管安全副市长未出席、安监部门未有官员出席。 2. 危险品爆炸物居民区距离“还是蛮远的”（张勇）。 3. 有没有氰化物未回应。 4. 具体起火爆炸原因不清楚。 5. 经济损失未回应。 6. 发布会直播至记者提问环节中断。	天津市公安消防局局长周天，滨海新区区委副书记、区长张勇，天津市卫计委副主任王建存，天津市环保局局长温武瑞
第二次发布会	延迟10分钟	1. 通报伤亡情况，一名幸存者获救。 2. 首次通报救援中爆炸情况。 3. 通报环境情况。	1. 中转仓库，无法给出危化品详细信息。 2. 消防具体处置方法目前不清楚。 3. 安全评估报告需向交通运输部门沟通。 4. 发布会直播至记者提问环节中断。 5. 发布会结束时，现场多名记者大喊：只峰是谁？	天津市委宣传部副部长、市政府新闻办主任龚建生，天津市公安消防局局长周天，天津市卫计委副主任王建存，安监局局长高怀友，南开大学环境科学与工程学院教授冯银厂
第三次发布会	是	1. 救援进展，明火扑灭。 2. 安置情况通报 3. 伤亡情况通报。	1. 回应中使用：“这个情况不了解，需要下来问一下。”“这个情况我需要找同事核实一下。” 2. 发布会直播至记者提问环节中断。	天津市委宣传部副部长、市政府新闻办主任龚建生，天津市公安消防局局长周天，滨海新区常务副区长张锐钢，滨海新区民政局局长郭志寅，滨海新区卫生局局长尹占春

续表

发布会	是否准时	正向回应	次生舆情	出席发布会人员
第四次发布会	是	1. 伤亡通报。 2. 初步确认危化品种类及危害。 3. 通报环境监测情况 4. 可部分公开安评报告。 5. 辟谣只峰谣言。	1. 安评情况系交通部门掌握。 2. 记者们要求港口部门出现发声。 3. 发布会直播至记者提问环节中断。 4. 消防员家属冲击发布会现场。 5. 回应中多次使用了不掌握、不了解、无法回答等否定性词语。	天津市委宣传部副部长、市政府新闻办主任龚建生，安监局副局长高怀友，市环保局总工程师包景岭
第五次发布会	是	1. 伤亡通报。 2. 救援进展，心理干预与卫生防疫工作。 3. 青年志愿者参与救援情况。	1. 爆炸是否确定源头回应不清楚。 2. 危险品与小区建设距离问题回应：不是我的职责。 3. 编外消防员谁统计未获回应。 4. 伤亡具体数据回答“不掌握。” 5. 发布会直播至记者提问环节中断。	天津市委宣传部副部长、市政府新闻办主任龚建生，天津市公安消防局局长周天，天津市卫计委副主任王建存，共青团天津市委书记徐岗，天津蓝天救援队行政队长李怡爽
第六次发布会	延迟20分钟	1. 伤亡通报。 2. 通报救援进展。 3. 确认现场存在上百吨氰化物。	1. 发布会延迟。 2. 记者提问谁指挥负责救灾回应“尽快了解”。 3. 发布会人员：“大家好，很高兴在这里和大家见面。” 4. 发布会直播至记者提问环节中断。	天津市委宣传部副部长、市政府新闻办主任龚建生，北京军区参谋长史鲁泽少将，市环保局总工程师包景岭

发布会前后既有市一级官员，也有区一级官员，并有卫生消防、民政环保参会，团组织和民间救援组织也有列席，舆论不解为何官方与会者不断变化，质疑这是新闻发布还是工作汇报。也因出席人员不断变化，“相关单位没参加这场发布会”的搪塞以及“这不是我的职责”的推诿，招致外界诸多批评。

可见，发布会欠缺总体统筹，权威性行政主官缺席使得同级部门在说明信息方面不敢发声、不敢担责，对于可能涉及“兄弟单位”的信息披露，也是小心翼翼怕踩过了线，说了同僚的坏话。由于没有统筹授权，每个部门“说什么，怎么说”都在仔细掂量，各部门没有有效的信息交互，以至第六次发布会为了核实伤亡数字，延迟20分钟才开始。

3. “不清楚”、“不知道”、“不掌握”成回应关键词

纵览六次发布会，记者提问是次生舆情发生的核心环节。“我不清楚，需要问一下同事。”“我不知道”、“我不掌握”等成为舆情发酵关键词。第六次发布会上，有记者提问谁负责统筹指挥救援，官员回应“将尽快了解情况”引爆舆论批评。公众无法接受灾难发生已经4天，而统筹救援责任人居然无法获得官方确认。回溯此前，发布会上出现“下去问一下”、“找同事核实”等情况，可见对公众舆情发展、媒体报道情况、可能形成的提问未有预期研判和资料准备，发布会未能有效掌握事故处置的多方信息。

4. 人文关怀欠缺，权责“清晰”显现处置冷漠

处置突发事件，新闻发布会并非简单，从与会者进入公众视野第一时刻，发布会即宣告开始，与会者的每一个动作，每一句话都会受到公众审视。第六次发布会上，相关人员开场“见到大家很高兴”，虽然是常态招呼，却引起公众感情上的不满。第五场发布会上，天津市公安消防局回应天津港消防支队失联队员信息“不属于管辖范围”，的确道出了权责范围的“清晰”，然而面对追问起身离席，则被视作事不关己的冷漠。与此同时，《天津日报》16日的一篇报道也刺激了公众神经，15日晚间，天津安全生产工作会议前，参会者向牺牲的消防人员和遇难者表示深切哀悼。公众不能理解，为何官方哀悼没有出现在新闻发布会上。

二、天津“8·12”爆炸事故及近年突发事故政府应对对比

天津市“8·12”爆炸事故及近年突发事故政府应对对比

事件	官方响应速度	信息透明	动态反应	网络技巧	政府公信力	总分
天津爆炸事故	3	2.5	2	2	2.5	12
天津蓟县大火	2.5	1.5	0	1	3	8
上海静安区大火	3.5	3.5	3	2	4	16
北京7.21暴雨	3.5	4	3	4	4	18.5

评估指标说明：

官方响应，一般包括官方对突发事件的响应速度、应对态度、响应层级。

信息透明，即新闻发布的透明度，官方媒体报道情况，互联网和移动通信管理，以及对外媒体的态度等。

动态发应，是指官方随着舆情的发酵，矛盾的激化或转移，迅速调整立场、更换手法。

网络技巧，指很好地运用网络等新媒体进行信息发布和意见沟通，和舆论引导技巧。

梳理天津新闻发布会的诸多问题，以下就天津“8·12”爆炸事故与天津蓟县莱德商厦火灾、2010年“11·15”上海静安区高层住宅大火和2012年“7·21”北京特大暴雨的政府舆情应对做一对比，以下四方面问题特别值得注意。

1. 回应舆论关切核心信息务必又快又准

新闻发布会能否准确把握舆论脉搏、回应舆论“痛点”是体现官方沟通诚意、展示应对能力的检验台，上海“11·15”特大火灾所召开的两场发布会都相对较好地做到了这一点。第一次发布会召开前，四名电焊工因存在违规行为而被列为嫌犯刑事拘留引起了舆论较强质疑，中央电视台、朝日新闻等媒体在提问环节均问及此问题，上海市官方没有回拒该问题，而是逐一对媒体提问进行回应，清晰地阐述了官方依据和相关证据链条，使得舆论质疑较快消弭。

但此次爆炸事件中，天津官方面对舆论关切的一些核心问题，反应迟钝，没有及时满足舆论对权威信息的渴求。“是否存在大量高毒性氰化物”、“天津港消防支队失联人数”等质疑信息经过多日发酵后才得到回应说明。同样的

问题也短暂存在北京“7·21”特大暴雨新闻发布会中，如在7月25日举行的第二次发布会中，北京政府没有对舆论高度关切的最新伤亡人数做出确切回应，引起舆论质疑。但其在7月26日举行的第三场新闻发布会中便详尽公布了遇难者人数、名单和发布地点等信息，避免了舆情持续发酵，为政府灾后工作的进一步展开赢得主动。

2. 新闻发布应有态度：“不知道”不等于可以“不关切”

在北京“7·21”特大暴雨和上海“11·15”特大火灾发布会中，虽然有媒体和网民对参会官员所回答内容的全面性和真实性提出质疑，但由于官方能够直面事件中的敏感议题，舆论中对官方回应姿态的质疑较少。梳理天津已召开的六次发布会发现，几乎每次发布会后，都出现了针对参会官员回答姿态的质疑。如第一场中回答记者“危险品仓库按照规定应该离居民区多远”官方称“还是蛮远的”；第二场发布会中无视记者喊话“只峰是谁？”径直离场的做法；第三场发布会中“专家不在，我要与我的同事商量一下”的回答，此外还有高频次出现的“不掌握、不了解、无法回答”等词，使得舆论对参会官员的信息掌握程度、自身专业性、基本媒介素养等都产生较强质疑，极大削弱了新闻发布会应有的正面沟通效果。把握舆情关注、准备资料、预期提问、摆明态度，是新闻发布会核心要义。

3. 构建动态回应发布会并非只有台上时间

处置突发事件，新闻发布会是重要环节之一，但并非是唯一的官方信源通道。对比上海“11·15”特大火灾、北京“7·21”特大暴雨事件，此次天津的舆情应对明显过于依赖发布会进行信息回应，不仅使公众质疑未能通过媒体采访获得平复，也为不实信息传播留存了发酵空间。

“7·21”北京暴雨事件处置时，北京方面以信息动态跟进为主，发布会仅作为阶段性总结而存在。北京市各政务微博在雨夜救援中发挥协调作用，北京7月25日才召开新闻发布会说明情况，但救灾进展一直较为顺利。同样，在“11·15”事件后，上海方面仅16日、23日分别举行两场新闻发布会，其余时间段均通过政府通报，媒体采访、政务微博予以动态回应，充分保证了政府处置的时效性。可见，构建完整的信息发布系统，做好动态回应，比单纯倚赖新闻发布会更为有效。

4. 统筹兼顾授权充分，发布会不需多台唱戏

统计分析此次天津新闻发布会的与会人员，也可以看出天津方面在统筹兼顾、充分授权方面的不足。上海“11·15”火灾第一场发布会中，静安区、消防局、公安局、卫生局负责人就火灾事故24小时内的救援工作情况以及火灾事故原因进行回应。第二场发布会中，静安区、卫生局负责人就火灾中救治受伤人员情况，以及静安区已经启动的善后工作，包括下一步的工作情况进行回应。在北京市召开的三场发布会中，北京市常务副市长、“7·21”灾害善后工作领导小组、市防汛抗旱指挥部、市政府新闻办等相关负责人均到场参会。两地发布会参会人员结构都相对全面稳定，记者在主题范围内的提问均能得到清晰完整的回答。但观察天津六次新闻发布会，不仅历次发布会参会人员均有变化，更因人员安排不当使得现场官员回答时出现了“相关单位没有参加这场新闻发布会”、“这不是我的职责”等不当言论。

由此可见，统筹新闻发布会，兼顾各部门信息回应需要，通过充分授权构建稳定的发布会成员，对新闻发布会的成功与否至关重要。

以上是人民网舆情监测室的分析。应对公共舆情危机的样本有很多，还可以进一步以史明鉴——

1941年12月9日，日本机群在马来半岛海面重创英国海军。重大伤亡属于严重负面信息，就是在战争时期民众也最不愿意听到。而英国政府及媒体选择了当晚正常播出。那一刻的BBC的播音员，冷静得像中立的“旁观者”，让世界舆论感到有些不可思议：“英国海军部遗憾地宣布，今天下午在马来半岛海面上，‘威廉斯王子号’和‘理珀尔斯号’被日本轰炸机击沉……”这种坦诚受到英国民众的充分肯定，认为经得起胜利也经得起打击的政府和媒体，是值得信赖的。

“9·11”事件发生后，纽约市长朱利安第一时间出现在电视直播里：“治愈我们精神创伤的办法之一，就是向恐怖分子展示我们有多强大”，同时号召市民“回到正常的生活中”。很明显，他在向世界传递有力的信息，向民众传

递政府此时的态度和正在做的努力。如果不主动发布，社会难免因各种传闻进一步陷入混乱与恐慌。

2003年“非典”之初，由于对信息公开缺乏正确认识和足够的勇气，传言四起却迟迟没有权威信息出现，给政府招致了极大被动。国际舆论纷纷做出负面报道，称中国是“SARS国家”、“谎言国家”……当国家层面出手，撤换了卫生部和北京市政府主要领导后，形势才出现转机。随后，北京市成立防治“非典”联合工作小组新闻中心，及时宣布了政府的各种措施，组织专家回答民众关心的问题，澄清社会种种不实传言。央视直播了每一次新闻发布。负面舆情及处理措施的公开，并没有带来进一步的混乱，反而促进了人心稳定、社会有序，境外舆论主导的被动局面迅速得到扭转。

新疆生产建设兵团很少被舆论聚焦，但2009年“最牛团长夫人”让兵团名噪一时——莫高窟女讲解员阻止游客触摸壁画文物，遭到某团长夫人的耳光……舆论曝光后，兵团党委宣传部门反应迅速，尽管已是深夜且网络不畅，有关负责人设法致电“天涯”编辑，请求帮助公开信息。之后的信息发布和问责处理也干脆利索，很快平息了这次危机，赢得了社会的好评。

2009年，昆明公布一名涉嫌盗窃的男子在派出所用纸币打开手铐，再用一根鞋带自缢身亡。网民大惑不解：纸币能打开手铐？鞋带能承受人体重量？公安部门决定现场实验，云南网现场直播，有力回答了媒体和社会的质疑：纸币折叠后插入手铐，转动不到一分钟果然轻松打开；死者鞋带能承受70公斤的重量。真相大白，风平浪静。

2009年，四川出现首例H1N1病例。疫情在墨西哥爆发时，被世卫组织认为“具有国际影响的公共卫生紧急事件”。由于吸取了“非典”的教训，预防、应对和应急措施得力，信息透明且发布及时，公众的知情权得到充分满足，谣言没有了市场，危害也降低到了最低程度，防治取得了重大胜利。尽管以后这种疫情反复袭来并不断升级，但没有再现重大危害和社会恐慌。

2010年8月，智利发生铜矿塌方事故，33名矿工被困井下700米深处。危急关头，智利政府抢险和舆论宣传同时展开，总统皮涅拉亲自指挥并参与救险。在之后长达69天的时间里，矿工的生存状况和救援进展，吸引了世界的目光。

矿工升井时，现场有各国记者2000多人，多国电视台进行现场直播，连奥巴马也成了观众。当33名矿工全部获救出井时，智利国歌响彻现场，国家形象和民族凝聚力得到了大幅提升。

20世纪末，美国发现过量服用PPA会带来很多副作用，于是宣布寻找代用品。中国政府及时宣布了“黑名单”，其中排在前两名的是康泰克、康德，均是中美史克产品。中美史克面对舆情危机，清醒地做出反应，当天进入应急状态，停止被禁药的销售、合同和广告，同时借助媒体向民众传递企业声音。其新闻发言人表示：“对媒体的报道，不承认或是提出不同的看法都是错误的，因为这时候任何辩解，都会被认为是公司为了企业利益在进行狡辩。可信度有多少呢？我们只能选择从国家利益、民众利益的角度来谈问题。”一年后，不含PPA的新康泰克上市，当天就在华南地区拿到37万盒的大订单，企业起死回生。

2015年“东方之星”号客轮翻沉，是一个重大灾难性事件。舆论信息呈现高度的复杂性、突发性和多变性。有关部门连续组织了14场发布会，信息几乎不间断地公布。主流媒体报道的速度、广度、深度和准确性，明显好于以往特大突发事件。特别是有关救援和人文关怀的报道，信息量充足、把握分寸适度。国际舆论、社会反映和家属情绪，都得到了正确引导，谣言和负面信息被有力遏制。可以说是近些年应对重大负面舆情，组织得比较成功、比较完美的一次。

“公共舆情危机”处理的九个原则

从上节列举的案例可看出，“公共舆情危机”出现后的应对和处置，一般经历三个阶段：初期，以表态和调查为主，阐明事件主体的态度，以尽快让社会看到事件真相；中期，是积极的行动，让民众知晓调查的经过及所做的努力；后期，主要是“亡羊补牢”，通过一系列的积极措施，修复受损的形象。2016年8月，国务院办公厅发出《关于在政务公开工作中进一步做好政务舆情回应的通知》，对于处置特别重大、重大突发事件的政务舆情，在第一责任主体、新闻发布时间、重点回应内容、对回应人员的宽容等重要问题，做出了明确的规定和要求。有些内容是首次提出，指导作用很强，现实意义重大。《论语》提示人们：往者不可谏，来者犹可追。笔者以为，在处置公共舆情过程中，至少有9个原则应予重点把握——

一是“第一时间”的原则。这是应对舆情最基本的原则。重大事件发生后，最初阶段就是信息传播，民众迫切想得知真实信息，谣言在这个时候也最容易流传、最容易打下“第一印象”。所以缓一缓说不如第一时间说，晚些说不如尽早说，越早越有利，越快越主动。国办通知要求：“对特别重大、重大突发事件的政务舆情，要快速反应、及时发声，最迟应在24小时内举行新闻发布会，对其他政务舆情应在48小时内予以回应，并根据工作进展情况，持续发布权威信息。”全媒体时代的舆情形成时间越来越短，“首因效应”越来越明显，能不能占上信息第一落点、把握最初的“话语权”、“定义权”，对于之后的处置、稳定社会情绪，都非常关键。“黄金四小时”之说、接受采访“15秒原则”等，都是这种要求的体现。不这样，最初的优势和议程设置，就可能被网络舆论颠覆，走向和结果难以把控。而丧失了最佳时机，再想清除受众已接受的信息烙印，则要付出更大的代价。

2016年9月11日，我国政府部门首次抢发我国“4艘海警船进入钓鱼岛”的新闻，占据了舆论的主动，一改以往社会知晓此类信息要从日媒获取，感觉像是中国船进了日本领海的落后被动的情况。由于这次陈述事实早，也及时被世界关注，而日本因晚发新闻近2个小时，宣传和炒作的效果比以往明显下降。

第一时间的“快”，不是盲目地快，而是积极科学地“快”。舆情危机之初“速报事实，重谈态度，多讲措施，慎报原因”经验值得借鉴。“乌海消防新兵受虐待体罚”是一起负面舆情，舆情监测部门掌握及时，处置果断，央视播出迅速，满足了民众的信息需求，避免了可能酿成的更大“丑闻”。美国银行减持中国建行H股，建行第一时间声明：主要是国际投资者自身面对财务困难套现所致，并非建行经营状况不佳，而且接盘的是另一些国际投资机构，他们对中国银行业前景有预期和信心。从而规避了一次可能的危机。以往那种

“外媒不报道不说、公众不质疑不说、上面不提示不说”的旧观念，在这个时代应克服和纠正了。

二是坚持人民立场的原则。满足人民群众获取信息的需求，是政府的基本职责之一，也是坚持人民立场的基本要义之一。宗旨意识树得牢不牢？能否坚持执政为民？在应对舆情危机时更容易一目了然。从近些年情况看，把人民的利益放在首位、主动关心群众疾苦，不推诿扯皮，许多群体事件和舆情危机是可以避免或减少的。未坚持人民立场、不尊重人民的主体地位，已成为近年来负面舆情、舆情危机频发的主要原因。坚持人民立场、充分尊重民意，并非是迁就迎合非理性的群体情绪，而是把实现好、维护好、发展好最广大人民的利益放在首位，放在高于一切的位置，依此做出正确决策和应对措施。领导者的政治思想水平、舆论引导能力，此时也是最好体现。国办通知中“对不按照规定公开政务，侵犯群众知情权且情节较重的，会同监察机关依法依规严肃追究责任”的规定，对于维护群众的知情权，保持人民性的立场，都是十分必要的。

三是事实第一的原则。在真实信息的基础上正确地分析和决策，是处理舆情危机的基础和关键。李克强总理就强调：“安不安全不能靠拍胸脯，要拿数据说话。”德国新闻界将“尊重真理、对公众作真实的报道”当成首要和最高的准则。普利策警示同行：“报纸的准确性就如妇女的贞操那样重要……”这都是在说明，真实性对于应对处置舆情十分重要和关键。2016年“两会”期间，黑龙江省省长陆昊对记者说：“龙煤井下职工8万人，到现在没有少发一个月工资，没有减一分收入。”这个不实的说法激起了千里之外的龙煤人的不满，引发了大规模群体性抗议。人们更多的忧虑，是高层决策依据的信息真实度有多少？2008年，山西襄汾发生特大溃坝事故，当地政府上报“因暴雨引发泥石流所致”，并隐瞒了伤亡数量。央媒据此发出“暴雨说”的假新闻。事后中央派专家组重新调查，才认定是一起“人祸”而非“天灾”。

舆情危机初期，处置时还有一条重要经验可鉴：在事实不清但又必须说情况时，宁可把问题说得偏重一点，也不能文过饰非、避重就轻。这样做对后面的处理有利，也更容易平复公众的情绪。9・11事件后，美国最初发布的失踪人数是6398人，经核实后逐渐减至2996人，美国民众对此给予了充分理解和认可。“卡特里娜”飓风灾害统计也从最初的“成千上万”，减到最后的1300～1600人。如果从一开始就回避或往轻里说，往往会诱发或催化谣言传播。尤其应注意防止“官谣”和“失实报道”，以免加剧社会恐慌和焦虑。

四是态度真诚的原则。在处理舆情危机中，事件的主体能不能做到真诚坦率极为重要。这时可谓“态度决定一切”。官民之间，能不能改善关系、消弭分歧，首先取决于“态度”，能不能做到将心比心。所以，要防止出现正确的废话、居高的官话、空泛的大话、欺骗的假话。克林顿面对“拉链门”，如果不能真诚地向社会道歉，没有表示负全部责任的“电视讲话”，就无法得到民众的同情和其夫人的谅解。天津港特大火灾爆炸后，总理一到现场就向牺牲消防员遗像鞠躬致敬，在“态度”上做出了表率，显然有缓解危机的作用。陆昊关于“龙煤职工不欠薪”的讲话引发危机后，公开道歉：“我说错了，不管什么层级报告错了，不管任何原因，错了，就是错了，错了就要改。改完了，就要解决问题。”真诚的态度起到了缓解危机之效。上海地铁10号线发生追尾事故，地铁“官微”道歉：“今天是上海地铁有史以来最黯淡的一天……再多致歉比起实际损害也显苍白。”网民评论：“至少态度还不错。”

面对媒体和社会，固然需要言语或文字表达的技巧，但只能在真诚态度的基础上，否则不仅不能化解危机，还可能引发更大的危机。2015年9月，东营政府网站发布：山东滨源化学公司“8·31”着火爆炸事故的现场搜救工作基本结束。由于现场泄露的化学品情况复杂，部分死亡人员遗体爆炸时形成碎片。事故造成13人遇难，遇难者亲属情绪稳定。这最后一句话被舆论聚焦，引起强烈不满：“人都成了碎片，除非铁石心肠之人，否则遇难者亲属们的情绪能稳定吗？”针对这样关键性的问题，国办通知特别要求：“回应内容应围绕舆论关注的焦点、热点和关键问题，实事求是、言之有据、有的放矢、避免自话自说，力求表达准确、亲切、自然。”为打消有关人员的顾忌，国办同时还规定，“对出面回应的政府工作人员，要给予一定的自主空间，宽容失误。”

五是言行有度的原则。度也称“分寸”，是做人处事、言行表达的尺度。过了、少了都不行。成功在于适度，失败也在失度。富兰克林就说：“真话说一半常常是弥天大谎。”面对舆情危机，事件主体发言人和媒体，能否正确地把握“度”，事关处置成败。如何言之有据、言之有理、言之有节、“滴水不漏”？哪些需要早报快报？哪些需要慎报缓报？哪些需要追踪强化？哪些需要点到为止？哪些事做到一定程度才能说？……都应适“度”。满足表层的简单陈述、为追求时效仓促应对、因犹豫而失去际遇、没弄清楚就“从快从严”……都是失度的表现。2016年公安机关破获1.7万罐假冒名牌奶粉，要回答外界的种种质疑，食药监总局只需做出技术质量鉴定和准确说明即可，而假奶粉“符合国家标准”之说则是“画蛇添足”，这种“过度”不仅增加了社会的忧虑，还造成了政府公信力的伤害。

六是公开透明的原则。习近平指出：“改革的关键是公开透明。”这实际也包括了处置舆情危机。事件透明度差，民众就只能用碎片信息“拼真相”，用谣言“猜真相”。舆情处置离不开信息的动态发布，权威发布一旦跟不上社会需求，谣言就会满天飞，对处置和善后都极为不利。用行政和经济手段“摆平”，也往往事与愿违，越捂越乱、越抹越黑，越处理越被动。除涉及国家机密的信息，一般都应公开透明，越是涉及“民生”问题、敏感问题，越不能回避和隐瞒。国办通知中对政务舆情需要回应的5种情况，也做了重点明确：“对政府及其部门重大政策措施存在误解误读的、涉及公众切身利益且产生较大影响的、涉及民生领域严重冲击社会道德底线的、涉及突发事件处置和自然灾害应对的、上级政府要求下级政府主动回应的”等。这样明确非常必要和及时。国务院新闻办原主任赵启正有句经验之谈：“本来你只是咳嗽，回避，不回答，外界就会猜测你得了肺癌。”英国危机专家提出过一个“3T”原则：以我为主提供情况；尽快提供情况；提供全部情况……这些，对于回应政务舆情，都有重要的借鉴意义。

七是善用媒体的原则。媒体是政府实施社会治理重要资源。掌握社会思想动态、控制舆论主导权、加强社会管理……都离不开媒体。当公共舆情危机出现，传播政府声音、挤压负面舆论、保持社会稳定，更离不开媒体的作用和优势。汶川地震发生，国内外上千名记者有组织地进入震区，采访报道的信息及时向世界发布，稳定了社会情绪，赢得了国际支持，有效提升了国家形象。在政务舆情危机处理过程中，需要回答社会的各种疑问，传播相关信息和知识，表达政府观点、反思和措施……这时媒体的作用更是不可替代。但发挥媒体的作用，应坚持实事求是原则，做到信息适度、宣传有节，着眼于社会实际效果。

八是依法处置的原则。“法治社会”并非是指法律条文多少，而体现在每一个具体案件的处理、每一项社会管理的环节。对舆情危机的始作俑者必须依法处置，不能让党和政府的形象因他们受了损还要背“黑锅”。很多时候，用司法解决舆情危机涉法问题，能有效防止处置中的主观化、随意性，避免留下历史“后遗症”。2009年，湖北某地3名镇政府工作人员要女服务员邓某某提供异性洗浴服务遭拒。争执中邓用水果刀将2人刺伤，其中一人抢救无效死亡。邓因涉嫌故意杀人被刑拘。这一事件迅速传遍全国。当地政府引入司法并通过媒体公布。经司法调查，邓构成了故意伤害罪，但属于防卫过当，且经医学鉴定有心智障碍，属于限制刑事责任能力人，又有自首情节，所以免于处罚当庭释放。几名涉案人员，依法分别受到惩处。事件依法圆满处置，舆情危机也随之消退。

九是亡羊补牢的原则。德国人帕布斯·海恩曾提出一个关于飞行安全的“海恩法则”：每一起严重事故的背后，必然有29次轻微事故和300起未遂先兆以及1000起事故隐患。进而揭示出一条规律性的真理：事故是量的积累的结果，以及人的素质和责任心因素。舆情危机的萌芽、形成和发展，也基本是相同的。社会矛盾经过长期积聚演变，并由某一因素诱发而出，造成了严重后果。虽然令人扼腕痛心，但往往也让矛盾充分暴露，成为集中处理和整改的良好时机。所以在舆情危机面前应沉着冷静地处置，及时汲取教训，最大限度减少不良影响，修补各个环节的漏洞，弥复失缺的公信力，避免同类问题再次发生。

突发事件引起的情绪化舆论，有时用“静默”避开其锋芒，让舆论信息“子弹”飞一会儿，不失是一种智慧。尤其是涉及国家或军事秘密时，哪怕舆论已经沸腾。要防止图一时口快，而掉入“舆论陷阱”。但这种“静默”的前提，在于正确的分析、判断和抉择。而且，“静默”不是消极回避矛盾，也不是不作为，而是静观事态、蓄势待发、择机而动。“静默”是后发制人，属于谋略智慧的层面。“静默”不是放弃，而是在选择最佳处置舆情的时机，努力实现不鸣则已、一鸣惊人。

言语的“表达”，在处置负面舆情和舆情危机中十分重要，直接关系到社会效果和政府的形象。要防止和杜绝“假大空”，尽快进入简化语言、解决问题的模式。要把“立场”化为群众爱听的生动语言，让处置的效果更加人性化、理想化。

处置舆情危机，不少人首先想到“删帖”。依法删除网上不良信息，最大限度地降低负面舆论的影响，固然是处理舆情危机的重要方法之一，但“删帖”很多时候会让舆情趋于复杂，并涉及法律问题。“雷洋案”发生之初，有关部门的删帖，进一步引发了社会质疑和不满。2015年湖北破获一起“有偿删帖案”，涉案人员近2000人，金额超过了5000万元。艺人赵某启用有“台独”色彩的艺人引发负面舆情，随后的“删帖”激起网民愤怒，自己的“不光彩历史”也被再次翻出。赵某扬言“法律解决问题”，但最终还是屈服于舆论压力。后面又是“道歉”又是口吐莲花地辩解，但负面舆情却越演越烈……

事实证明，删帖敏感性很强，弄不好会事与愿违，还可能被对立舆论利用，促使不良情绪进一步发酵。应认识到，删帖的作用有限，敏感信息一经出现，会在短时间迅速复制并扩散，无数自媒体也会跟进。想通过删帖甚至封号阻断传播链，几乎是不可能的。三鹿公司等一些机构，就是因删帖不当弄巧成拙，导致了企业危机加深并最终破产。因此，“删帖”须慎重使用、依法而行。

避免和减少舆情危机重在预防。科学地预防比出现危机再加大投入处置，显然要有远见，效果也好得多。公关专家皮尔森认为，最有效的危机公关时机，是之前的“舆情萌芽”阶段。这需要公司文化中有三个要素：一是对危机时刻保持警惕，二是公司上下级对外沟通顺畅，三是愿意直面现实。诺贝尔经济学奖获得者奥斯特罗姆认为：当民众把自己当成社会管理的参与者，并能充分发表意见，与政府有顺畅的沟通，那么民众治理“公地”的效率，就会高过政府管制与公司拥有。这些研究的意义重大，是一种“长鸣钟”。它警示人们：政府从“管制”到“服务”，社会从“人治”到“法治”，离不开人民群众的“主人翁”作用。这是预防和减少舆情危机，实现社会稳定与长治久安的根本所在。

个人和家庭如何避免和应对“负面舆情”

许多人兴趣盎然地操控掌中“网络终端”和“自媒体”的时候，也许并没有意识到，拒绝接收不想看或不想听的信息，远比自己想说什么就说什么、想得到什么信息就得到什么，明显要困难得多。正是因为对这种现实没有足够的认识和准备，以致负面舆情和舆情危机到来之时，很多人会迷茫慌乱、不知所措。

前面说到“公众人物”，他们常常被媒体聚焦，最容易遭遇负面舆情、舆情危机。而应对的失当、失误，往往又会使其痛苦叠加、苦不堪言。这时，最简单有效的护身法宝，也只有法律和舆论的武器了。

2002年，香港第二大杂志《东周刊》，将影星刘嘉玲早年被黑社会绑架时的半裸照片作为封面公之于世。成龙、梁朝伟等艺人走上街头，抗议这种卑鄙龌龊的行为。在舆论的压力下，《东周刊》被迫停刊，相关人员受到法律追究。2012年，壹传媒旗下的《苹果日报》、《壹周刊》未经查证就转载了美国一家中文网站的不实报道，称章子怡被禁止出境及涉嫌与高官、富商性交易。章怒告这些媒体的诽谤罪，并表示对别有用心的谣言传播者也绝不姑息。最终章子怡胜诉。台湾女星范玮琪在2015年“9·3”当天，在微博里晒出双胞胎儿子的照片。按说这类私事本无可厚非，但因为是抗战胜利纪念日，由此遭到了网民的抨击，指责其不爱国。尽管不少人为她鸣不平，范还是明智地在次日公开道歉，负面舆情得以迅速降温……

郎平应对媒体和舆论的作为，应是很好的范例。她的人生曾几度坎坷，虽然年轻时是耀眼的明星，中年后却常面对负面舆论：去意大利打职业赛，被人讥讽为“为钱打球”；退役后到美国学习体育管理，被说三道四，昔日的队友都不理解；她指导美国队在北京奥运会上打败中国，被网络舆论斥为“汉奸”、“卖国贼”。但郎平以沉默应对喧哗，以坚强消融冷漠，以胸怀承受误解，默默地为自己的祖国做出了巨大贡献，最终也被世人真正认识和敬仰……

负面舆论聚焦和冲击，对于“公众人物”不足为奇。普通的平民草根就能避免吗？答案是否定的。普通人一旦惹上负面舆论，同样会招来不小的麻烦。这在全媒体社会已为常事。

2006年，北疆小城一名“无聊女”上传网络“虐猫”视频。被激怒的网民对她进行了“人肉”，很快，该女子遭到了不断的电话侵扰和恐吓，以致很长时间惶惶不可终日。因言行失当，普通人被“人肉”并招致舆论利剑，这件事在中国可以说有“初始里程碑”的意义。

汶川地震期间，一段“辽宁骂人女”的视频上了YouTube。在4分多钟里，她对地震幸灾乐祸、对灾民肆意辱骂、对“哀悼日”玩不了游戏充满抱怨。震怒的网民将她及亲属“人肉”，促使公安当天就将其抓获。“骂人女”不再嘴硬，其父母诚挚道歉，表示愿将多年储蓄全部捐赠给灾区人民。直到公安出面说明处理结果及法律依据后，舆论才逐渐降温。

一位新妈妈因不满月嫂的服务，发出“说说我家黑心月嫂”的帖子，公布了月嫂的五大罪状及其姓名和电话。她原以为写的是事实不会有问题，但被月嫂起诉。经法院审理判定，帖子部分内容不实、证据不足，被告需在删帖的同时赔礼道歉、赔偿精神损害抚慰金。新妈妈因为缺少舆情素养和法律意识，不仅没达到预期，“名声”却超过了月嫂。

“小悦悦事件”是一次升温极快的舆情事件。当她被车辆撞倒在地后，身边走过18个普通的百姓和务工人员。因这些人见死不救，瞬间受到了“无视弱小生命”的强烈舆论谴责。路边的摄像监控，成了这一事件快速传播的媒介。人们由此认识到，在网络化传播的社会里，媒介无所不在，舆论更加“无情”，虚拟与现实的界限已经模糊不清。

一位过度关心儿子的母亲，担心做公务员的儿子应酬喝酒伤身，便给省委组织部长发微博求助。组织部长欣然回复：“以后不会再陪酒了。”母亲没搞清具体情况，轻率地用网络处理家事，将自己和儿子置于变化莫测的网络舆论之中，招致许多意想不到的舆论讥讽，也因此造成了母子感情难以弥合的裂痕。

一位走在街上的大妈，意外被骑车的外国小伙撞倒，瞬间“大妈讹老外1800元”成了新闻。疯传的信息和照片出现在各种媒体，一致指责大妈的“不平等条约”。而事实是，大妈正常过马路，毫无责任，更无“敲诈”，纯属是冤枉的“躺枪”。幸亏交警根据视频为她讨回了公道。外籍男因无证驾驶、驾驶无牌照摩托车及交通肇事，受到处罚并被遣返出境。首发图片的侵权者不得不公开道歉。

一个北漂小伙回乡办护照，被办证人员肆意刁难，媒体暗访视频在央视曝光。这名穷乡僻壤的公职人员也瞬间成了“名人”。“门难进、脸难看、事难办”通过镜头、录音或文字，让普通公务人员出名的事情不少。广州市法制办一名工作人员被网络传为“咆哮哥”，他的录音被人贴在市长留言板上，这名工作人员瞬间被舆论聚焦。河南某市一名行政服务人员上班嗑瓜子，也被舆论曝光，而且随着组织帮其出面“辩解”，“戏剧化”热度不断蹿升……

北京名医如云，医生李某的出名却非为医术，而是因为在一家教育机构授课时信口开河，一段“考研名师课堂内教学生收红包”的视频在网络蹿红。李某开始坚决否认，但在舆论的压力下，不得不承认事实。“成名”后的他坦言：“压根没想到现在信息传播速度这么快……”

“丁锦昊到此一游”，被刻在3500年前的埃及卢克索神庙浮雕上。有微博爆出后，各大媒体和网络一片哗然，24小时内就有10万次转发，居新浪微博话题榜榜首。央视评论：“某个人‘到此一游’‘到此丢人’，咱们所有的中国人都跟着赔这个脸。”并用“可耻”一词表达愤怒。经网民“人肉”，刻字者是未成年人，监护人显然没有尽到责任。孩子及父母正常生活，因此受到严重影响。

还有很多类似的事情，诸如宣称“我爸是李刚”的年轻人，说“老上访专业户99%以上精神有问题”的教授，认为“强奸陪酒女比强奸良家妇女危害性小”的学者，支持“男的做园丁女的做保姆65再领养老金”的女教授，解释“带套不算强奸”的警察……都是因为出言不慎的“一句话”，受到了舆论的猛烈抨击，陷入难以解脱的困境。

以上列举的个人言行，有些是完全可以避免的。人们面对各种各样的舆论信息，由于学识、阅历和认识分析问题水平的不同，不一定都有辨别大是大非的能力，但少说多看、多思多想、有点清者自清的淡定，也并非是十分困难的事。苏格拉底曾对学生讲：“说话前要先用三个筛子过滤，凡事要真实、善良、有用才说，否则不如沉默是金。如果听了也要克制，不要传播。我们不要做始作俑者，也不要受别人利用成了是非的传播者。”这实在是一个智者的忠告。

普通人既然无法完全躲避负面舆论，就应该有足够的应对精神准备，这方面有不少正面的样本。美国女孩丽兹·维拉斯奎兹，生下来就巨倒霉——早产4个月，体重1.2公斤，患有全球只有3个患者的罕见疾病；骨瘦如柴，一副衰老面容，一只眼睛变蓝失明；长大了身体零脂肪，每20分钟要进食一次以维持生命。到24岁身高157公分，体重未超过27.3公斤。媒体称她为“骷髅女孩”。15岁那年，她看到了网上对自己照片点击达数百万，跟帖内容很多极其恶毒。没有丝毫还手之力、残酷疾病和难以直视的面容，都可足以成为她厌世的理由。但她坦然接受了这一切，表现得坚强乐观，不仅打破了医生“最多活20年”的预言，还考上了大学，成为知名畅销书作家。她成功后演讲，幻灯片打出的不是奖杯和鲜花，而是网上曾攻击她的最恶毒语言及骇人的点击量。她之所以能坦然面对这一切，是积极向上的人生态度、应对舆论的正确方法……

个人和家庭应对“舆情危机”的基本原则

舆论世界纷繁复杂、险象环生，个人或家庭正确地应对处理，才有可能平安无虞。以下几个原则可做参考——

沉稳冷静应对。一个人的思维水平，对其人生有非常重要的影响，尤其在处理舆情危机时。正确思维判断，能帮助人延长视野，达到生理所不能及的高度和远方。一个有修养、有理智的网民，在热点事件、网络舆论面前，都应善于打问号、动脑筋。尤其对“网爆”、“网传”“有微博称”等开头、以“求证”等结尾的信息，有一点疑虑，都不妨先沉默以对，保持审慎怀疑的态度。切不可盲目相信，也不能头脑发热人云亦云。“棱镜门”正热之时，署名“斯诺登”的Twitter出现“俄罗斯先登月”的信息，意为美国在登月问题上造假。面对这样轰动的“新闻”，美国民众没当回事，因为国家的宇航成就有目共睹，当年第一次登月47个国家收看了直播，此谣言根本经不起推敲。很快，报道“棱镜门”的英国《卫报》出面：斯诺登没有Twitter账户。其实对美登月的“质疑”声几十年未断，中科院探月首席科学家欧阳自远院士等人很早就撰文驳斥过，稍微网上搜索一下就很清楚……在细致观察、求真辨伪上，不妨学学台湾科学家潘富俊，比如他看《红楼梦》就与众不同，竟看出了前 80 回平均每回出现植物 11 种，后 40 回每回 3.8 种，由此他认定《红楼梦》不是曹雪芹一个人写的……

切勿盲目崇拜。轻信和盲从是人性的弱点，也是上当受骗的心理基础。在现实生活中，人们最容易追捧、崇拜高官、明星、大师及军人等。而这种崇拜和跟风，是不分年龄、性别、职业和地位的。不法分子也盯上这一点，不断地更换“马甲”，上演了各种各样的荒唐闹剧。由于社会对传统媒体的习惯性依赖和信任，很多人又不懂得什么是“新媒体”、“自媒体”，不会识别分辨信息源，把微信公号都视为正规媒体，以致上当受骗的事情时时发生。早在1936年，哲学大师冯友兰就提到“新闻辨别法”，今天读来仍饶有哲理和趣味：“欲辨别新闻之真伪，必须离开感情，专重理智，以探求其真理，庶乎可矣。”可见，学习新知识，理智、谨慎地辨别和判断事物，什么时候都是面对舆论信息“自保无虞”的基本保证。

善于设问质疑。每个人都受过一定教育，都有程度不等的知识、阅历和生活经验。而“谣言”几乎都是违背常识和科学的，肯动脑筋就不难看出其中破绽。比如，非官方、非权威门户网站发布的“重要新闻”；“专家”口若悬河，超出了专业及常识；标题离奇，内容惊悚八卦、骇人听闻；字号和版面设计超常，配图无底线……中国有老话：少知而迷，无知而乱；未悟之时，须凭言说，已悟之后，言说皆非。如果懂得重要新闻的发布规则，了解外交和军事常识，就会对“中国海军与某国展开激战”、“歼10击落F22”、“特朗普在大选前被枪击”等信息不屑一顾。如果在“华南虎”事件一开始，官员能对照片存疑求证，就可以避免后面的舆情危机。如果具备农业知识，就不会相信亩产万斤的低级神话。如果有一些医学和心理学知识，就不会去求神拜“大师”，也不会信什么“人体特异功能”、“隔空发功”、“芒硝治病”的鬼话。如果对网络的特性和危害有所了解，就不会随便乱加“好友”、点击链接……当然，个人知识是有限的，不可能什么都懂，专家也一样。但知识就是力量，学习因此要贯穿人的一生。

善用传媒优势。网络为人们学习了解信息提供了便利，同时也是自我保护和弘扬正能量的重要平台。上海“钓鱼执法”案审中，一法官威胁当事人“你要听话哦”。律师为此发出一个著名的回应：“你所说的每一句话，在24小时内通过互联网将传遍全世界！”震慑作用此时凸显。“法官集体买春”丑闻曝光，也是公民利用网络舆论进行的一次成功自卫，大致过程：老陈在自家酒店装修中受到施工方勒索，法院罔判赔对方720万元。老陈不服，上海高院维持原判，查封了老陈的账号。员工生活无着，老陈被迫卖楼还债。理性的老陈发现：施工方与法官有特殊关系。上访无果后，他用一年时间搜集证据，编辑了8分钟的视频。尽管上传微博后很快被删除，但瞬间已转发数万次。涉事法官最终落马。老陈六年后不仅复了仇，也为社会铲除了毒瘤，被誉为“上访户的楷模”。2010年江西宜黄发生“强拆”，造成钟家三人自焚的惨剧，钟家小女儿用微博直播县领导带人在机场截访、在医院抢尸，引起媒体和“大V”的关注，微博转发和评论数以百万。两天后，包括县委书记8名责任人被调查或追责。桔子水晶酒店CEO吴海感慨做企业坎坷，写出公开信《做企业这么多年，我太憋屈了》致总理，之后被请进“中南海”，参与会诊基层政府管理服务的公开工作。一起受邀的，还有在网上晒出“给女儿办准生证、户口本过程中的千辛万苦”的大学教师翟继光。两人主动“招惹”舆论，既实现了对自己的保护，也对社会做出了贡献。

不轻信眼见“为实”。眼见不一定为实，有图未必是真相，已被人们认识和接受。但是，虚拟技术的移花接木、以假乱真，仍让无数人屡屡上当：西藏发生暴力事件，西方媒体恶意裁剪图片、张冠李戴；北京城管见义勇为救父女，照片却成了“城管逼小贩跳河”。以及买盒饭跪喂老人的“最美女孩”、儿童医院烤死新生儿……有图的假新闻不断。甚至军事新闻中的电脑视频，也被篡改为QQ图像，部队因此受到攻击。其实，揭穿此类假象并不难。针对河南两青年PS“歪楼”曝“豆腐渣”工程，质检人员和记者实地查看后发出照片对比，谣言不攻自破。广东中山发生群体事件，网现“武警开枪打伤女孩”图文，中山公安发出微博，用无可辩驳的刑侦技术分析，证实照片作假，属于提供伪证。造谣者看后慌忙自首，事态很快平息。作为个人，有时识别传言真假的确有困难，最好的办法是先存疑，静待事态发展和媒体的调查结果……

勇于认错担责。人非圣贤孰能无过？由于一时考虑不周导致言行失当，政府和个人都在所难免。而实事求是地承认失误或错误、承担起应负的责任，是挽回不良影响、平息负面舆论的最佳办法。2011年，因四川会里政府网站的“县领导悬浮视察照”，网络出现大量调侃语言，把本不出名的小县推倒了舆论的风口浪尖。当地宣传部门很快公开道歉，“会理县孙正东”主动承认自己是“悬浮照”的作者，诚恳道歉并写下：“感谢全国热心网友，让会理县领导有机会在短短的时间内免费‘周游世界’，‘旅行’归来后，领导已回到正常的工作轨道，也希望网友把关注的焦点，转移到会理这座古城上来。会理是座具有两千多年历史文化的古城，也是古南方丝绸之路的重镇，看看@阿卓志鸿镜头下的美丽的会理吧，绝对没有PS哦。”舆论很快地宽恕了这个幽默坦诚、热爱家乡的小编，之后上万条跟帖几乎都是褒扬。

用自律和法律自保。以自律为本，法制并举，是防止和减少不良舆论信息侵扰最根本的办法。网络的匿名的特征，为“慎独”者提供了更大、更自由的空间，同时也容易使一些不喜欢受约束的人以为可以任性撒欢了。事实上，网络中的自律和法律，与现实并没有什么差别。遵守道德规范，不侵犯他人的隐私和权利，不把低俗当“通俗”、粗口当“率性”、脏话当“真挚”，都是网络生活最基本的规则。一个有修养的人，也是有道德和法律意识、语言表达有底线的人。每个人即使做不到优美也不应丑陋，达不到儒雅也不应低俗。拒绝了丑陋和低俗，“苍蝇”就找不到“有缝的蛋”，受不良舆论信息侵扰的概率也会大大降低。

用法律保护自己需要相应的素养。2008年，谢晋的遗孀徐大雯在谢心脏病猝死后，面对宋祖德和刘信达在网络大量散播侮辱死者的言行，起诉二人侵害谢晋名誉。上海静安区法院判决二人停止侵害，在媒体公开赔礼道歉，并赔偿经济损失和精神损害抚慰金。二人不服，但上海二中院维持了原判。面对理智的原告和法律及舆论的压力，二人的态度迅速发生转变，老老实实地道歉并赔偿。

汪峰的一个案例有所不同。汪上诉卓伟在微博侮辱诽谤自己为"赌坛先锋"，要求删除文章、致歉并赔偿精神抚慰金200万元。法院两审认定，汪虽未在我国境内参加过赌博娱乐活动，但并不否认在境外参加过，卓伟依靠公共媒体报道获取的信息，并非是毫无事实依据的诽谤，而且"赌坛先锋"只是标题，内容没有相关的论述，通常应视为对人的非正常评价，不能简单地将侮辱等同于适用贬低性词汇，而应区分公众可接受范围内的评论与恶意侮辱的合理界限。汪的诉讼被驳回。

下面再抽取一个社会典型样本，就"个人和家庭如何应对舆情危机"做进一步分析——

样本的核心是李某某。生长在一个父母为"公众人物"的家庭。父亲很早就自信地以为："都是正能量，想学坏都不容易。"没料"乖乖子"并非如其所愿，未成年便无证驾驶、打人致伤被收容教养，回家后不久又犯逆天大罪。案件信息可见媒体报道，无须赘述。围绕这一案件，新老媒体共同发力开打一场特殊的"舆论信息战"。这次，主流媒体很难设置社会兴趣议题，复杂多变的信息组成了一部百转千回的"连续剧"。有人称为悬疑剧，有人说是悲喜剧，更多的人认为是闹剧。喧哗声中，法槌在"判处李某某有期徒刑十年"声中落下。这一家固然收获了应得的教训，民众也由此上了一堂难得的媒介和舆情素养"大课"——

肆情张狂不可取。公众人物拥有大量粉丝，但并不是自以为是、肆情张狂的资本，而应该更遵守社会道德、履行社会责任。调查记者卓伟接受《三联生活周刊》采访时说："咱们中国人有一个认识的误区，总认为那些公众人物、名人在事业上那么成功，他们在道德上也应该是完美的。但实际上，在中国这个社会里恰恰是相反的……”此案是一次印证。从报道看，李某某监护人始终将人性“本能”置于首位，眼睛只向外，指责媒体和公众对其子“侵权”，坚持“儿子没有强奸，是对方报的假案”；孩子“淡定、懂事、内心干净”。有逆事实和法理而动，自然躲不开舆论之剑。

应对舆情莫忘法。此案被舆论聚焦，不仅是因为涉案人是“公众人物”（李某某3岁起就被家人展示于媒体，成了小“公众人物”），很大程度在于监护人漠视法律，引火烧身。李某某初次口供，就承认打人和发生性关系。监护人也签了字，但事后却不再提及。法律要求“未成年人犯罪不公开审理、保护未成年人的隐私”，但监护人书面要求法院公开审理，甚至意识不到这就是在侵犯未成年人的权利。等待宣判时，又提交《再次开庭申请书》和所谓“权威专家”的论证意见书。由于缺乏新的事实和法律依据，被法院驳回。屡屡不顾法理之言行，如撒向沸腾的“舆论油锅”的一把把“大盐”……

危机面前须自省。这场危机有多次缓解的机会，如两任律师辞去委托、一位父亲发表公开信……都可以借“台阶”走路。但监护人却愤然回应社会：“不应该对准我的儿子，评说我儿子的好坏，而是应该正视当下那些成年人做了什么，应该营造社会道德，而不是误导网民，诋毁我们。”这些话换个环境条件说或有道理，但此时不仅不会得到同情，反而加剧了负面舆情，使危机越演越烈。李某某不仅不自省，还两次当庭翻供……都让舆论“翻身”的良机尽失。

负面舆情不宜兴。作为负面舆情的主角，低调处理是基本的常识。尤其是在关乎个人、家庭和未成年人的隐私的时候。李某某的监护人因为平日高调惯了，此时不能理智地“刹车”，以致舆论潮水持续冲高。法律是讲证据的，舆论也在追求事实，不会以某个人的愿望而改变。减少负面舆论对社会的不良影响，不仅媒体和机构肩负着责任，每个公民也都有应有的担当，都应该尽到一份相应的社会责任。

言语行为应有“度”。万事皆有“度”，而公民言行的“度”，是道德底线不能越，法律红线不能碰。一旦触犯了法律，当事人只能自觉配合司法调查，老老实实接受法律的审判。可当同案的多数人都认罪，律师做有罪辩护的时候，李某某却连基本事实也不承认了。监护人拿不出颠覆性证据，却无休止地指责受害人、指责儿子同伙、指责酒吧老板、指责社会、指责媒体、指责律师，甚至指责法官。过度言行招来社会反感，也使得“事与愿违”。有舆论认为，正是因为监护人的不理智，为李某某“多争取了2~3年的刑期”。

一起普通的刑事案件，演变成迟迟不能审判、长时间舆论焦点的离奇“大案”。云遮雾罩的背后，有着多少社会无法看清的博弈？究竟谁能最终获胜或出局，其实，在判决结果公布之前，民众早已心知肚明……

李某某一家在舆论场“风光”多年，却在短短9个月里跌进“谷底”。这难免使人产生联想：世界高尔夫王伍兹因车祸牵出的“性丑闻”轰动世界，但他能两次向社会道歉：“我不忠实，我出轨了，我的所作所为是不可接受的……”包括我国一些媒体认为他在“作秀”，但他的诚恳赢得了包括前女友和总统奥巴马等很多人谅解。伍兹也因此化解了危机。满文军因吸毒被拘陷入舆论旋涡，他本人及经纪公司选择了勇于认错、诚挚道歉的态度，这也为其复出创造了条件。唐骏“学历门”致公众形象倒塌，他在《重新出发》一书中悔悟：“如果我在‘学历门’事件开始时就向大家致歉，说明我的错误所在，可能事件就不会发展到这种地步，就不会造成这么大的影响，也不会给公众带来各种不良的影响。所以错误责任全在我这里。”还有，高晓松醉驾判刑后真诚道歉，复出后积极配合交警拍公益片；成龙在其子吸毒后，多次向社会承认教子无方、深表愧悔……这样做，显然降低了负面舆论的影响，有利于化解舆情危机，同时也让他们的人生续写出新的亮彩。

李某某案双方律师的舆论PK也可圈可点。众所周知，法律不允许社会舆论影响审判。但事实上，司法机关和法官也生活在现实中，不可能不受舆论的丝毫影响。而案件审理过程适当借助舆论，对于维护法律威严及律师声誉都是必要的。双方在这一点上也竭尽所能。李某某的律师比较活跃、主动性强，但论点论据牵强，始终未能占上优势。而受害人律师多数时间比较被动，但明显理胜一筹，占了较多的民意。

律师作为代表性的从业个体，在此案的舆论博弈中，有许多教训可以汲取——

一是错用媒体和舆论。为李某某辩护的律师，从业经验丰富，其中就有曾经的媒体人。但事实上，他们打“舆论信息战”并没有体现出“专业”的水准。一个最简单的事实：当辩护人意见未被法庭采纳，应该通过恰当的渠道反映，而不是违规诉诸媒体、泄露当事人隐私和不公开审理案件的相关信息。但在实际中却出现了。律师执业中，错误地利用媒体和舆论，只能给自己设立障碍，将事情引向歧途。

二是“发声”游离案件实质。李某某的律师始终高调发声，但其中许多像是“自话自说”。如：李家怎么“热情接待律师、平易近人”，“媒体不仅有义务爱护和保护未成年人，有义务爱护和保护大半生为人民群众带来歌声和欢笑的老艺术家们，也有义务和正确引导个别存在偏见和偏激的人们”……无关案情的煽情、说辞、上纲上线，只能引起社会的反感。法庭审理后，其中一律师连发9篇网文，对案件及审理提出疑问，多是猜疑没有实证，不仅达不到预期，甚至未能吸引舆论的关注。

三是错误评估舆论态势。网络尽管不少支持李某某一方的声音，但相对还是势单力薄，“水军”痕迹也比较明显。李某某的律师不顾法律要求，不时爆出逆袭“剧情”，让观众经常紧张得透不过气。但过高估计形势、过分诱导民众，并非聪明之举。事后律师感慨：一不留神参与此案，结果陷入了法律甚至政治的急流和旋涡，导致既不能有效地把控情势，又不能妥善地因应自身……还出乎预料的是，此案辩护从庭上发展到庭外，辩论对象从公诉人到其他辩护人，从很多媒体到法律同行，甚至从公权力到普通网民。以致“头上有血，身上有伤，心中还有痛”。说此话的律师受行业纪律处分后，公开表示接受并致歉。

四是利用舆论漠视“底线”。“嘴严”是律师业的基本要求，也是职业道德之一。在当事人隐私与个人的名利之间，律师经常要做出抉择。而不讲职业规范和道德，披露受害人隐私，企图通过“隔空喊话”、“口水战”影响审判机关，显然缺少对法律的敬畏，也有失职业底线。所以公众质疑：“当事人不懂法，律师也不懂？”也许没有哪起案件，让一些律师这样“丢人现眼”。一审后，北京律师协会对律师违规行为进行了调查，3名受到了公开谴责的行业纪律处分；其余4人，3人受到训诫、通报批评处分，1人接到规范执业建议书。而被点名的3人，都有“泄露当事人隐私”、“不当披露案件信息”、“贬损同行”等涉及舆论信息的违纪行为。

“自保无虞”最终取决于国家法制化进程

政府、机构、个人和家庭，面对舆论信息大潮能不能实现“自保无虞”，不仅需要自身努力，根本还在于国家的法制化进程。我国的法制化建设与社会的努力、舆论信息的透明，始终一道奋力前行着……

2015年公安部打掉一个利用舆论推动案件发展的所谓“维权”律师组织。周世锋等人本应维护法律尊严、公平正义，却操纵一些网民、访民签名闹事，拥堵交通，滋事扰序，与政府和司法机关“死磕”。策划和炒作了包括“庆安警察开枪”、“湖南律师状告司法机关”等40多起热点事件。为了“引起国际关注”，将政府、警察、法院妖魔化，谋划了一系列负面舆情事件，造成了严重社会思想混乱，起到了破坏民众安全感和对政府的信任，为“颜色革命”奠定思想和舆论基础的恶劣作用。

涉及舆论信息的案件得到及时有效处理，是社会安定和谐的重要保证，也是社会法制化进程的重要体现，法制化环境建设水平的重要标志。这不仅靠司法体系自身的不懈改革，同样也离不开媒体和舆论信息的积极促进。“舆论又一次强奸法律”，是社会对一桩“鸟案”报道的评论，反映出一些媒体报道过程中的非理性问题。2015年末，大学生闫某和朋友王某，因售卖国家二级保护动物燕隼，被分判有期徒刑10年半和10年。一些媒体消极顺应社会负面舆论，认为：不过是孩子掏鸟窝，10年的青春和自由就没了，判得太重、小题大做。但事实是：罪犯主观明知这种鸟的珍贵，早已成为捕猎、收购、倒卖“一条龙”上的链条。而闫实施犯罪不止一次。检察官不得不出面解释，这个判决并不算重……这也引出了一系列重要问题：舆论信息是复杂的，有的内容还是很专业的；媒体要有法制素养，要深入核实调查，引导民众崇尚法律；司法机关应重视舆论宣传，适时主动地告知民众：为什么要这样判？“不公平”之感因何而生？应该怎样去认识理解？……

在人类历史上，强有力的法制宣传，并通过媒体和舆论被社会理解和接受，是文明社会进化的必经途径和必要手段。就是一些大法官的经典判决，也通过媒体广为流传，被认为是充满智慧哲理、文采斐然的醒世之作，很多年后仍影响着人们敬畏法律、追求法制社会建设。20世纪50年代的“布朗案”，法官写下“教育是帮助一个孩子在未来的生活中更成功地追求自己的幸福”，至今不少人读起来还热泪盈眶。本书前面提到200多年前英国法官布莱克斯关于“新闻自由”的经典审判名言，至今影响着新闻学界和法学界的后人。40多年前，美国最高法院审理一个叫科恩的青年反对征兵、故意穿印有脏话的衣服在法院走廊游荡的特别案件。要不要对其定罪？法官们进行了艰难的抉择。判决结果是：科恩无罪。法官哈伦在法庭意见书上写下传世华章：“一个人的粗话，却有可能是另一个人的抒情诗。在这个拥有众多人口和高度分化的社会，这不失为一剂良药。时常充斥刺耳杂音的社会氛围，并不意味着软弱，它恰恰是力量的体现。”……

让人们眼前一亮并值得欣慰的是，中华大地也开始出现值得大书特书的审判案例了。2015年12月21日，北京海淀法院对因维护“狼牙山五壮士”名誉引发的“侵犯名誉权”案做出判决，判决意见精彩部分摘录如下：

“本案的核心问题是郭松民的行为是否构成侵权。抗日战争是中国共产党领导中国各族人民推翻帝国主义统治并取得新民主主义革命伟大胜利的重要组成部分，中国共产党在抗日战争中发挥了中流砥柱的作用。于此过程中产生的诸多英雄人物和英雄事迹，已经构成我国各族人民的共同历史记忆，他们的大无畏牺牲精神和坚贞不屈的民族气节，已经成为中华民族感情和精神世界的重要内容。

“‘狼牙山五壮士’即为其中的典型代表，他们的英雄事迹，体现了中华儿女不畏强敌、不惧牺牲的伟大精神，坚定了无数中华儿女奋勇抗敌的决心。在此问题上，我国社会公众的共识是一致的。《细节》一文虽然在形式上是对我国抗日战争史中的具体英雄事迹细节的探究，但它实质上是对这起英雄事迹所代表的抗战史尤其是中国共产党领导下的抗日民族统一战线的历史地位和历史作用的再评价。《细节》一文通过强调不同史料之间的差别甚至是细微差别，试图质疑甚至颠覆‘狼牙山五壮士’的英雄形象。应该说，该文在一定范围和一定程度上伤害了社会公众的民族和历史情感。在此意义上，两原告作为作者和编辑，应当预见到该文所可能产生的评价，并因此负有较高的容忍义务。

“在上述背景下，郭松民发表的涉诉微博，批评了以《细节》一文为代表的历史虚无主义，既是出于维护‘狼牙山五壮士’英雄形象的主观目的，也是对前述社会共识、民族情感的表达，郭松民的这一言论所代表的思想，符合我国社会的主流价值观，并未超出批评的必要限度。

“尽管郭松民的言论不构成侵权，但仍有不妥之处。郭松民作为博主拥有大量读者，微博言论长期被公众所关注，在法律上亦应负有较高的注意义务，应当坚持并善于使用文明语言，通过说理方式表达自己对问题、行为、事件的看法和意见，为优化、净化网络环境作出更多努力。”

法院驳回《炎黄春秋》前执行总编黄钟和洪振快的全部诉讼请求。黄钟不服并质问法官：这个法庭是中华人民共和国的法庭还是中国共产党的法庭，为什么在判决书中多次提中国共产党的历史？面对原告的无知和狂妄，法官的回答也很精妙：“法庭上悬挂的国徽，已经清楚回答了你的问题。”

2016年4月29日，北京市西城区人民法院开庭审理葛长生、宋福保作为“狼牙山五壮士”后代，分别起诉洪振快侮辱、诽谤“狼牙山五壮士”的名誉案。庭审过程中，被告洪振快解除与其代理人的委托代理关系，并未经法庭许可中途退庭。法院依法缺席审理。审判意见主要内容如下：

被告洪振快不仅侵害了葛振林、宋学义的个人名誉，而且侵害了相应的公共利益。被告洪振快发表的两篇文章对“狼牙山五壮士”在抗日战争中所表现的英勇抗敌的事迹和精神这一主要事实，自始至终未作出评价。而是以考证细节为主要线索，全然不顾基本历史事实。在无充分证据的情况下，文章多处作出似是而非的推测、质疑乃至评价。文章虽然未使用侮辱性的语言，但被告采取的行为方式却是，通过强调与主要事实无关或者关联不大的细节，引导读者对“狼牙山五壮士”这一英雄人物群体及其事迹产生怀疑，从而否定主要史实的真实性，进而降低他们的英勇形象和精神价值。因此，被告的行为是一种侵害他人名誉、荣誉的加害行为。伤害了原告的个人感情，在一定范围和程度上伤害了社会公众的民族和历史情感，同时也损害了社会公共利益。被告作为生活在中国的一位公民，对“狼牙山五壮士”的历史事件所蕴含的精神价值，应当具有一般公民所拥有的认知。在主观上显然具有过错。学术自由、言论自由建立在不侵害他人合法权益、社会公共利益和国家利益的基础上。这是法治国家和法治社会对公民的基本要求，也是公民应当承担的社会责任。对“狼牙山五壮士”名誉的损害，也是对中华民族的精神价值的损害。被告采用了侵害他人名誉、荣誉权益和社会公共利益的方式进行所谓“学术研究”，行使言论自由，否认“狼牙山五壮士”英勇抗敌的事实和所表现的大无畏精神，其所主张的言论自由明显不足以抗辩其侵权责任的成立。

法院判决：被告洪振快立即停止侵害葛振林、宋福保名誉、荣誉的行为；被告洪振快在判决生效后三日内公开发布赔礼道歉公告，向原告葛长生、宋福保赔礼道歉，消除影响。该公告须连续刊登五日，公告刊登媒体及内容需经法院审核，逾期不执行，法院将在相关媒体上刊登判决书的主要内容，所需费用由被告洪振快承担。洪不服提起上诉。是年8月15日，一个具有重大历史纪念意义的日子，北京二中院对这起历时整整一年的案件做出终审判决，驳回洪的上诉，维持一审判决。有意思的是，洪一审主动退庭，终审时他和代理律师也均未到庭，从诉讼上就一败再败。法院仍然和一审一样，依法做出缺席宣判。

在本书截稿前，央视和新华社等媒体报道了法院对邱少云烈士之弟邱少华诉孙杰、加多宝（中国）饮料有限公司一般人格权纠纷案的判决。法院认为，邱少云烈士生前在战斗中表现出的舍生取义、爱国为民的精神，在当代中国社会有着广泛的道德认同，是中华民族宝贵的精神财富，同时也是邱少云享有崇高名誉和荣誉的基础……孙杰发表的言论是对邱少云烈士的人格贬损和侮辱，属于故意的侵权行为，且该言论通过公众网络平台快速传播，已经造成了严重的社会影响，伤害了社会公众的民族和历史感情，同时损害了公共利益，也给邱少云烈士的亲属带来了精神伤害。被告加多宝公司的言论及互动在网络平台上迅速传播，遭到了广大网友的谴责，产生了较大负面影响，再次给邱少云烈士的家属造成了精神损害……判决二被告于判决生效之日起三日内公开发布赔礼道歉公告，向原告邱少华赔礼道歉，消除影响，该公告须连续刊登五日；二被告连带赔偿原告邱少华精神损害抚慰金1元，于判决生效后三日内履行。被告不得不道歉认错。

有关“狼牙山五壮士”和邱少云等系列名誉侵权案件，是社会意识形态领域现实和社会矛盾的一种集中的、典型的反映。案件的判决，维护了先烈及亲属合法权益，具有捍卫民族英雄和社会主义核心价值观的重大意义。对意识形态领域的斗争、反对历史虚无主义的斗争，也是最有力的法律支持，起到了特殊的标杆和示范作用。这一案例无疑会载入中国司法以及法制宣传的史册。最高人民法院之后专门召开新闻发布会，通报了以上依法保护英雄人物人格权益典型案例，这也标志着运用法制手段捍卫英雄尊严及历史真相，有了新的历史性的开端。

但也应同时看到，民族和革命英烈名誉及精神的保护，事关重大、影响长远，仍存在法规不够健全完善、主流媒体给力不足、领导干部认识滞后、宣传引导效果不如人意等许多问题……这也又一次说明，打赢新形势下的舆论信息战的长期性、艰巨性、复杂性。同时也又一次证明，牢牢占据意识形态阵地和精神文化的“高地”，任重而道远，必须树立“大宣传”理念，各条战线各个部门要齐心协同配合，尤其是各级党委政府主要领导的高度重视……。

2016年11月定稿于北京

主要参考文献

[1]（法）雅克·阿塔利 . 危机求生——在全球危机中寻找自己的活路 . 蔡晋 . 北京：中国发展出版社，2012

[2] 刘笑盈 . 中外新闻传播史（第 2 版）. 北京：中国传媒大学出版社，2012

[3] 卞宪群总撰稿 . 中国通史 . 北京：华夏出版社，2016

[4] 金苗 . 非战争军事行动传播 . 北京：解放军出版社，2014

[5] 孙义明，李巍编 . 赛博空间——新的作战域 . 北京：国防工业出版社，2014

[6] 李而炳，王西华，李拴民等 . 瓦解战 . 北京：解放军出版社，2010

[7]（以）范克勒韦尔德 . 战争的文化 . 李阳 . 北京：生活·读书·新知三联书店，2010

[8] 赵云泽，孙萍主 . 中国新闻传播史 . 北京：中国人民大学出版社，2012

[9] 张国庆 . 媒体话语权 . 北京：中国人民大学出版社，2012

[10] 曾华锋，石海明 . 制脑权——全球媒体时代的战争法则与国家安全战略 . 北京：解放军出版社，2014

[11] 王薇 . 外国新闻传播史论 . 北京：新华出版社，2008

[12] 马新明 . 新闻的力量 . 北京：中国人民大学出版社，2010

[13] 黄春平 . 西方传媒内容监管机制了历史考察 . 北京：社会科学文献出版社，2012

[14] 李衍玲 . 舆论学精要 . 北京：中国社会科学出版社，2012

[15] 周治平 . 微博舆论影响力研究 . 杭州：浙江工商大学出版社，2013

[16] 蒲红果 . 说什么怎么说——网络舆论引导与舆情应对 . 北京：新华出版社，2013

[17] 张雷，刘力锐 . 网民的力量：网络社会政治动员论析 . 沈阳：东北大学出版社，2012

[18] 乔良，王湘穗 . 超限战 . 北京：解放军出版社，1999

[19] 戴旭 . 不战之困 . 武汉：武汉出版社，2011

[20] 张春华 . 网络舆情社会学的解释 . 北京：社会科学文献出版社，2012

[21] 杨魁，刘晓程 . 危机传播研究新论 . 北京：中国社会科学出版社，2011

[22] 约瑟夫·奈 . 软实力 . 马娟娟 . 北京：中信出版社，2013
[23] 李军 . 传媒文化史 . 北京：北京大学出版社，2012
[24] 荣建华 . 中国媒介素养教育论 . 北京：中国社会科学出版社，2011
[25] 王和平 . 信息对抗中心理调适研究 . 北京：军事科学出版社，2009
[26] 王庚年 . 新媒体国际传播研究 . 北京：中国国家广播出版社，2012
[27] 李民，李宏等 . 领导干部如何对待大众传媒 . 北京：中共中央党校出版社，2008
[28] 刘少文 . 1827—2008 中国的媒介嬗变与日常生活 . 北京：中国社会科学出版社，2010
[29] 张国涛 . 传媒观察 . 北京：中国传媒大学出版社，2010
[30] 黄建新 . 传媒：自由与责任 . 上海：上海交通大学出版社，2010
[31] 尼克·戴维斯 . 媒体潜规则 . 广州：南方日报出版社，2010
[32] 人民网舆情监测室 . 如何应对网络舆情？ . 北京：新华出版社，2011
[33] 新华社新闻研究所 . 全媒体时代传播策略创新 . 北京：新华出版社，2011
[34] 崔蕴芳 . 网络舆论形成机制研究 . 北京：中国传媒大学出版社，2012
[35] 喻国明 . 传媒新视界 . 北京：新华出版社，2011
[36] 彭少健 . 2010 中国媒介素养研究报告 . 北京：中国国际广播出版社，2010
[37] 何振飏 . 媒介安全论 . 北京：中国传媒大学出版社，2011
[38] 谭昆智 . 传媒的宣导抚慰功能研究 . 广州：中山大学出版社，2010
[39] 陈昌凤，虞昕 . 网络时代的盛世危言 . 北京：北京出版社，2012
[40] 顾杰 . 现代领导如何应对新媒体时代 . 武汉：湖北人民出版社，2010
[41] Danieo Ventre. 信息战 . 胡生亮等 . 北京：国防工业出版社，2013
[42] 张昆 . 政治传播与历史思维 . 武汉：华中科技大学出版社，2012
[43] 李沁 . 沉浸传播 . 北京：清华大学出版社，2013
[44] 李彪 . 谁在网络中呼风唤雨 . 北京：人民日报出版社，2011
[45] 中国社科院世界社会主义研究中心 . 苏联亡党亡国 20 年祭——俄罗斯人在诉说 . 北京：中国方正出版社，2011
[46] 黄平 . 美国研究所青年学者论文选 . 北京：社会科学文献出版社，2010

此外，本书写作过程中还参考了人民网、中国军网、光明网、人民网舆情监测室相关资料。

后　记

“舆论信息战”是我多年来关注和思考的问题。四年前，与中国发展出版社副总编尚元经、编辑部主任李莉聊起有关话题，没想引起了他们的兴趣，随即签下了出版合同。从此我也压力陡增、寝食难安。

我原以为自己在高级机关做宣传领导工作多年，对舆论信息战有过研究和实践，也写过不少文章，成就这样一本书不成问题。当真正拿起笔，系统深入地探讨，才感到随着时代的发展变化，这个内容的极端重要以及所具有的挑战性！

从历史上看，我国是舆论信息战的先驱，共产党和解放军的成功经验之一，也是善打舆论信息战。在信息时代和全媒体社会，“舆论信息战”的地位和作用凸显，许多新情况和新问题亟待研究和解决。杜黑曾说：“战争——这是未来的可能性，因此，我们不能用过去的眼光来迎接它。”正确认识舆论信息战，大力提高媒介和舆情素养，做到“聪者听于无声，明者见于未形”，对于当今的政府和组织、每一个领导者、军人和公民，都有着极为重要的意义。

还需要强调的是，此书不是学术著作，只是笔者工作、阅读和思考的随笔或漫谈。由于着眼探索“规律”并受视角和篇幅限制，许多阐述和事例未做展开，也没有做名词概念的堆砌和释义，如需全面了解相关内容，应进一步拓展阅读。书中参考引用的信息，均为主流媒体公开的内容，主要参考文献在书末做了标注。

书虽然截稿了，但撰写过程中的追赶不及、意犹未尽、才疏学浅的感觉，迟迟难以褪去。尽管竭力了，但限于水平，仍有不少粗疏及失误之处，诚待方家教正。

作　者

二〇一六年十二月于北京